数值分析

主 编 陈丽娟 王丽莎
参 编 张 蕾 郭 帅

机械工业出版社

数值计算的高速发展为用数值分析解决科学技术中的各种数学问题提供了简便而有利的条件。数值计算方法已成为当代理工本科生和研究生必须掌握的基础知识。本书讲述数值计算的理论与基本方法，内容包括：绪论、插值法、函数逼近、非线性方程的近似解法、线性方程组的直接解法、解线性方程组的迭代解法、数值积分与数值微分、常微分方程的数值解法、矩阵特征值和特征向量的计算。本书概念清晰、分析严谨、言语流畅、结构合理、可读性强，只要求读者具有高等数学和线性代数的基本知识。

本书可作为高等院校理工科本科生和研究生的数值分析教材，也可供以科学计算为工具的科技人员参考。

本书配有教学大纲、授课 PPT、教学视频、习题参考答案、样卷等教学资源，免费提供给选用本书的授课教师，需要者请登录机械工业出版社教育服务网（www.cmpedu.com）注册后下载。

图书在版编目（CIP）数据

数值分析 / 陈丽娟，王丽莎主编. -- 北京：机械工业出版社，2024.12. -- ISBN 978-7-111-76914-9

I. O241

中国国家版本馆 CIP 数据核字第 2024UY3473 号

机械工业出版社（北京市百万庄大街22号　邮政编码100037）
策划编辑：李　帅　　　　责任编辑：李　帅　赵晓峰
责任校对：梁　园　陈　越　　封面设计：张　静
责任印制：郜　敏
三河市国英印务有限公司印刷
2024年12月第1版第1次印刷
184mm×260mm・13.25印张・326千字
标准书号：ISBN 978-7-111-76914-9
定价：43.90元

电话服务　　　　　　　　网络服务
客服电话：010-88361066　　机　工　官　网：www.cmpbook.com
　　　　　010-88379833　　机　工　官　博：weibo.com/cmp1952
　　　　　010-68326294　　金　书　网：www.golden-book.com
封底无防伪标均为盗版　　　机工教育服务网：www.cmpedu.com

前　言

随着计算机技术的发展，计算科学已经渗透到自然科学与工程技术的各个领域，并成为继牛顿与伽利略创立理论研究与科学实验两大科学方法后的第三种科学方法。因此，科学计算应该成为高级科技人员掌握的一项基本功。党的二十大报告指出："坚持把发展经济的着力点放在实体经济上，推进新型工业化，加快建设制造强国、质量强国、航天强国、交通强国、网络强国、数字中国。""推动战略性新兴产业融合集群发展，构建新一代信息技术、人工智能、生物技术、新能源、新材料、高端装备、绿色环保等一批新的增长引擎。"为此，作为科学计算的核心——"数值分析"已成为众多的高校理工科本科生和硕士研究生的一门学位课程。

本书编写团队成员长期从事本科生和研究生的"数值分析"课程教学工作以及与数值分析密切相关的科研工作，"数值分析"课程于 2019 年获评山东省研究生教育质量提升计划-优质课程项目，2022 年被评为山东省课程思政示范课程。团队成员在教学和科研过程中不断探索，结合选课学生的专业特点和专业需求，在教学内容不断充实与更新的基础上编写了本书。

本书具有以下特点：一是，教材每章均加入了一些数学家的简介，体现数学家的学术贡献及人格魅力；二是，为了介绍算法对应的 Python 函数的应用，本书给出了适当的数值实验题；三是，结合工程案例介绍算法的应用，以便读者更好地理解和应用本课程所学内容，以强化理解，激发兴趣。

本书第 1、2、3、5、6 章由陈丽娟编写，第 4、8、9 章由王丽莎编写，第 7 章由张蕾编写，书中 Python 程序由郭帅编写，书中的人物介绍和工程案例均由陈丽娟编写。全书由陈丽娟负责统稿。本书的编写得到了山东省研究生课程思政示范课程（数值分析）项目、青岛理工大学研究生课程思政示范课程项目（Y042022-001）、青岛理工大学研究生优秀教材建设项目（Y052022-006）、青岛理工专业学位研究生教学案例库建设（Y022022-015）和青岛理工大学教育教学改革研究项目（Y032023-015）资助，参考了国内外有关专家编写的相关经典教材，在此一一表示感谢。感谢史艺蕾老师对本教材给予了热忱帮助，并提出了修改建议。

本书的选材和内容的叙述可能会有不当或者错误之处，恳请读者批评指正。如有问题，请发电子邮件至 chenlijuan@ qut. edu. cn。

编者

目 录

前言

第1章 绪论 ······ 1

1.1 数值分析简介 ······ 1
1.2 误差 ······ 2
    1.2.1 误差的来源与种类 ······ 2
    1.2.2 误差与有效数字 ······ 3
    1.2.3 数值运算的误差估计 ······ 5
1.3 机器数系 ······ 6
1.4 数值计算性能 ······ 8
    1.4.1 数值算法的稳定性 ······ 8
    1.4.2 数值算法的收敛性 ······ 9
    1.4.3 数值算法的快速性 ······ 9
1.5 计算机算法原则 ······ 10
    1.5.1 避免两个相近数相减 ······ 10
    1.5.2 避免绝对值太小的数作除数 ······ 10
    1.5.3 避免大数吃小数 ······ 11
1.6 Python 程序 ······ 11
习题1 ······ 12

第2章 插值法 ······ 14

2.1 引言 ······ 14
2.2 拉格朗日插值公式 ······ 15
    2.2.1 线性插值 ······ 15
    2.2.2 抛物线插值 ······ 16
    2.2.3 n 次拉格朗日插值多项式 ······ 17

2.3 差商与牛顿插值公式 ·············· 19
- 2.3.1 差商 ················· 19
- 2.3.2 牛顿插值 ················ 20
- 2.3.3 重节点的牛顿插值公式 ··········· 22

2.4 差分 ······················ 23
- 2.4.1 差分及性质 ··············· 23
- 2.4.2 等距节点的牛顿插值公式 ·········· 25

2.5 埃尔米特插值 ·················· 26

2.6 分段低次插值 ·················· 28
- 2.6.1 分段线性插值 ·············· 28
- 2.6.2 分段埃尔米特插值 ············· 29

2.7 三次样条插值 ·················· 30
- 2.7.1 三次样条函数 ·············· 30
- 2.7.2 三弯矩方程 ··············· 31

2.8 Python 程序 ··················· 33

习题 2 ·························· 36

第 3 章 函数逼近 ······················ 38

3.1 引言 ······················ 38
3.2 线性赋范空间与内积空间 ·············· 39
3.3 最佳平方逼近 ·················· 40
3.4 曲线拟合的最小二乘法 ··············· 43
- 3.4.1 最小二乘法 ··············· 43
- 3.4.2 常用的拟合方法 ············· 44
- 3.4.3 矛盾方程组 ··············· 47

3.5 Python 程序 ··················· 49

习题 3 ·························· 53

第 4 章 非线性方程的近似解法 ················ 55

4.1 引言 ······················ 55
4.2 二分法 ····················· 56
4.3 不动点迭代法 ·················· 57
- 4.3.1 迭代格式的构造 ············· 57
- 4.3.2 迭代过程的收敛性 ············ 59
- 4.3.3 迭代过程的收敛速度 ············ 62
- 4.3.4 迭代过程的加速 ············· 64

4.4 牛顿法 ····················· 66

	4.4.1　牛顿迭代格式	66
	4.4.2　牛顿法的几何意义	66
	4.4.3　牛顿法的收敛性	67

4.5　牛顿法的变形 …………………………………………………………… 71
　　4.5.1　牛顿下山法 ………………………………………………………… 71
　　4.5.2　求重根的修正牛顿法 ……………………………………………… 72
　　4.5.3　弦截法 ……………………………………………………………… 74
4.6　Python 程序 ……………………………………………………………… 75
习题 4 …………………………………………………………………………… 77

第 5 章　线性方程组的直接解法 …………………………………………… 79

5.1　引言 ………………………………………………………………………… 79
5.2　高斯及主元素消元法 ……………………………………………………… 80
　　5.2.1　高斯消元法 ………………………………………………………… 80
　　5.2.2　列主元高斯消元法 ………………………………………………… 83
　　5.2.3　全主元高斯消元法 ………………………………………………… 85
　　5.2.4　高斯-若尔当列主元消去法 ………………………………………… 85
5.3　矩阵的三角分解 …………………………………………………………… 87
　　5.3.1　矩阵的 LU 分解法 ………………………………………………… 87
　　5.3.2　追赶法 ……………………………………………………………… 90
　　5.3.3　平方根法和改进的平方根法 ……………………………………… 92
5.4　线性方程组的可靠性 ……………………………………………………… 94
　　5.4.1　向量的范数 ………………………………………………………… 95
　　5.4.2　矩阵的范数 ………………………………………………………… 96
　　5.4.3　误差分析及条件数 ………………………………………………… 99
　　5.4.4　方程组解的误差分析 ……………………………………………… 102
5.5　Python 程序 ……………………………………………………………… 103
习题 5 …………………………………………………………………………… 108

第 6 章　解线性方程组的迭代解法 ………………………………………… 111

6.1　引言 ………………………………………………………………………… 111
6.2　一般迭代法及其收敛性 …………………………………………………… 111
　　6.2.1　雅可比迭代法 ……………………………………………………… 112
　　6.2.2　高斯-赛德尔迭代法 ………………………………………………… 113
6.3　迭代法的收敛性 …………………………………………………………… 116
6.4　逐次超松弛法 ……………………………………………………………… 119
6.5　Python 程序 ……………………………………………………………… 122
习题 6 …………………………………………………………………………… 124

第7章 数值积分与数值微分 · 127

- 7.1 引言 · 127
  - 7.1.1 数值积分的基本思想 · 127
  - 7.1.2 代数精度的概念 · 128
  - 7.1.3 求积公式的收敛性和稳定性 · 129
- 7.2 插值型的求积公式 · 130
  - 7.2.1 插值型的求积公式介绍 · 130
  - 7.2.2 牛顿-科茨公式 · 131
  - 7.2.3 偶数阶求积公式的代数精度 · 132
- 7.3 复化求积法 · 133
- 7.4 龙贝格算法 · 136
  - 7.4.1 梯形法的递推化 · 136
  - 7.4.2 龙贝格公式 · 137
  - 7.4.3 外推技巧 · 138
- 7.5 高斯公式 · 139
  - 7.5.1 高斯点 · 140
  - 7.5.2 高斯公式及高斯-勒让德公式 · 141
- 7.6 数值微分 · 142
  - 7.6.1 中点方法 · 142
  - 7.6.2 实用的五点公式 · 143
- 7.7 Python 程序 · 147
- 习题 7 · 150

第8章 常微分方程的数值解法 · 151

- 8.1 引言 · 151
- 8.2 欧拉方法 · 152
  - 8.2.1 欧拉公式 · 152
  - 8.2.2 后退欧拉公式 · 153
  - 8.2.3 梯形公式 · 153
  - 8.2.4 改进的欧拉公式 · 154
- 8.3 泰勒展开法 · 156
  - 8.3.1 泰勒展开 · 156
  - 8.3.2 局部截断误差 · 156
- 8.4 龙格-库塔方法 · 158
  - 8.4.1 龙格-库塔方法的基本思想 · 158
  - 8.4.2 N 级龙格-库塔公式 · 158
  - 8.4.3 4级4阶经典龙格-库塔公式 · 160

8.5 线性多步法 ... 163
8.5.1 显式亚当斯方法 ... 164
8.5.2 隐式亚当斯方法 ... 165
8.6 收敛性与稳定性 ... 165
8.6.1 单步法的收敛性 ... 165
8.6.2 多步法的收敛性 ... 167
8.6.3 稳定性 ... 167
8.7 Python 程序 ... 169
习题 8 ... 174

第 9 章 矩阵特征值和特征向量的计算 ... 176

9.1 引言 ... 176
9.2 幂法与反幂法 ... 177
9.2.1 幂法 ... 177
9.2.2 幂法的加速 ... 180
9.2.3 反幂法 ... 181
9.2.4 原点平移法 ... 182
9.3 豪斯霍尔德变换与 QR 算法 ... 185
9.3.1 豪斯霍尔德变换 ... 185
9.3.2 QR 算法 ... 190
9.4 雅可比方法 ... 193
9.4.1 雅可比方法的基本思想 ... 193
9.4.2 雅可比方法的收敛性 ... 195
9.4.3 改进的雅可比方法 ... 197
9.5 Python 程序 ... 197
习题 9 ... 202

参考文献 ... 203

第1章

绪 论

1.1 数值分析简介

数字技术的世界

数值分析是随着计算机的出现和大规模计算的需求而发展起来的,数值计算主要考虑各种数学模型及其算法,这些数学模型是为了解决各类应用领域,特别是科学工程计算领域的实际问题而提出的。数值计算已经成为自然科学和工程技术科学的一种重要手段,与实验和理论并列的不可缺少的环节。所以数值分析既是一个基础性的,同时也是一个应用性的数学学科,与其他学科的联系十分紧密。数值分析把微积分、线性代数等课程中的相关数学理论与计算机应用紧密结合起来,它既有纯数学的高度抽象性与严密科学性的特点,又具有应用广泛性、与实际实验的高度结合性的特点。

用计算机解决科学计算问题时需经历的过程主要包括以下环节:

1) 由实际问题建立数学模型。

2) 设计数值计算方法,进行程序设计,然后上机运行,展示计算结果。

3) 分析结果并对实际问题进行解释说明或对模型进行修正。

基于给定的数学模型而进行算法设计,首先需要将数学模型可算化,其常用的手段包括:

1) 用有限维空间代替无限维空间,如用多项式逼近连续函数等。

2) 用有限过程代替无限过程,如积分与无穷级数用有限项之和代替、导数用差商代替等。

3) 用简单问题代替复杂问题,如用代数方程代替微分方程、线性问题代替非线性问题、低阶系统代替高阶系统、简单函数代替复杂函数等。

给出数学模型,提供近似求解的数值算法,然后在计算机上求解,所以本书要对各种数值方法进行分析,内容包括:误差、稳定性、收敛性、计算工作量、存储量和自适应性、准确性、效率和使用的方便性,以及这些基本的概念用于刻画数值方法的适用范围、可靠性等。由此可见,设计一个好的算法尤为重要。一般认为,好的算法的评价标准如下:

1) 运算次数少。

2) 运算过程具有规律性,便于编制程序。

3) 要记录的中间结果少。

4) 能控制误差的传播和积累,以保证精度。

掌握数值分析的根本目的是解决所遇到的各种数学问题,为此必须在计算机上实现算法,这包含使用软件工具和自编程序两方面的含义。本书涉及的大多是数值分析的基本问题,已具备很多通用或专用数学软件,其中包含实现这些算法的子程序,如 Python、MATLAB 等,可以直接调用这些子程序或库函数求出数值解。尽管如此,自编程序仍是不可缺少的。同一个问题可能有多种数值计算方法,但不一定有效。用计算机求数学问题不是简单的构造算法,它涉及多方面的理论问题,如算法的收敛性和稳定性等。因此,要上机练习,学习使用各种数值方法解决实际计算问题,熟悉方法的计算过程。

1.2 误差

1.2.1 误差的来源与种类

一个物理量的真实值与算出的值往往不相等,它们之间的差称为误差。根据误差的来源,误差可分为以下 4 种。

1. 模型误差

应用数学工具解决实际问题,首先要对被描述的实际问题进行抽象、简化,以得到实际问题的数学模型。实际问题的解与数学模型的解之间的误差称为模型误差。一个模型的好坏,模型误差是关键的因素,现在计算科学越来越重视模型的建立,这是因为通常模型误差是 4 种误差中最大的,而且是不可能用数学手段减少的。

2. 观测误差

数学模型中包含的一些初始数据(如时间、温度、长度等)大部分都是由观察、测量得到的。受测量工具的限制,这些数据的观测数据只能是近似的,测量值与真值之间的误差称为观测误差。

3. 截断误差

在解决实际问题时,人们可能用容易计算的问题代替不易计算的问题,也可能用有限过程逼近无限过程,这个过程所产生的误差称为截断误差。例如,有

$$\sin x = x - \frac{x^3}{3!} + \frac{x^5}{5!} - \frac{x^7}{7!} + \cdots + (-1)^{n-1} \frac{x^{2n-1}}{(2n-1)!} + \cdots$$

当 $|x|$ 较小时,若用 $2n-1$ 次多项式作为 $\sin x$ 的近似值,则误差的绝对值不超过 $\frac{|x|^{2n+1}}{(2n+1)!}$。该误差是截断误差。

4. 舍入误差

在用计算机实现数值求解方法的过程中,由于计算机的字长有限,而需要对原始数据、中间结果和最终结果取有限位数字,即要进行舍入。这种由舍入产生的误差称为舍入误差。少量的舍入误差微不足道,但在计算机上做了成千上万次运算后,舍入误差的积累有时可能十分惊人。

例如,$\pi = 3.1415926\cdots$,如果用 3.14 代替 π,则产生的误差为 $\pi - 3.14 = 0.0015926\cdots$,这就是舍入误差。

由上述误差来源的分析可知,误差是不可避免的,要求数据结果绝对准确、绝对严格实

际上是办不到的。对于实际问题,既然描述问题的办法都是近似的,那么求解近似解就是正常的,而需要研究的问题是如何设法减少误差。上述4类误差都会影响计算结果的准确性,但模型误差和观测误差通常是计算工作者不能独立解决的,它们是需要与各有关学科的科学工作者共同研究的问题。因此,在数值分析课程中,主要研究截断误差和舍入误差对计算结果的影响。

为了对这些误差有更清晰的了解,介绍一个简单的例子。

假如要知道一个易拉罐的表面积 D,则首先需将易拉罐近似地看作圆柱体,可得计算公式 $D=2\pi r^2+2\pi rh$,其中 r 为底面半径,h 为高。显然,即使由该公式可以精确地计算,所得到的值也与易拉罐的真实表面积有一定的误差,这一步的误差就是模型误差。假如在计算中取易拉罐的底面半径和高分别是 $r=10.25\text{cm}$,$h=15.36\text{cm}$,该值是观察或测量得到的,具有一定的误差,即观测误差。公式中的 π 是圆周率,它是一个无理数,取它的有限位,可以用 3.1416 代替 π,这样就产生了截断误差。最后

$$D=2\pi r^2+2\pi rh=2\times 3.1416\times 10.25^2+2\times 3.1416\times 10.25\times 15.36$$

对上式计算结果进行四舍五入可得 $D=1649.36$,此步产生了舍入误差。

1.2.2 误差与有效数字

误差与有效
数字定义

【定义 1.1】 设数 x 的近似值为 x^*,记 $e(x^*)=x^*-x$ 为近似值 x^* 的绝对误差,简称误差。

这样定义的误差 $e(x^*)$ 可正可负,所以绝对误差不是指误差绝对值。一般地,准确值 x 是未知的,因而也就不可能算出绝对误差的准确值。该值虽然是客观存在的,但在实际计算中是很难得到的,往往可以估计出绝对误差的一个上界,即 $|e(x^*)|=|x^*-x|\leq \varepsilon$,称 ε 为 x^* 的绝对误差限,即 $x^*-\varepsilon\leq x\leq x^*+\varepsilon$,常记为 $x=x^*\pm\varepsilon$。

绝对误差还不足以刻画近似数的精确程度,例如 $x=1.234\pm 0.001$,$y=0.002\pm 0.001$,虽然两个近似数绝对误差限都是 0.001,但 x 的近似效果比 y 好。所以为了更好地反映近似值的精确程度,必须考虑绝对误差与真值之比。

【定义 1.2】 $e_r(x^*)=\dfrac{e(x^*)}{x}=\dfrac{x^*-x}{x}$ 称为近似值 x^* 的相对误差。

在实际中,由于真值 x 总是未知的,常取 $\bar{e}_r(x^*)=\dfrac{e(x^*)}{x^*}=\dfrac{x^*-x}{x^*}$。事实上,有

$$e_r(x^*)-\bar{e}_r(x^*)=\dfrac{x^*-x}{x}-\dfrac{x^*-x}{x^*}=\dfrac{e_r^2(x^*)}{1+e_r(x^*)}=\dfrac{\bar{e}_r^2(x^*)}{1-\bar{e}_r(x^*)}$$

因而当 $e_r(x^*)$ 和 $\bar{e}_r(x^*)$ 中有一个为小量时,$e_r(x^*)-\bar{e}_r(x^*)$ 为该小量的 2 阶小量。后面常用 $\bar{e}_r(x^*)$ 来代替 $e_r(x^*)$ 进行计算相对误差。

计算相对误差与计算绝对误差同样困难,因此通常也只考虑相对误差限。即若相对误差绝对值的上界 $|e_r(x^*)|=\left|\dfrac{e(x^*)}{x^*}\right|=\left|\dfrac{x^*-x}{x^*}\right|\leq \varepsilon_r$,称 ε_r 为该近似值的相对误差限。

已知 $\pi=3.1415926\cdots$,若近似值 $\pi^*=3.14$,则 $e(\pi^*)=\pi^*-\pi=-0.0015926\cdots$。$|e(\pi^*)|=|\pi^*-\pi|\leq 0.002$,即绝对误差限为 0.002。$|e_r(\pi^*)|=\left|\dfrac{e(\pi^*)}{\pi^*}\right|=\left|\dfrac{\pi^*-\pi}{\pi^*}\right|\leq 0.0006$,即相对误差限为 0.0006。

在实际应用中,用 $x=x^*\pm\varepsilon$ 进行数值计算太麻烦,需引入有效数字的概念来反映一个近似值的准确程度。

【定义 1.3】 设数 x 的近似值为 x^*,则

$$x^* = \pm 10^m \times 0.a_1 a_2 \cdots a_i \cdots \qquad (1\text{-}1)$$

式中,a_1 是 1~9 中的一个数字,$a_i(i \geq 2)$ 是 0~9 中的一个数,m 为整数。若 $|x-x^*| \leq \dfrac{1}{2} \times 10^{m-n}$,则称 x^* 有 n 位有效数字。

通常在准确值 x 已知的情况下,若要取有限位数的数字作为近似值,可采用四舍五入的原则。不难验证,采用四舍五入得到的近似值,其绝对误差限可以取为被保留的最后位数上的半个单位。例如,$x=\pi=3.1415926535\cdots$,按四舍五入的原则得到数 $x_1^*=3.14$,$x_2^*=3.1416$,$|x_1^*-\pi|\approx 0.002<0.005=\dfrac{1}{2}\times 10^{(1-3)}$,$|x_2^*-\pi|\approx 0.000008<0.00005=\dfrac{1}{2}\times 10^{(1-5)}$,则 x_1^* 具有 3 位有效数字,x_2^* 具有 5 位有效数字。

综上,近似数的有效数字不但给出了近似值的大小,而且还指出了它的绝对误差限。显然,近似值的有效数字位数越多,相对误差就越小,反之也成立。以下介绍相对误差限与有效数字的关系。

【定理 1.1】 设 x 的近似值 x^* 有式(1-1)的表达式,则:

1) 若 x^* 有 n 位有效数字,则其相对误差限为 $\varepsilon_r(x^*) \leq \dfrac{1}{2a_1} \times 10^{1-n}$。

2) 若 x^* 的相对误差限为 $\varepsilon_r(x^*) \leq \dfrac{1}{2(a_1+1)} \times 10^{1-n}$,则 x^* 至少有 n 位有效数字。

【证明】 1) 由式(1-1)可得 $a_1 \times 10^{m-1} \leq |x^*| \leq (a_1+1) \times 10^{m-1}$,可得

$$\varepsilon_r(x^*) = \dfrac{|x^*-x|}{|x^*|} \leq \dfrac{\dfrac{1}{2} \times 10^{m-n}}{a_1 \times 10^{m-1}} = \dfrac{1}{2a_1} \times 10^{1-n}$$

2) 由 $|x^*-x| \leq |x^*||\varepsilon_r| \leq (a_1+1) \times 10^{m-1} \times \dfrac{1}{2(a_1+1)} \times 10^{1-n} = \dfrac{1}{2} \times 10^{m-n}$,可知 x^* 有 n 位有效数字。

【例 1.1】 要使 $\sqrt{20}$ 的近似值的相对误差限小于 0.1%,要取几位有效数字?

【解】 由于 $4<\sqrt{20}<5$,所以 $a_1=4$,由定理 1.1 可知:

$$\dfrac{1}{2a_1} \times 10^{1-n} \leq 0.1\%$$

可知 $n=4$,即只要对 $\sqrt{20}$ 的近似值取 4 位有效数字,其相对误差限就小于 0.1%,此时 $\sqrt{20} \approx 4.472$。

人物介绍

吴文俊(1919—2017),出生于上海,籍贯浙江省嘉兴市。数学家,中国科学院院士,陈嘉庚科学奖获得者。2001 年 2 月,获 2000 年度国家最高科学技术奖。吴文俊的研究工作

涉及数学的诸多领域，其主要成就表现在拓扑学和数学机械化两个领域。他为拓扑学做了奠基性的工作；他的示性类和示嵌类研究被国际数学界称为"吴公式""吴示性类""吴示嵌类"，至今仍被国际同行广泛引用。

1.2.3 数值运算的误差估计

数值运算中由于所给数据的误差必然引起函数值的误差，且这种数据误差的影响较为复杂，一般采用泰勒(Taylor)级数展开的方法来估计。

两个近似数 x_1^*，x_2^*，其误差限分别为 $\varepsilon(x_1^*)$，$\varepsilon(x_2^*)$，它们进行加、减、乘、除运算得到的误差限分别为

$$\varepsilon(x_1^* \pm x_2^*) = \varepsilon(x_1^*) + \varepsilon(x_2^*)$$

$$\varepsilon(x_1^* x_2^*) \approx |x_1^*|\varepsilon(x_2^*) + |x_2^*|\varepsilon(x_1^*)$$

$$\varepsilon\left(\frac{x_1^*}{x_2^*}\right) \approx \frac{|x_1^*|\varepsilon(x_2^*) + |x_2^*|\varepsilon(x_1^*)}{|x_2^*|^2}(x_2^* \neq 0)$$

对于一元函数 $y=f(x)$ 时的误差问题，设 x^* 是 x 的近似值，则 y 的近似值 $y^* = f(x^*)$。函数值 y^* 的绝对误差为

$$e(f(x^*)) = f(x^*) - f(x) \approx f'(x^*)(x^* - x) = f'(x^*)e(x^*)$$

函数值 y^* 的绝对误差限为 $\varepsilon(y^*) \approx |f'(x^*)|\varepsilon(x^*)$，相对误差为

$$e_r(f(x^*)) = \frac{e(f(x^*))}{f(x^*)} \approx f'(x^*)\frac{e(x^*)}{f(x^*)} = \frac{x^* f'(x^*)}{f(x^*)} e_r(x^*)$$

以下讨论计算 $y = f(x_1, x_2, \cdots, x_n)$ 时的误差问题。设 x_1^*，x_2^*，$\cdots$，x_n^* 依次是 x_1，x_2，$\cdots$，x_n 的近似值，则 y 的近似值 $y^* = f(x_1^*, x_2^*, \cdots, x_n^*)$。函数值 y^* 的绝对误差可利用泰勒展开式来得到，即

$$e(f(x_1^*, \cdots, x_n^*)) = f(x_1^*, x_2^*, \cdots, x_n^*) - f(x_1, x_2, \cdots, x_n)$$

$$\approx \sum_{i=1}^{n} \frac{\partial f(x_1^*, \cdots, x_n^*)}{\partial x_i}(x_i^* - x_i)$$

$$= \sum_{i=1}^{n} \frac{\partial f(x_1^*, \cdots, x_n^*)}{\partial x_i} e(x_i^*)$$

则绝对误差限为

$$\varepsilon(y^*) \approx \sum_{i=1}^{n} \left|\frac{\partial f(x_1^*, \cdots, x_n^*)}{\partial x_i}\right| \varepsilon(x_i^*) \tag{1-2}$$

相对误差限为

$$\varepsilon_r(y^*) \approx \sum_{i=1}^{n} \left|\frac{\partial f(x_1^*, \cdots, x_n^*)}{\partial x_i}\right| \frac{\varepsilon(x_i^*)}{|f(x_1^*, \cdots, x_n^*)|}$$

【例 1.2】 已测得钢板长 l 的值为 $l^* = 110\text{m}$，宽 d 的值为 $d^* = 80\text{m}$，已知 $|l^* - l| \leq 0.2\text{m}$，$|d^* - d| \leq 0.1\text{m}$，试求面积 $S = ld$ 的绝对误差限与相对误差限。

【解】 因 $S = ld$，$\dfrac{\partial S}{\partial l} = d$，$\dfrac{\partial S}{\partial d} = l$，由式(1-2)知

$$\varepsilon(S^*) \approx \left|\left(\frac{\partial S}{\partial l}\right)^*\right|\varepsilon(l^*) + \left|\left(\frac{\partial S}{\partial d}\right)^*\right|\varepsilon(d^*)$$

式中，$\left(\dfrac{\partial S}{\partial l}\right)^* = d^* = 80\text{m}$，$\left(\dfrac{\partial S}{\partial d}\right)^* = l^* = 110\text{m}$，$\varepsilon(l^*) = 0.2\text{m}$，$\varepsilon(d^*) = 0.1\text{m}$。于是绝对误差限为

$$\varepsilon(S^*) = (80\times 0.2 + 110\times 0.1)\text{m}^2 = 27\text{m}^2$$

相对误差限为

$$\varepsilon_r(S^*) = \dfrac{\varepsilon(S^*)}{|S^*|} = \dfrac{27\text{m}^2}{(80\times 110)\text{m}^2} = 0.31\%$$

1.3 机器数系

计算机中的数除了整数之外，还有小数。如何确定小数点的位置呢？通常有两种方法：一种是规定小数点位置固定不变，称为定点数；另一种是小数点的位置不固定，可以浮动，称为浮点数。在计算机中，通常是用定点数来表示整数和纯小数，分别称为定点整数和定点小数。对于既有整数部分、又有小数部分的数，一般用浮点数表示。计算机中的数的表示大都采用浮点表示的形式，并以该形式存储和运算，这种形式与科学记数法非常相似。

设一台计算机有 n 位字长，采用 β 进制，指数为 p，且 $L \leqslant p \leqslant U$（这里 L, U 和 n 都是由该计算机的硬件所决定的某些常数），则在计算机中数的浮点表示为

$$x = (0.\alpha_1\alpha_2\cdots\alpha_n)\beta^p$$

即 $x = \pm\left(\dfrac{\alpha_1}{\beta} + \dfrac{\alpha_2}{\beta^2} + \cdots + \dfrac{\alpha_i}{\beta^i} + \cdots + \dfrac{\alpha_n}{\beta^n}\right)\beta^p$。式中，称 $\alpha = \pm 0.\alpha_1\alpha_2\cdots\alpha_n$ 为尾数，称 β 为浮点数的基。其中 α_i 为满足下式的整数。

$$0 \leqslant \alpha_i \leqslant \beta-1, \quad i = 1,2,\cdots,n$$

若规定 $\alpha_1 \neq 0$，则称此浮点数为规格化的浮点数。

通常解决实际问题时所使用的是 $\beta = 10$ 时的十进制，而在计算机中常用的还有 $\beta = 2$ 时的二进制，当然还使用其他进制的数据，若使用具有 n 位字长的 β 进制数时，就只需记录指数 p 和 α_1, α_2, $\cdots$, α_n 以及数前面的正负号就可以了，这就是计算机中所谓的浮点形式的数的表示法。在现代计算机中，数都是以二进制浮点数的形式表示的（在早期的计算机中，有不少是以定点形式表示的）。此外，由于计算机还有字长限制，因此指数 p 也是有限的。

记 x 在一个浮点数系统 $F(\beta, n, L, U)$ 中的表示为 $fl(x)$。一般来说，$fl(x)$ 只是 x 的某种近似。常用的近似方法有两种：一种是截断法，如十进制的数 0.3415627985 在 8 位字长下取为 0.34156279；另一种是舍入法，如十进制中的四舍五入。

【定理 1.2】 设实数 $x \neq 0$，采用舍入法时，$fl(x)$ 的相对误差 e_r 满足 $|e_r| = \left|\dfrac{fl(x)-x}{x}\right| \leqslant \dfrac{1}{2}\beta^{1-n}$；采用截断法时，$|e_r| = \left|\dfrac{fl(x)-x}{x}\right| \leqslant \beta^{1-n}$。

【证明】 设 $x = \alpha\beta^p$，其中 p 为整数，$\beta^{-1} \leqslant |\alpha| < 1$，则 $\alpha = \pm 0.\alpha_1\alpha_2\cdots\alpha_n\alpha_{n+1}\cdots$，其中 $1 \leqslant \alpha_1 \leqslant \beta-1$，$0 \leqslant \alpha_i \leqslant \beta-1$，$i = 2, 3\cdots$。

若采用舍入法时，舍入后的 α 为 α'，则

$$\alpha' = \begin{cases} 0.\alpha_1\alpha_2\cdots\alpha_n, & 0 \leqslant \alpha_{n+1} \leqslant \dfrac{\beta}{2}-1 \\ 0.\alpha_1\alpha_2\cdots\alpha_n+\beta^{-n}, & \alpha_{n+1} \geqslant \dfrac{\beta}{2} \end{cases}$$

则

$$fl(x) = \operatorname{sgn}(x)\alpha'\beta^p$$

于是 $|e_r| = \left|\dfrac{fl(x)-x}{x}\right| \leqslant \left|\dfrac{\frac{1}{2}\beta^{-n}\beta^p}{\alpha\beta^p}\right| \leqslant \dfrac{1}{2}\beta^{1-n}$。

若采用截断法，则 $\alpha' = 0.\alpha_1\alpha_2\cdots\alpha_n$，则

$$fl(x) = \operatorname{sgn}(x)\alpha'\beta^p$$

于是 $|e_r| = \left|\dfrac{fl(x)-x}{x}\right| \leqslant \left|\dfrac{\beta^{-n}\beta^p}{\alpha\beta^p}\right| \leqslant \dfrac{\beta^{-n}}{\beta^{-1}} = \beta^{1-n}$。

证毕。

浮点数系统是实数系 **R** 的一个只包含 $\beta^n(U-L+1)+1$ 个数的有限集，这些数对称地离散分布在区间[UFL,OFL]和区间[-OFL,-UFL]中。这里 UFL 指下溢限，OFL 指上溢限。在一台计算机上，绝对值超过 OFL 的实数被认为无穷大，绝对值小于 UFL 的实数被认定为零。

机器数按以下规则进行运算：

1）加减法：首先比较加减两数的阶码，将阶码较小的尾数向右移位，每移一位阶码加1，直至其阶码与另一数的阶码一致时为止，并将移位后的尾数多于计算机字长的部分进行舍入，之后对尾数进行加减运算，最后将尾数写成规格化形式。

2）乘法：阶码相加，尾数相乘，得两倍字长尾数，最后将乘积的尾数舍入成规格化形式，并冠以积的符号。

3）除法：阶码相减，将被除数尾数扩大为两倍字长进行除法，得两倍字长的尾数，最后舍入成规格化形式，并冠以商的符号。

假设在字长为 8 的 10 进制浮点数系统下计算 $(x+y)+z$ 和 $x+(y+z)$，其中

$$x = 0.23547894 \times 10^{-3}$$
$$y = -0.45178621 \times 10^{4}$$
$$z = 0.45178252 \times 10^{4}$$

则由浮点数的运算规则可得

$$\begin{aligned}
(x+y)+z &= (0.23547894\times10^{-3} - 0.45178621\times10^{4}) + 0.45178252\times10^{4} \\
&= (0.00000002\times10^{4} - 0.45178621\times10^{4}) + 0.45178252\times10^{4} \\
&= -0.45178619\times10^{4} + 0.45178252\times10^{4} \\
&= -0.00000367\times10^{4} = -0.36700000\times10^{-1} \\
x+(y+z) &= 0.23547894\times10^{-3} + (-0.45178621\times10^{4} + 0.45178252\times10^{4}) \\
&= 0.23547894\times10^{-3} - 0.00000369\times10^{4} \\
&= 0.23547894\times10^{-3} - 0.36900000\times10^{-1} \\
&= 0.00235479\times10^{-1} - 0.36900000\times10^{-1} \\
&= -0.36664521\times10^{-1}
\end{aligned}$$

经比较发现，$(x+y)+z \neq x+(y+z)$，这是由于计算机实行对位以及有限字长导致的。

1.4 数值计算性能

所谓算法，是指给定一些数据，按着某种规定的次序进行计算的一个运算序列。算法是一个近似的计算过程，选择一个算法，主要要求它的计算结果能达到给定的精度。使用计算机进行数值计算时，数值算法的性能决定了计算结果的准确性与真实性。以下从3方面考虑其性能。

1.4.1 数值算法的稳定性

一般而言，在计算过程中初始数据的误差和计算中产生的舍入误差总是存在的，而数值解是逐步求出的，前一步数值解的误差必然要影响到后一步数值解的精度。人们把运算过程中舍入误差增长可以控制的计算公式称为稳定的数值算法，否则是不稳定的数值算法。只有稳定的数值算法才可能给出可靠的计算结果，不稳定的数值算法毫无实用价值。以下通过例1.3来简单介绍稳定性的概念。

【例1.3】门格海绵(Menger sponge)的转动惯量分析。

门格海绵是分形的一种。它是一个通用曲线。它是康托尔集和谢尔宾斯基地毯在三维空间的推广。它首先由奥地利数学家卡尔·门格在1926年描述。门格海绵的结构可以用以下方法进行形象化：

从一个正方体开始，把正方体的每一个面分成9个正方形。这将把正方体分成27个小正方体，像魔方一样。把每一面的中间的正方体去掉，把最中心的正方体也去掉，留下20个正方体。对每一个留下的小正方体都重复上述步骤。对以上步骤重复无穷多次以后，得到的图形就是门格海绵，如图1-1所示。求解分形母正方体质量为1、棱长为1的20阶门格海绵的转动惯量。

图1-1 门格海绵

【解】基于原始数学模型，获得转动惯量递推关系为

$$I_0 = \frac{1}{6}, I_n = \frac{20}{27 \times 9} I_{n-1} + \frac{32}{27 \times 9}\left(\frac{20}{27}\right)^{n-1} \quad (1-3)$$

按式(1-3)就可以逐步算得

$I_1 \approx 0.14540466$，$I_2 \approx 0.10951357$，$I_3 \approx 0.08126984$，$I_4 \approx 0.06021212$，…，$I_{20} = 0.00049471$

事实上，由于递推时的系数 $\frac{20}{27 \times 9} < 1$，在每一步递推的过程中，误差在传播过程中被极大地缩小。相反地，如果递推公式写为

$$I_{n-1} = \frac{27 \times 9}{20} I_n - \frac{32}{20}\left(\frac{20}{27}\right)^{n-1}$$

则每一步的误差都会被放大，每次递推都将误差的数量级放大，从 I_{20} 开始逆推至 I_0 时转动

惯量为-33.084004。

比较以上两个计算方案，显然，前者是一个稳定的数值算法，后者是一个不稳定的数值算法。对于一个稳定的计算过程，由于舍入误差不增大，因而不具体估计舍入误差也是可用的；而对于一个不稳定的计算过程，如计算步骤太多，则可能出现错误结果。因此，在实际应用中应选用数值稳定的算法，尽量避免使用数值不稳定的数值算法。

1.4.2 数值算法的收敛性

算法收敛性概念和稳定性概念容易混淆，但不是一个层次，它仅在部分算法中出现，比如迭代求解。迭代的收敛是指经过有限步骤的迭代可以得到一个满足误差范围要求的稳定解。

【例 1.4】 求方程 $f(x) = x + e^x - 2 = 0$ 的一个数值根。

【解】 由零点定理知方程在区间[0,1]中必有一实根。在不改变方程等值关系的前提下，通常可将方程做一定的变化，如 $x = 2 - e^x$ 或 $x = \ln(2-x)$，对应的迭代公式为

$$x_{k+1} = 2 - e^{x_k} \tag{1-4}$$

或

$$x_{k+1} = \ln(2 - x_k) \tag{1-5}$$

假设初始值 $x_0 = 0$，迭代 3 步后其结果见表 1-1。

表 1-1 例 1.4 迭代结果

k	x_k	迭代公式(1-4)	迭代公式(1-5)
0	x_0	1.000000	0.6931472
1	x_1	-0.718282	0.2676218
2	x_2	1.512411	0.5494951
3	x_3	-2.537658	0.3719117
⋮	⋮	⋮	⋮

由表 1-1 数据可见，按照迭代公式(1-4)，伴随计算过程，计算结果越发偏离真实值，称算法是发散的；而按照迭代公式(1-5)，每步计算结果越发趋近真实值，称算法是收敛的。判断算法的收敛与否，我们将在第 4 章详细给出。

算法的收敛性和稳定性有所区别，收敛性并不是针对初值误差的传播，而是针对本身算法是否能够实现精确值的获取。也就是说即使初值改变，也不会改变式(1-4)和式(1-5)收敛性上的区别。

1.4.3 数值算法的快速性

对于问题，一般先化简再计算，以减少步骤，避免误差积累，提高运算的快速性。例如，对于给定的 x，求下列 n 次多项式的值。多项式为

$$P(x) = a_0 + a_1 x + a_2 x^2 + \cdots + a_n x^n \tag{1-6}$$

式(1-6)用一般算法求值，即直接求和法求值，可知乘法的次数为 $1 + 2 + 3 + \cdots + n = \dfrac{n(n+1)}{2}$，加法次数为 n。

若用秦九韶算法求值，则首先将式(1-6)改写为

$$P(x) = a_n x^n + a_{n-1} x^{n-1} + \cdots + a_1 x + a_0$$
$$= (a_n x^{n-1} + a_{n-1} x^{n-2} + \cdots + a_1) x + a_0$$
$$= [(a_n x^{n-2} + a_{n-1} x^{n-3} + \cdots + a_2) x + a_1] x + a_0$$
$$= \cdots$$

令 $v_k = \{[(a_n x + a_{n-1}) x + \cdots + a_{n-(k-2)}] x + a_{n-(k-1)}\} x + a_{n-k}$，则递推公式为

$$\begin{cases} v_k = v_{k-1} x + a_{n-k}, & k = 1, 2, \cdots, n \\ v_0 = a_n, \end{cases}$$

秦九韶算法是多项式求值中常用的方法，其计算量：乘法 n 次，加法 n 次。同一般算法相比，秦九韶算法的计算量小，且逻辑结构简单。

1.5 计算机算法原则

由前述讨论可知，误差分析在数值计算中是一个很重要又很复杂的问题。因为在数值计算中每一步运算都可能产生误差，而一个科学计算问题的解决，往往要经过成千上万次运算，如果每一步运算都分析误差，显然是不可能的，其实也是不必要的。一般通过对误差的某传播规律分析，指出在数值计算中应该注意的一些原则，有助于鉴别计算结果的可靠性并防止误差危害现象的产生，以下介绍在数值计算中应该注意的一些原则。

1.5.1 避免两个相近数相减

在数值计算中，两个相近的数作减法时有效数字会损失。例如，求 $y = \sqrt{x+1} - \sqrt{x}$ 之值，其中 x 是比较大的数，例如，取 $x = 1000$，取 4 位有效数字计算，若两者直接相减，即 $y = \sqrt{1001} - \sqrt{1000} \approx 31.64 - 31.62 = 0.02$。该结果只有 1 位有效数字，损失了 3 位有效数字，从而相对误差变得很大，严重影响计算结果的精度。若处理成 $y = \sqrt{x+1} - \sqrt{x} = \dfrac{1}{\sqrt{x+1} + \sqrt{x}}$，按此公式可求得 $y = 0.01581$，则 y 仍有 4 位有效数字，可见改变计算公式，可以避免两相近数相减引起有效数字损失，从而得到较精确的结果。

类似地有，$1 - \cos x = 2\sin^2 \dfrac{x}{2}$；当 x_1 和 x_2 比较相近时，$\ln x_1 - \ln x_2 = \ln \dfrac{x_1}{x_2}$。

1.5.2 避免绝对值太小的数作除数

在机器上若用绝对值很小的数作除数，则会溢出，而且当很小的数稍有一点误差时，对计算结果影响很大。

例如，$\dfrac{2.7182}{0.001} = 2718.2$，如分母变为 0.0011，即分母只有 0.0001 的变化时，则 $\dfrac{2.7182}{0.0011} = 2471.1$。此时，在分母变化很小的情况下，商却发生了很大变化。因此，在计算过程中既要避免两个相近数相减，更要避免再用这两个相近数相减的差作除数。

1.5.3 避免大数吃小数

如 $a=10^9$，$b=9$，设想在 8 位浮点数系中相加，即

$$a+b=0.10000000\times10^{10}+0.90000000\times10^1$$
$$=0.10000000\times10^{10}+0.0000000009\times10^{10}$$
$$=0.10000000\times10^{10}$$

由于只保留 8 位有效数字，09 被舍去。

【**例 1.5**】 计算 $0.4994+1000+0.0006000+0.4090$，并保留 4 位有效数字。

【**解**】 $0.4994+1000\approx1000$，$1000+0.0006000\approx1000$，$1000+0.4090\approx1000$，改变顺序后，有

$0.4994+0.0006000\approx0.5000$，$0.5000+0.4090\approx0.9090$，$1000+0.9090\approx1001$。故，正确的计算结果应为 1001。

人物介绍

秦九韶(1208—1268)。南宋著名数学家，与李冶、杨辉、朱世杰并称宋元数学四大家。精研星象、音律、算术、诗词、弓、剑、营造之学，历任琼州知府、司农丞，后遭贬，卒于梅州任所，1247 年完成著作《数书九章》，其中的大衍求一术(一次同余方程组问题的解法，也就是现在所称的中国剩余定理)、三斜求积术和秦九韶算法(高次方程正根的数值求法)是有世界意义的重要贡献，表述了一种求解一元高次多项式方程的数值解的算法。

1.6 Python 程序

【**例 1.6**】 验证两个相近的数相减会损失有效数字个数。

求 $8^{20}\times(\sqrt{1+9^{-20}}-1)$ 的近似值。

【**解**】 法一：

```
import numpy as np
x=(8**20)*(np.sqrt(1+9**(-20))-1)
print(x)
```

输出结果为 0。当 9^{-20} 非常小，原始表达式可能导致数值不稳定。

法二：利用数学公式，分子分母同时乘以 $(\sqrt{1+9^{-20}}+1)$ 得到更稳定的数据。

```
import numpy as np
x=(8**20)*(9**(-20))/(np.sqrt(1+9**(-20))+1)
print(x)
```

输出结果为 0.0474154149285285。输出结果更稳定。

【**例 1.7**】 验证秦九韶算法可节省运行时间。

```
import math
import time

def horner_evaluation(coefficients,x):
    n=len(coefficients)-1
    result=coefficients[n]
    for i in range(n-1,-1,-1):
        result=result*x+coefficients[i]
    return result

#示例多项式:P(x)=2x^3+3x^2-6x+1
coefficients=[1,-6,3,2]
x=2.5
result=horner_evaluation(coefficients,x)

start_time=time.time()
result1=horner_evaluation(coefficients,x)
end_time=time.time()
horner_time=end_time-start_time

start_time=time.time()
result2=2*math.pow(x,3)+3*math.pow(x,2)-x*6+1
end_time=time.time()
normal_time=end_time-start_time

print(f"秦九韶算法计算结果:{result1},耗时:{horner_time}")
print(f"多项式计算结果:{result2},耗时:{normal_time}")
```

输出结果:

秦九韶算法计算结果：36.0，耗时：2.86102294921875e-06。

多项式计算结果：36.0，耗时：2.384185791015625e-05。

习 题 1

1. 取 3.14，3.141，$\dfrac{22}{7}$，$\dfrac{355}{113}$ 作为 π 的近似值，求各自的绝对误差、相对误差和有效数字的位数。

2. 设 x 的相对误差限为 $\alpha\%$，求 x^n 的相对误差限。

3. 下列各数都是对准确数进行四舍五入后得到的近似数，试分别指出它们的绝对误差限、相对误差限和有效数字的位数。

$$x_1 = 0.0315, x_2 = 0.3015, x_3 = 31.50, x_4 = 5000$$

4. 已知描述某实际问题的数学模型为 $u(x,y) = 3x^2y + \dfrac{y^2}{x}$，其中，$x$，$y$ 由统计方法得到，分别为 $x=2$，$y=4$，统计方法的误差限为 0.01，试求出 u 的误差限 $\varepsilon(u)$ 和相对误差限 $\varepsilon_r(u)$。

5. 计算 $f = (\sqrt{2}-1)^6$，取 $\sqrt{2} \approx 1.4$，利用下列各数计算，哪个得到的结果最好？

$$\dfrac{1}{(\sqrt{2}+1)^6}, (3-2\sqrt{2})^3, \dfrac{1}{(3+2\sqrt{2})^3}, 99-70\sqrt{2}$$

6. 试给出一种计算积分

$$I_n = e^{-1} \int_0^1 x^n e^x dx \, (n=0,1,2,3,\cdots)$$

近似值的稳定算法。

7. 序列 $\{y_n\}$ 满足递推关系 $y_n = 10y_{n-1} - 1$，$n=1$，2，$\cdots$，若 $y_0 = \sqrt{2} \approx 1.41$（三位有效数字），计算到 y_{10} 时误差有多大？该计算过程稳定吗？

8. 一台 10 进制的计算机，4 位字长，阶码 $p \in [-2,3]$，可以表示的机器数有多少个？给出它的最大数、最小数及距原点最近的非零数，并求 $fl(x)$ 的相对误差限。

9. $f(x) = \ln(x - \sqrt{x^2-1})$，求 $f(30)$ 的值。若开平方用六位函数表，问求对数时误差有多大？若改用另一等价公式 $\ln(x - \sqrt{x^2-1}) = -\ln(x + \sqrt{x^2-1})$ 计算，求对数时误差有多大？

10. 程序设计：求数 $y = \ln(30 - \sqrt{30^2-1})$ 的近似值。分别直接算和用倒数变换法来计算。

第 2 章

插 值 法

2.1 引言

在许多工程以及科学研究的实际问题中,经常遇到这样的问题:知道函数关系 $y=f(x)$ 在某个区间 $[a,b]$ 上存在,但却不能给出解析表达式,只能通过实验或观测得到一些离散数据 $(x_i,f(x_i))(i=0,1,\cdots,n)$,而实际应用中常常需要知道任意给定点处的函数值,或者利用已知的测试值来推算非测试点上的函数值。因此需要求出一条既通过这些已知点,又能反映函数 $f(x)$ 的性质,并且便于计算的简单函数 $P(x)$ 来近似代替 $f(x)$,从而计算出其他点的函数值。有的函数虽然有解析表达式,但关系式复杂,不便于计算,也可以构造这样的简单函数来近似。这就需要通过插值法来解决。

【定义 2.1】 设 $y=f(x)$ 是区间 $[a,b]$ 上的函数,若存在一简单函数 $P(x)$,使得在点
$$a \leqslant x_0 < x_1 < \cdots < x_n = b$$
上的函数值等于函数 $f(x)$ 在各节点的值,即
$$P(x_i) = y_i \quad (i=0,1,\cdots,n) \tag{2-1}$$
则称 $P(x)$ 为 $f(x)$ 的插值函数,$f(x)$ 为被插值函数,点 $x_0, x_1, \cdots, x_n$ 为插值节点,区间 $[a,b]$ 为插值区间,求插值函数 $P(x)$ 的方法为插值法,如图 2-1 所示。用 $P(x)$ 近似 $f(x)$ 引起的误差函数 $R(x) = f(x) - P(x)$ 称为插值余项。

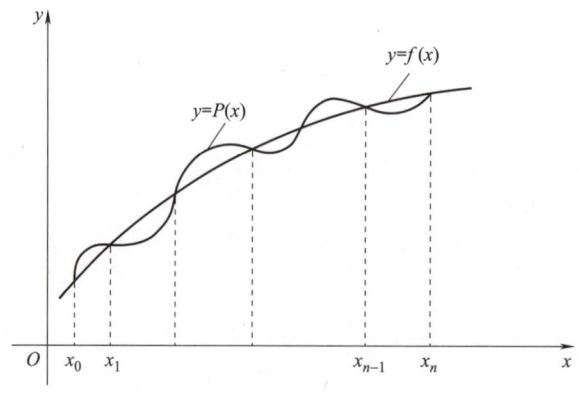

图 2-1 插值图形

满足插值条件的插值函数有多种多样,若$P(x)$是多项式,称$P(x)$为插值多项式,相对应的插值法称为多项式插值;若$P(x)$为分段多项式,就称之为分段多项式插值;若$P(x)$为三角多项式,则称为三角插值。

【定理 2.1】(插值多项式的存在唯一性定理) 在次数不超过n的多项式中,满足插值条件式(2-1)的插值多项式$P_n(x)$是存在的,并且是唯一的。

【证明】 设插值多项式$P_n(x)=a_0+a_1x+\cdots+a_nx^n$代入式(2-1)可得

$$\begin{cases} a_0+a_1x_0+a_2x_0^2+\cdots+a_nx_0^n=y_0 \\ a_0+a_1x_1+a_2x_1^2+\cdots+a_nx_1^n=y_1 \\ \vdots \\ a_0+a_1x_n+a_2x_n^2+\cdots+a_nx_n^n=y_n \end{cases} \quad (2-2)$$

这是关于$a_0,a_1,\cdots,a_n$的$n+1$元线性方程组,其系数行列式为

$$V(x_0,x_1,\cdots,x_n)=\begin{vmatrix} 1 & x_0 & \cdots & x_0^n \\ 1 & x_1 & \cdots & x_1^n \\ \vdots & \vdots & & \vdots \\ 1 & x_n & \cdots & x_n^n \end{vmatrix}$$

是范德蒙德(Vandermonde)行列式,故

$$V(x_0,x_1,\cdots,x_n)=\begin{vmatrix} 1 & x_0 & \cdots & x_0^n \\ 1 & x_1 & \cdots & x_1^n \\ \vdots & \vdots & & \vdots \\ 1 & x_n & \cdots & x_n^n \end{vmatrix}=\prod_{0\leqslant j<i\leqslant n}(x_i-x_j)$$

由于$x_0,x_1,\cdots,x_n$互异,于是$V(x_0,x_1,\cdots,x_n)\neq 0$。再由克拉默法则,式(2-2)存在唯一的一组解$a_0,a_1,\cdots,a_n$,即满足式(2-1)的插值多项式$P_n(x)$存在且唯一。

插值法应用广泛,在航空、造船、精密机械加工等领域的实际问题中显得更为重要。定理2.1使用待定系数法来求解多项式的系数,但此方法计算量大,且当n很大时,数值求解不稳定。因此本章用构造的方法给出插值多项式$P_n(x)$。本章介绍几种常用的一维插值方法,有拉格朗日(Lagrange)插值、牛顿(Newton)插值、分段低次插值、埃尔米特(Hermite)插值、样条插值。

2.2 拉格朗日插值公式

拉格朗日插值法是一种多项式插值方法,是以法国数学家拉格朗日命名的插值方法。为了求出便于使用的、简单的插值多项式$P(x)$,先讨论$n=1$的情形。

2.2.1 线性插值

在给定区间$[x_i,x_{i+1}]$上,满足端点函数值$y_i=f(x_i)$,$y_{i+1}=f(x_{i+1})$,要求找到线性插值多项式$L_1(x)$,使得$L_1(x)$满足以下插值条件,即

$$L_1(x_i)=y_i, \quad L_1(x_{i+1})=y_{i+1}$$

该插值函数 $L_1(x)$ 是通过 (x_i, y_i) 与 (x_{i+1}, y_{i+1}) 两点的一条直线，用这条直线来近似地表示函数 $f(x)$，此直线的方程为

$$L_1(x) = y_i + \frac{y_{i+1} - y_i}{x_{i+1} - x_i}(x - x_i) \quad （点斜式）$$

还可以将上述点斜式改写为

$$L_1(x) = \frac{x - x_{i+1}}{x_i - x_{i+1}} y_i + \frac{x - x_i}{x_{i+1} - x_i} y_{i+1} \quad （两点式） \tag{2-3}$$

令 $l_i(x) = \frac{x - x_{i+1}}{x_i - x_{i+1}}$，$l_{i+1}(x) = \frac{x - x_i}{x_{i+1} - x_i}$，则 $L_1(x) = l_i(x) y_i + l_{i+1}(x) y_{i+1}$。函数 $l_i(x)$，$l_{i+1}(x)$ 分别称为节点 x_i，x_{i+1} 上的拉格朗日插值基函数。显然，插值基函数 $l_i(x)$，$l_{i+1}(x)$ 都是线性函数，并且具有以下性质，即

$$l_i(x_i) = 1, \ l_i(x_{i+1}) = 0; \ l_{i+1}(x_i) = 0, \ l_{i+1}(x_{i+1}) = 1$$

即 $l_i(x)$ 在对应的插值点 x_i 处的取值为 1，在其他点处取值为 0。

不难验证，以对应点处的函数值为系数，对它们做线性组合所得的函数不仅仍是线性的，并且还会满足插值条件。根据该思路，当节点增多到 $n+1$ 个时，可以先构造 n 次多项式 $l_i(x)$ ($i = 0, 1, \cdots, n$)，它们满足

$$l_i(x_j) = \begin{cases} 0, & j \neq i \\ 1, & j = i \end{cases}$$

然后用对应点处的函数值为系数来做一个线性组合，即得的多项式函数即为所要求的插值多项式。

2.2.2 抛物线插值

以下讨论 $n = 2$ 的情形。假定插值节点为 x_{i-1}，x_i，x_{i+1}，目标是求一个二次插值多项式 $L_2(x)$，满足 $L_2(x_j) = y_j, j = i-1, \ i, \ i+1$。

从几何角度考虑，$y = L_2(x)$ 是通过三点 (x_{i-1}, y_{i-1})，(x_i, y_i)，(x_{i+1}, y_{i+1}) 的抛物线。为了求出 $L_2(x)$ 的表达式，根据式(2-3)的结构，令

$$L_2(x) = l_{i-1}(x) y_{i-1} + l_i(x) y_i + l_{i+1}(x) y_{i+1} \tag{2-4}$$

找一组基函数 $l_{i-1}(x)$，$l_i(x)$ 及 $l_{i+1}(x)$，这三个函数是二次函数，且在节点处满足插值条件

$$l_{i-1}(x_{i-1}) = 1, \ l_{i-1}(x_i) = 0, \ l_{i-1}(x_{i+1}) = 0$$
$$l_i(x_{i-1}) = 0, \ l_i(x_i) = 1, \ l_i(x_{i+1}) = 0$$
$$l_{i+1}(x_{i-1}) = 0, \ l_{i+1}(x_i) = 0, \ l_{i+1}(x_{i+1}) = 1$$

满足插值条件的插值基函数是很容易求出的，以 $l_{i-1}(x)$ 为例，$l_{i-1}(x)$ 有 x_i，x_{i+1} 两个根，可以设

$$l_{i-1}(x) = A(x - x_i)(x - x_{i+1})$$

其中 A 为待定系数。又因为还需要满足 $l_{i-1}(x_{i-1}) = 1$，可得

$$A = \frac{1}{(x_{i-1} - x_i)(x_{i-1} - x_{i+1})}$$

因此，$l_{i-1}(x) = \dfrac{(x-x_i)(x-x_{i+1})}{(x_{i-1}-x_i)(x_{i-1}-x_{i+1})}$。

同理可得

$$l_i(x) = \dfrac{(x-x_{i-1})(x-x_{i+1})}{(x_i-x_{i-1})(x_i-x_{i+1})}$$

$$l_{i+1}(x) = \dfrac{(x-x_i)(x-x_{i-1})}{(x_{i+1}-x_i)(x_{i+1}-x_{i-1})}$$

函数 $l_{i-1}(x)$，$l_i(x)$ 及 $l_{i+1}(x)$ 称为抛物线插值基函数或二次插值基函数，可以验证

$$L_2(x) = l_{i-1}(x)y_{i-1} + l_i(x)y_i + l_{i+1}(x)y_{i+1}$$

满足 $L_2(x_j) = y_j, j = i-1, i, i+1$。将上面求得的基函数 $l_{i-1}(x)$，$l_i(x)$，$l_{i+1}(x)$ 代入式(2-4)得抛物线插值函数为

$$L_2(x) = \dfrac{(x-x_i)(x-x_{i+1})}{(x_{i-1}-x_i)(x_{i-1}-x_{i+1})}y_{i-1} + \dfrac{(x-x_{i-1})(x-x_{i+1})}{(x_i-x_{i-1})(x_i-x_{i+1})}y_i + \dfrac{(x-x_{i-1})(x-x_i)}{(x_{i+1}-x_{i-1})(x_{i+1}-x_i)}y_{i+1} \quad (2\text{-}5)$$

2.2.3 n 次拉格朗日插值多项式

已知函数 $f(x)$ 在区间 $[a,b]$ 上 $n+1$ 个互异节点 $x_i(i=0,1,2,\cdots,n)$ 处的函数值为 $y_i = f(x_i)$。可以先构造 $n+1$ 个拉格朗日插值基函数 $l_i(x)(i=0,1,2,\cdots,n)$ 满足下式，即

$$l_i(x_j) = \begin{cases} 0, & j \neq i \\ 1, & j = i \end{cases}$$

考虑的插值基函数 $l_i(x)$ 有 n 个根 $x_j(j=0,1,\cdots,n, j \neq i)$，且 $l_i(x_i)=1$，它的形式为

$$l_i(x) = \dfrac{(x-x_0)\cdots(x-x_{i-1})(x-x_{i+1})\cdots(x-x_n)}{(x_i-x_0)\cdots(x_i-x_{i-1})(x_i-x_{i+1})\cdots(x_i-x_n)} = \prod_{\substack{j=0 \\ j \neq i}}^{n} \dfrac{x-x_j}{x_i-x_j} (i=0,1,\cdots,n)$$

这些函数称为拉格朗日插值基函数。利用它们立即得出插值问题的解

$$L_n(x) = \sum_{i=0}^{n} y_i l_i(x) = \sum_{i=0}^{n} y_i \left(\prod_{\substack{j=0 \\ j \neq i}}^{n} \dfrac{x-x_j}{x_i-x_j} \right) \quad (2\text{-}6)$$

事实上，由于所得到的每个插值基函数 $l_i(x)(i=0,1,\cdots,n)$ 都是 n 次多项式，故 $L_n(x)$ 至多为 n 次多项式。由式(2-6)可得

$$L_n(x_k) = \sum_{i=0}^{n} y_i l_i(x_k) = y_k (k=0,1,\cdots,n)$$

即 $L_n(x)$ 满足插值条件式(2-1)。那么式(2-6)称为 n 次拉格朗日插值多项式，即 $L_n(x) = \sum_{i=0}^{n} y_i l_i(x)$。式(2-3)和式(2-5)为 $n=1$ 和 $n=2$ 时的特殊情形。

记 $\omega_{n+1}(x) = (x-x_0)(x-x_1)\cdots(x-x_n)$，则

$$\omega'_{n+1}(x_k) = (x_k-x_0)\cdots(x_k-x_{k-1})(x_k-x_{k+1})\cdots(x_k-x_n)$$

那么 $l_i(x) = \dfrac{\omega_{n+1}(x)}{(x-x_i)\omega'_{n+1}(x_i)}$，于是式(2-6)可以改写为

$$L_n(x) = \sum_{i=0}^{n} y_i \dfrac{\omega_{n+1}(x)}{(x-x_i)\omega'_{n+1}(x_i)}$$

【例2.1】 已知$f(-1)=2$，$f(1)=1$，$f(2)=1$，求$f(x)$的拉格朗日插值多项式。

【解】 三个节点：$x_0=-1$，$x_1=1$，$x_2=2$。根据式(2-5)，有

$$l_0(x)=\frac{(x-x_1)(x-x_2)}{(x_0-x_1)(x_0-x_2)}=\frac{1}{6}(x^2-3x+2)$$

$$l_1(x)=\frac{(x-x_0)(x-x_2)}{(x_1-x_0)(x_1-x_2)}=-\frac{1}{2}(x^2-x-2)$$

$$l_2(x)=\frac{(x-x_0)(x-x_1)}{(x_2-x_0)(x_2-x_1)}=\frac{1}{3}(x^2-1)$$

因此，$L_2(x)=2l_0(x)+l_1(x)+l_2(x)=\frac{1}{6}(x^2-3x+8)$。

以下讨论拉格朗日插值余项。若在区间$[a,b]$上用插值多项式$L_n(x)$近似$f(x)$，截断误差可以表示为$R_n(x)=f(x)-L_n(x)$，同时，也称为插值多项式的余项。

【定理2.2】 设$f^{(n)}(x)\in C[a,b]$，$f(x)$在区间(a,b)内存在$n+1$阶导数，在区间内划分节点$a\leq x_0<x_1<\cdots<x_n\leq b$，若$L_n(x)$是满足插值条件的插值多项式，则对$\forall x\in[a,b]$，插值多项式余项为

$$R_n(x)=\frac{f^{(n+1)}(\xi)}{(n+1)!}\omega_{n+1}(x) \tag{2-7}$$

这里$\xi\in(a,b)$且依赖于x。

【证明】 由插值条件可知，$R_n(x)=f(x)-L_n(x)$在节点$x_i(i=0,1,\cdots,n)$上为零，也就是$R_n(x_i)=f(x_i)-L_n(x_i)=0$，$i=0,1,\cdots,n$。考虑到$R_n(x_i)$有$n+1$个零点，可以设

$$R_n(x)=K(x)(x-x_0)(x-x_1)\cdots(x-x_n)=K(x)\omega_{n+1}(x) \tag{2-8}$$

其中，$K(x)$是待定函数。

为了寻找$K(x)$，将x看作区间$[a,b]$上的固定点，作函数

$$\varphi(t)=f(t)-L_n(t)-K(x)(t-x_0)(t-x_1)\cdots(t-x_n)$$

根据插值条件，可知各节点也是$\varphi(t)$的零点，即$\varphi(x_i)=0$，$i=0,1,\cdots,n$，并且$\varphi(t)$在x也为零，那么$\varphi(t)$在区间$[a,b]$上至少有$n+2$个零点。由罗尔(Rolle)定理，可知$\varphi'(t)$在区间(a,b)上至少有$n+1$个零点。对$\varphi'(t)$再次应用Rolle定理，可得$\varphi''(t)$在区间(a,b)上至少有n个零点。依此类推，可知$\varphi^{(n+1)}(t)$在区间(a,b)上至少有一个零点，记为$\xi\in(a,b)$，使得

$$\varphi^{(n+1)}(\xi)=f^{(n+1)}(\xi)-(n+1)!K(x)=0$$

因此

$$K(x)=\frac{f^{(n+1)}(\xi)}{(n+1)!}$$

通过证明可知，$\xi\in(a,b)$且依赖于x。将$K(x)$代入式(2-8)，就得到了插值余项公式(2-7)。证毕。

当$n=1$时，一次插值余项可以表示为

$$R_1(x)=\frac{1}{2}f''(\xi)\omega_2(x)=\frac{1}{2}f''(\xi)(x-x_0)(x-x_1),\xi\in(x_0,x_1)$$

当$n=2$时，二次插值余项可以表示为

$$R_2(x) = \frac{1}{6}f'''(\eta)\omega_3(x) = \frac{1}{6}f'''(\eta)(x-x_0)(x-x_1)(x-x_2), \eta \in (x_0, x_2)$$

人物介绍

拉格朗日(1736—1813)法国科学家,在数学、力学和天文学三个学科中都有历史性的重大贡献。但他的成就主要是在数学领域,拿破仑曾称赞他是"一座高耸在数学界的金字塔",他最突出的贡献是使数学分析与几何和力学脱离开来,使数学的独立性更为清楚,而不仅是其他学科的工具。同时在使天文学力学化、力学分析化上也起了历史性作用,促使力学和天文学更深入发展。

2.3 差商与牛顿插值公式

2.3.1 差商

拉格朗日插值公式 $n=1$ 时,可以看作直线方程两点式,知道直线方程还可以改写成点斜式直线方程,为

$$P_1(x) = f_0 + \frac{f_1 - f_0}{x_1 - x_0}(x - x_0)$$

由此出发,$n+1$ 个节点 $x_0, x_1, \cdots, x_n$ 上的 n 次拉格朗日插值多项式也可以写成下列形式,为

$$P_n(x) = a_0 + a_1(x-x_0) + \cdots + a_n(x-x_0)(x-x_1)\cdots(x-x_{n-1})$$

以下主要的工作是怎样确定上式中的 $a_0, a_1, \cdots, a_n$。考虑插值条件 $P_n(x_j) = f_j (j=0, 1, \cdots, n)$。当 $x = x_0$ 时,$P_n(x_0) = f_0 = a_0$。

当 $x = x_1$ 时,$P_n(x_1) = f_1 = a_0 + a_1(x_1 - x_0)$,可以推出 $a_1 = \frac{f_1 - f_0}{x_1 - x_0}$。

当 $x = x_2$ 时,$P_n(x_2) = f_2 = a_0 + a_1(x_2 - x_0) + a_2(x_2 - x_0)(x_2 - x_1)$,推出

$$a_2 = \frac{\frac{f_2 - f_0}{x_2 - x_0} - \frac{f_1 - f_0}{x_1 - x_0}}{x_2 - x_1}$$

依次递推,使用插值条件可以得到 $a_0, a_1, \cdots, a_n$。为了写出 a_i 的一般表达式,先引进差商的定义。

【定义 2.2】 函数 $f(x)$ 关于点 x_0, x_k 的一阶差商定义为 $f[x_0, x_k] = \frac{f(x_k) - f(x_0)}{x_k - x_0}$,$f(x)$ 关于点 x_0, x_1, x_k 的二阶差商定义为 $f[x_0, x_1, x_k] = \frac{f[x_0, x_k] - f[x_0, x_1]}{x_k - x_1}$。一般地,称

$$f[x_0, x_1, \cdots, x_k] = \frac{f[x_0, x_1, \cdots, x_{k-2}, x_k] - f[x_0, x_1, \cdots, x_{k-1}]}{x_k - x_{k-1}}$$

为 $f(x)$ 的 k 阶差商。

差商是牛顿插值的基础，有以下基本性质：

1) k 阶差商可以表示成函数值 $f(x_0)$，$f(x_1)$，$\cdots$，$f(x_k)$ 的线性组合，即

$$f[x_0,x_1,\cdots,x_k]=\sum_{i=0}^{k}\frac{f(x_i)}{(x_i-x_0)\cdots(x_i-x_{i-1})(x_i-x_{i+1})\cdots(x_i-x_k)}$$

该性质可以用数学归纳法证明，同时表明差商与节点的排列次序无关，即

$$f[x_0,x_1,x_2,\cdots,x_k]=f[x_0,x_2,x_1,\cdots,x_k]=\cdots=f[x_k,x_2,x_1,\cdots,x_0]$$

又称为差商的对称性。

2) 由性质 1) 和差商的定义，有

$$f[x_0,x_1,\cdots,x_k]=\frac{f[x_1,x_2,\cdots,x_k]-f[x_0,x_1,\cdots,x_{k-1}]}{x_k-x_0}$$

3) 若 $f(x)$ 在所考虑区间 $[a,b]$ 上存在 n 阶导数，则 n 阶差商与导数的关系为

$$f[x_0,x_1,\cdots,x_n]=\frac{f^{(n)}(\xi)}{n!},\xi\in[a,b]$$

4) 若 $F(x)=cf(x)$，则 $F[x_0,x_1,\cdots,x_k]=cf[x_0,x_1,\cdots,x_k]$。

5) 若 $F(x)=f(x)+g(x)$，则 $F[x_0,x_1,\cdots,x_k]=f[x_0,x_1,\cdots,x_k]+g[x_0,x_1,\cdots,x_k]$。

计算差商可以列差商表，见表 2-1。

表 2-1 差商表

x_k	$f(x_k)$	一阶差商	二阶差商	三阶差商	四阶差商
x_0	$f(x_0)$				
x_1	$f(x_1)$	$f[x_0,x_1]$			
x_2	$f(x_2)$	$f[x_1,x_2]$	$f[x_0,x_1,x_2]$		
x_3	$f(x_3)$	$f[x_2,x_3]$	$f[x_1,x_2,x_3]$	$f[x_0,x_1,x_2,x_3]$	
x_4	$f(x_4)$	$f[x_3,x_4]$	$f[x_2,x_3,x_4]$	$f[x_1,x_2,x_3,x_4]$	$f[x_0,x_1,x_2,x_3,x_4]$
$\vdots$	$\vdots$	$\vdots$	$\vdots$	$\vdots$	$\vdots$

2.3.2 牛顿插值

以下根据差商的定义，把 x 看为区间 $[a,b]$ 上的一点，可得

$$f(x)=f(x_0)+f[x_0,x_1](x-x_0)+f[x_0,x_1,x_2](x-x_0)(x-x_1)+\cdots+$$
$$f[x_0,x_1,\cdots,x_n](x-x_0)\cdots(x-x_{n-1})+f[x,x_0,\cdots,x_n]\omega_{n+1}(x)$$
$$=N_n(x)+R_n(x)$$

其中，

$$N_n(x)=f(x_0)+f[x_0,x_1](x-x_0)+f[x_0,x_1,x_2](x-x_0)(x-x_1)+\cdots+$$
$$f[x_0,x_1,\cdots,x_n](x-x_0)\cdots(x-x_{n-1}) \tag{2-9}$$

$$R_n(x)=f(x)-N_n(x)=f[x,x_0,\cdots,x_n]\omega_{n+1}(x) \tag{2-10}$$

其中，$\omega_{n+1}(x)=(x-x_0)(x-x_1)\cdots(x-x_n)$。

可以很容易地验证，式 (2-9) 所确定的多项式 $N_n(x)$ 显然满足插值条件式 (2-1)，并且它

的次数不会超过 n，这样的多项式就是需要找的插值多项式，其系数 $a_k = f[x_0, x_1, \cdots, x_k]$ ($k = 0, 1, \cdots, n$)，称多项式 $N_n(x)$ 为牛顿插值多项式。系数 a_k 就是差商表 2-1 中加横线的各阶差商值，与拉格朗日插值相比较，牛顿插值节省计算量，而且便于程序设计。式(2-10)为牛顿差值余项，由插值多项式的唯一性定理可知，它与式(2-7)是等价的。

【例 2.2】 已知函数 $y = \sqrt{x}$ 在 $x = 4$，$x = 6.25$，$x = 9$ 处的函数值，试通过二次插值函数求 $\sqrt{7}$ 的近似值，并估计其误差。

【解】 $y = \sqrt{x}$ 可以求出 $x_0 = 4$，$x_1 = 6.25$，$x_2 = 9$，$y_0 = 2$，$y_1 = 2.5$，$y_2 = 3$。

1) 采用拉格朗日插值多项式 $y = \sqrt{x} \approx L_2(x) = \sum_{j=0}^{2} l_j(x) y_j$。

$$\sqrt{7} \approx L_2(x) \big|_{x=7}$$

$$= \frac{(x-x_1)(x-x_2)}{(x_0-x_1)(x_0-x_2)} y_0 + \frac{(x-x_0)(x-x_2)}{(x_1-x_0)(x_1-x_2)} y_1 + \frac{(x-x_0)(x-x_1)}{(x_2-x_0)(x_2-x_1)} y_2 \bigg|_{x=7}$$

$$= \frac{(7-6.25)(7-9)}{(4-6.25)(4-9)} \times 2 + \frac{(7-4)(7-9)}{(6.25-4)(6.25-9)} \times 2.5 + \frac{(7-4)(7-6.25)}{(9-4)(9-6.25)} \times 3 = 2.6484848$$

误差为

$$R_2(7) = \frac{f^{(3)}(\xi)}{3!} (7-4)(7-6.25)(7-9)$$

又 $f^{(3)}(x) = \frac{3}{8} x^{-\frac{5}{2}}$，则 $\max_{[4,9]} |f^{(3)}(x)| = \frac{3}{8} 4^{-\frac{5}{2}} < 0.01172$，所以

$$|R_2(7)| < \frac{1}{6} \times 4.5 \times 0.01172 = 0.00879$$

2) 采用牛顿插值多项式 $y = \sqrt{x} \approx N_2(x)$，根据题意列差商表(见表 2-2)。

表 2-2 例 2.2 差商表

i	x_i	$f(x_i)$	一阶差商	二阶差商
0	4	2		
1	6.25	2.5	$\frac{2}{9}$	
2	9	3	$\frac{2}{11}$	$-\frac{4}{495}$

从而 $N_2(7) = 2 + \frac{2}{9} \times (7-4) + \left(-\frac{4}{495}\right) \times (7-4) \times (7-6.25) \approx 2.6484848$。

【例 2.3】 依据以下插值数据点(见表 2-3)分别建立次数不超过 3 的拉格朗日插值多项式和牛顿插值多项式，并验证插值多项式的唯一性。

表 2-3 插值数据点

x	0	1	2	4
$f(x)$	1	9	23	3

【解】 1) 拉格朗日插值多项式 $L_3(x) = \sum\limits_{j=0}^{3} l_j(x) y_j$，其中，$l_j(x) = \prod\limits_{\substack{i=0 \\ i \neq j}}^{3} \dfrac{x-x_i}{x_j-x_i}$。

$$l_0(x) = \frac{x-x_1}{x_0-x_1} \cdot \frac{x-x_2}{x_0-x_2} \cdot \frac{x-x_3}{x_0-x_3} = \frac{x-1}{0-1} \cdot \frac{x-2}{0-2} \cdot \frac{x-4}{0-4} = -\frac{x^3-7x^2+14x-8}{8}$$

$$l_1(x) = \frac{x-x_0}{x_1-x_0} \cdot \frac{x-x_2}{x_1-x_2} \cdot \frac{x-x_3}{x_1-x_3} = \frac{x-0}{1-0} \cdot \frac{x-2}{1-2} \cdot \frac{x-4}{1-4} = \frac{x^3-6x^2+8x}{3}$$

$$l_2(x) = \frac{x-x_0}{x_2-x_0} \cdot \frac{x-x_1}{x_2-x_1} \cdot \frac{x-x_3}{x_2-x_3} = \frac{x-0}{2-0} \cdot \frac{x-1}{2-1} \cdot \frac{x-4}{2-4} = -\frac{x^3-5x^2+4x}{4}$$

$$l_3(x) = \frac{x-x_0}{x_3-x_0} \cdot \frac{x-x_1}{x_3-x_1} \cdot \frac{x-x_2}{x_3-x_2} = \frac{x-0}{4-0} \cdot \frac{x-1}{4-1} \cdot \frac{x-2}{4-2} = \frac{x^3-3x^2+2x}{24}$$

$$L_3(x) = -\frac{1}{8}(x^2-3x+2)(x-4) + 3x(x^2-6x+8) - \frac{23}{4}x(x^2-5x+4) + \frac{1}{8}x(x^2-3x+2)$$

$$= -\frac{11}{4}x^3 + \frac{45}{4}x^2 - \frac{1}{2}x + 1$$

2) 牛顿插值多项式，先计算差商表（见表 2-4）。

表 2-4　例 2.3 差商表

k	x_k	$f(x_k)$	一阶差商	二阶差商	三阶差商
0	0	1			
1	1	9	8		
2	2	23	14	3	
3	4	3	-10	-8	$-\dfrac{11}{4}$

$$N_3(x) = f(x_0) + f[x_0, x_1](x-x_0) + f[x_0, x_1, x_2](x-x_0)(x-x_1) +$$
$$f[x_0, x_1, x_2, x_3](x-x_0)(x-x_1)(x-x_2)$$

$$= 1 + 8(x-0) + 3(x-0)(x-1) - \frac{11}{4}(x-0)(x-1)(x-2)$$

$$= -\frac{11}{4}x^3 + \frac{45}{4}x^2 - \frac{1}{2}x + 1$$

由以上结果可知：$L_3(x) = N_3(x)$。说明插值多项式存在且唯一。

2.3.3　重节点的牛顿插值公式

【定义 2.3】(重节点差商)　重节点差商是通过差商极限定义的，如

$$f[x_0, x_0] = \lim_{x_0^{(1)} \to x_0} f[x_0, x_0^{(1)}] = \lim_{x_0^{(1)} \to x_0} \frac{f(x_0^{(1)}) - f(x_0)}{x_0^{(1)} - x_0} = f'(x_0)$$

类似地有

1) $f[x_0, x_1, \cdots, x_n, x, x] = \dfrac{\mathrm{d}}{\mathrm{d}x} f[x_0, x_1, \cdots, x_n, x]$。

2) $f[\underbrace{x_0,x_0,\cdots,x_0}_{n+1}]=\dfrac{f^{(n)}(x_0)}{n!}$。

【例 2.4】 已知 $x_0=-1$，$x_1=0$，$x_2=1$，函数 $f(x)$ 取值为
$$f(-1)=-2,\ f(0)=-1,\ f(1)=0,\ f'(0)=0$$
求不超过 3 次的多项式 $H_3(x_i)=f(x_i)$，$H_3'(0)=f'(0)$，$i=0,1,2$。

【解】 法一：先利用 $H_3(x_i)=f(x_i)$，$i=0,1,2$，构造一个次数不超过 2 次的多项式
$$\begin{aligned}P_2(x)&=f(x_0)+f[x_0,x_1](x-x_0)+f[x_0,x_1,x_2](x-x_0)(x-x_1)\\&=-2+1\times(x+1)+0=x-1\end{aligned}$$

增加条件 $H_3'(0)=f'(0)$，可设
$$H_3(x)=P_2(x)+a(x+1)x(x-1)$$

显然 $H_3(x_i)=f(x_i)(i=0,1,2)$ 且次数不超过 3 次，代入 $H_3'(0)=f'(0)=0$，得 $a=1$。故所求
$$H_3(x)=x-1+(x+1)x(x-1)=x^3-1。$$

法二：根据重节点差商(见表 2-5)，可得
$$\begin{aligned}H_3(x)=&f(x_0)+f[x_0,x_1](x-x_0)+f[x_0,x_1,x_1](x-x_0)(x-x_1)+\\&f[x_0,x_1,x_1,x_2](x-x_0)(x-x_1)(x-x_1)\end{aligned}$$

表 2-5 例 2.4 差商表

k	x_k	$f(x_k)$	一阶差商	二阶差商	三阶差商
0	-1	-2			
1	0	-1	1		
2	0	-1	$f'(x_1)=0$	-1	
3	1	0	1	1	1

从而 $H_3(x)=-2+(x+1)-(x+1)(x-0)+(x+1)(x-0)(x-0)=x^3-1$。

2.4 差分

2.4.1 差分及性质

设函数 $y=f(x)$，$x_k=x_0+kh(k=0,1,\cdots,n)$，在节点处的函数值记为 $f_k=f(x_k)$，$f_{k+\frac{1}{2}}=f(x_k+h/2)$，$f_{k-\frac{1}{2}}=f(x_k-h/2)$，$h$ 为步长。

【定义 2.4】 记
$$\Delta f_k=f_{k+1}-f_k,\ \nabla f_k=f_k-f_{k-1},\ \delta f_k=f_{k+\frac{1}{2}}-f_{k-\frac{1}{2}}$$

称为 $f(x)$ 在 x_k 处的一阶向前差分、向后差分和中心差分。Δ，∇，δ 分别称为向前差分算子、向后差分算子和中心差分算子。
$$\Delta^2 f_k=\Delta f_{k+1}-\Delta f_k=f_{k+2}-2f_{k+1}+f_k$$

称为二阶差分。

类似地，可以定义 m 阶差分为

$$\Delta^m f_k = \Delta^{m-1} f_{k+1} - \Delta^{m-1} f_k, \quad \nabla^m f_k = \nabla^{m-1} f_k - \nabla^{m-1} f_{k-1}$$

同时定义

$$I f_k = f_k, \quad E f_k = f_{k+1}$$

为**不变算子** I 及**移位算子** E。

应用上面的定义,可以很容易地得到,$\Delta f_k = f_{k+1} - f_k = E f_k - I f_k = (E-I) f_k$,即

$$\Delta = E - I$$

同理,可得

$$\nabla = I - E^{-1}, \quad \delta = E^{\frac{1}{2}} - E^{-\frac{1}{2}}$$

【性质 2.1】 $\Delta^m f_k = \sum_{j=0}^{m} (-1)^j \binom{m}{j} f_{m+k-j}, \quad \nabla^m f_k = \sum_{j=0}^{m} (-1)^j \binom{m}{j} f_{k-j}$。

【证明】 根据上面各算子的定义,可以得到

$$\Delta^m f_k = (E-I)^m f_k = \sum_{j=0}^{m} (-1)^j \binom{m}{j} E^{m-j} f_k = \sum_{j=0}^{m} (-1)^j \binom{m}{j} f_{m+k-j}$$

$$\nabla^m f_k = (I-E^{-1})^m f_k = \sum_{j=0}^{m} (-1)^j \binom{m}{j} E^{-j} f_k = \sum_{j=0}^{m} (-1)^j \binom{m}{j} f_{k-j}$$

其中,$\binom{m}{j} = \dfrac{m(m-1)\cdots(m-j+1)}{j!}$ 为二项式展开式系数。

反之,还可以用差分来表示函数值,例如,

$$f_{m+k} = E^m f_k = (I+\Delta)^m f_k = \sum_{j=0}^{m} \binom{m}{j} \Delta^j f_k$$

【性质 2.2】 差商和差分的关系

$$f[x_k, x_{k+1}, \cdots, x_{k+m}] = \frac{1}{m!} \frac{1}{h^m} \Delta^m f_k$$

$$f[x_k, x_{k-1}, \cdots, x_{k-m}] = \frac{1}{m!} \frac{1}{h^m} \nabla^m f_k \quad (m=1,2,\cdots,n)$$

【证明】 根据 2.3 节中差商的定义,还可以得到差商和向前差分的关系,例如,一阶差分

$$f[x_k, x_{k+1}] = \frac{f_{k+1} - f_k}{x_{k+1} - x_k} = \frac{\Delta f_k}{h}$$

二阶差分

$$f[x_k, x_{k+1}, x_{k+2}] = \frac{f[x_{k+1}, x_{k+2}] - f[x_k, x_{k+1}]}{x_{k+2} - x_k} = \frac{1}{2! h^2} \Delta^2 f_k$$

由数学归纳法,可得

$$f[x_k, x_{k+1}, \cdots, x_{k+m}] = \frac{1}{m!} \frac{1}{h^m} \Delta^m f_k \quad (m=1,2,\cdots,n)$$

同理,可以得到差商和向后差分之间的关系为

$$f[x_k, x_{k-1}, \cdots, x_{k-m}] = \frac{1}{m!} \frac{1}{h^m} \nabla^m f_k$$

表 2-6 为向前差分表，利用差分表可以很方便地计算各阶差分。

表 2-6　向前差分表

x_k	Δ	Δ^2	Δ^3	Δ^4
f_0	Δf_0	$\Delta^2 f_0$	$\Delta^3 f_0$	$\Delta^4 f_0$
f_1	Δf_1	$\Delta^2 f_1$	$\Delta^3 f_1$	$\vdots$
f_2	Δf_2	$\Delta^2 f_2$	$\vdots$	
f_3	Δf_3	$\vdots$		
f_4	$\vdots$			
$\vdots$				

2.4.2　等距节点的牛顿插值公式

依次取等距节点 $x_i(i=0,1,\cdots,n)$，$x_0=a$，$x_i=a+ih$，已知 $f_i=f(x_i)$，利用向前差分代替差商可得牛顿插值公式为

$$P_n(x)=f_0+\frac{\Delta f_0}{1!h}(x-x_0)+\frac{\Delta^2 f_0}{2!h^2}(x-x_0)(x-x_1)+\cdots+\frac{\Delta^n f_0}{n!h^n}(x-x_0)(x-x_1)\cdots(x-x_{n-1})$$

令 $x=x_0+th$，$t\in[0,n]$，又有 $x_i=x_0+ih$，则 $x-x_i=(t-i)h$，$i=0,1,2,\cdots,n$，则

$$P_n(x)=P_n(x_0+th)=f_0+\frac{\Delta f_0}{1!}t+\frac{\Delta^2 f_0}{2!}t(t-1)+\cdots+\frac{\Delta^n f_0}{n!}t(t-1)\cdots(t-n+1)$$

此式称为牛顿向前插值多项式。

同样利用向后差分代替差商，可推出牛顿插值公式为

$$P_n(x)=P_n(x_n+th)=f_n+\frac{\nabla f_n}{1!}t+\frac{\nabla^2 f_n}{2!}t(t+1)+\cdots+\frac{\nabla^n f_n}{n!}t(t+1)\cdots(t+n-1)$$

此式称为牛顿向后插值多项式。

【例 2.5】　试计算出表 2-7 中函数的差分表，并利用牛顿向前插值多项式和牛顿向后插值多项式给出它的插值多项式。

表 2-7　函数差分表

x_i	0	1	2	3	4
$f(x_i)$	3	6	11	18	27

【解】　构造差分表（见表 2-8）如下：

表 2-8　例 2.5 差分表

i	x_i	f_i	Δf_i	$\Delta^2 f_i$	$\Delta^3 f_i$	$\Delta^4 f_i$
0	0	3	3	2	0	0
1	1	6	5	2	0	
2	2	11	7	2		
3	3	18	9			
4	4	27				

所以牛顿向前插值多项式为

$$P_4(x)=P_4(x_0+th)=3+\frac{3}{1!}t+\frac{2}{2!}t(t-1)=3+3t+t(t-1)=t^2+2t+3$$

牛顿向后插值多项式为

$$P_4(x)=P_4(x_4+th)=27+\frac{9}{1!}t+\frac{2}{2!}t(t+1)=27+9t+t(t+1)=t^2+10t+27$$

2.5 埃尔米特插值

有时工程应用中利用简单函数逼近一个函数 $f(x)$ 的时候，不仅要求在节点上等于函数值，而且还要求它与函数在节点处有相同的一阶、二阶甚至更高阶的导数值，这类插值问题就是埃尔米特插值问题。从几何方面考虑该问题，利用插值方法求出插值多项式，不但要过已知的函数点，而且在这些点处的切线与原曲线也"相切"。

讨论节点处函数 $f(x)$ 函数值与导数值都相等的情况。以下讨论找到一个插值多项式 $H(x)$，在节点 $a\leq x_0<x_1<\cdots<x_n\leq b$ 上，满足条件，即

$$H(x_i)=f(x_i)=y_i, H'(x_i)=f'(x_i)=y_i' \quad (i=0,1,\cdots,n) \tag{2-11}$$

可以看出，这里有 $2n+2$ 个条件，这些条件可以唯一确定出一个次数不超过 $2n+1$ 次的多项式 $H_{2n+1}(x)$，假设多项式的形式为

$$H_{2n+1}(x)=a_0+a_1x+\cdots+a_{2n+1}x^{2n+1}$$

将其代入条件式(2-11)，利用这 $2n+2$ 个条件来确定 $2n+2$ 个系数，是一个非常大的方程组，计算复杂。为了避免计算上的麻烦，仍采用前面章节中构造插值基函数的方法来求埃尔米特插值多项式。设有两组函数 $h_i(x)$，$H_i(x)(i=0,1,\cdots,n)$，它们满足：

1) $h_i(x)$，$H_i(x)(i=0,1,\cdots,n)$ 都是至多 $2n+1$ 次多项式。

2)
$$h_i(x_j)=\begin{cases}0, & j\neq i\\ 1, & j=i\end{cases}, \quad h_i'(x_j)=0 \quad (j=0,1,\cdots,n)$$

$$H_i(x_j)=0, H_i'(x_j)=\begin{cases}0, & j\neq i\\ 1, & j=i\end{cases} \quad (j=0,1,\cdots,n) \tag{2-12}$$

则多项式函数

$$H_{2n+1}(x)=\sum_{i=0}^{n}[y_ih_i(x)+y_i'H_i(x)]$$

必然满足式(2-11)，且次数不超过 $2n+1$ 次。

以下的任务就是满足寻找式(2-12)的基函数 $h_i(x)$ 及 $H_i(x)$。为此，可利用拉格朗日插值基函数 $l_i(x)$。$h_i(x)$ 在 $x_j(j\neq i)$ 处函数值与导数值均为 0，故它们应含因子 $(x-x_j)^2(j\neq i)$，可以令

$$h_i(x)=[a+b(x-x_i)]l_i^2(x)$$

其中，$l_i(x)$ 为拉格朗日插值基函数。由条件(2-12)，有

$$h_i(x_i)=al_i^2(x_i)=a=1$$

$$h_i'(x_i)=bl_i^2(x_i)+2[a+b(x_i-x_i)]l_i(x_i)l_i'(x_i)=b+2al_i'(x_i)=0$$

可以得到 $b=-2al_i'(x_i)$。因此

$$h_i(x) = [1 - 2(x-x_i)l_i'(x_i)]l_i^2(x) \quad (i=0,1,\cdots,n) \tag{2-13}$$

同理，由 $H_i(x)$ 在 $x_j(j\neq i)$ 处的函数值与导数值也都为 0，而且 $H_i(x_i) = 0$，根据上面的方法，可设

$$H_i(x) = c(x-x_i)l_i^2(x)$$

由条件(2-12)可得

$$H_i'(x_i) = cl_i^2(x_i) = 1$$

可以推出 $c=1$，那么

$$H_i(x) = (x-x_i)l_i^2(x) \quad (i=0,1,\cdots,n) \tag{2-14}$$

从而埃尔米特插值多项式为

$$H(x) = \sum_{i=0}^{n}[y_i h_i(x) + y_i' H_i(x)]$$

$$= \sum_{i=0}^{n}\{[1-2(x-x_i)l_i'(x_i)]l_i^2(x)y_i + (x-x_i)l_i^2(x)y_i'\} \tag{2-15}$$

仿照拉格朗日插值余项的证明方法，可导出埃尔米特插值的误差估计。

【定理 2.3】 设 $a \leqslant x_0 < x_1 < \cdots < x_n \leqslant b$，$H(x)$ 为 $f(x)$ 的过这组节点的 $2n+1$ 次埃尔米特插值多项式。若 $f(x)$ 在区间 (a,b) 内 $2n+2$ 阶导数存在，则对任意的 $x \in [a,b]$，插值余项为

$$R(x) = f(x) - H(x) = \frac{f^{(2n+2)}(\xi)}{(2n+2)!}\omega_{n+1}^2(x)$$

特别地，当 $n=1$ 时，可以得到

$$h_0(x) = \left(1 + 2\frac{x-x_0}{x_1-x_0}\right)\left(\frac{x-x_1}{x_0-x_1}\right)^2, \quad h_1(x) = \left(1 + 2\frac{x-x_1}{x_0-x_1}\right)\left(\frac{x-x_0}{x_1-x_0}\right)^2$$

$$H_0(x) = (x-x_0)\left(\frac{x-x_1}{x_0-x_1}\right)^2, \quad H_1(x) = (x-x_1)\left(\frac{x-x_0}{x_1-x_0}\right)^2$$

得到两节点的三次埃尔米特插值多项式为

$$H(x) = \left(1+2\frac{x-x_0}{x_1-x_0}\right)\left(\frac{x-x_1}{x_0-x_1}\right)^2 y_0 + \left(1+2\frac{x-x_1}{x_0-x_1}\right)\left(\frac{x-x_0}{x_1-x_0}\right)^2 y_1 + (x-x_0)\left(\frac{x-x_1}{x_0-x_1}\right)^2 y_0' + (x-x_1)\left(\frac{x-x_0}{x_1-x_0}\right)^2 y_1'$$

其插值余项为 $R(x) = f(x) - H(x) = \dfrac{f^{(4)}(\xi)}{4!}(x-x_0)^2(x-x_1)^2$。

人 物 介 绍

埃尔米特，法国数学家，法国科学院院士。致力于椭圆函数论及其应用问题的研究。借用椭圆函数建立了五次方程的解；卓有成效地研究了正交多项式中的一类——埃尔米特多项式、多项式与多变数的相似型和整数用代数表示的问题；证明了数 e 的超越性，引入了特殊双线性形式(埃尔米特式)。还有许多数学概念和定理是以埃尔米特命名的，如矩阵、算符、张量、空间、簇等。此外对经典数学分析、复变函数论、微分与积分方程理论、几何学等亦有研究。著有《椭圆函数理论》《分析教程》及论文近二百篇。

2.6 分段低次插值

插值节点越多插值多项式的次数越高,函数逼近越好,误差$|R_n(x)|$越小,但此观点并非对所有连续函数都是正确的,因为插值余项不仅与插值节点有关,还与$M_{n+1}=\max\limits_{a\leqslant x\leqslant b}|f^{(n+1)}(x)|$有关。如果$M_{n+1}$有界,则插值节点的个数越多,误差就越小。反之,若$M_{n+1}$随着$n$的增大波动很大,则不能保证误差$|R_n(x)|$越来越小。

考虑例子$f(x)=\dfrac{1}{1+x^2}$,$x\in[-5,5]$,用$n+1$个等距节点构造插值多项式$P_n(x)$,使得它在节点处的值与函数$f(x)=\dfrac{1}{1+x^2}$在对应节点处的值相等,考察$n=10$时,10次拉格朗日插值多项式$L_{10}(x)$和函数$f(x)=\dfrac{1}{1+x^2}$的图像如图 2-2 所示。可以明显地看出,插值多项式$L_{10}(x)$在区间中部能较好地逼近函数$f(x)$,但$L_{10}(x)$的截断误差$R_{10}(x)=f(x)-L_{10}(x)$在区间两端非常大。这种现象称为 Runge(龙格)现象。

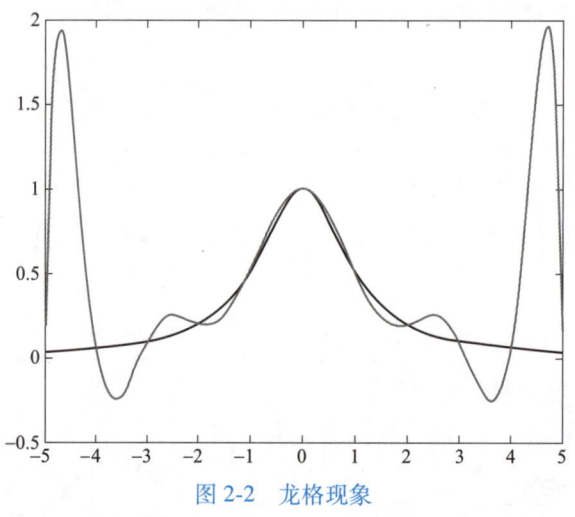

图 2-2 龙格现象

为了避免龙格现象,实践上一般只用一次、二次最多三次插值多项式进行插值。为了再次提高插值精度,通常采用分段插值。

2.6.1 分段线性插值

分段线性插值就是用通过插值点的折线段来逼近$f(x)$。设各个节点$a=x_0<x_1<\cdots<x_n=b$上的函数值y_0,y_1,$\cdots$,y_n,$h_k=x_{k+1}-x_k$,$k=0$,1,$\cdots$,$n-1$,记$h=\max\limits_{k}h_k$,需要求一折线函数$I_h(x)$满足:

1) $I_h(x)$是区间$[a,b]$上的连续函数。
2) 在节点处$I_h(x_k)=y_k(k=0,1,\cdots,n)$。
3) $I_h(x)$在每个小区间上$[x_k,x_{k+1}]$为线性函数。

称 $I_h(x)$ 为分段线性插值函数。

根据定义 $I_h(x)$ 在每个区间 $[x_k,x_{k+1}]$ 上可表示为以下线性函数，即

$$I_h(x)=\frac{x-x_{k+1}}{x_k-x_{k+1}}f_k+\frac{x-x_k}{x_{k+1}-x_k}f_{k+1},x_k\leq x\leq x_{k+1},k=0,1,\cdots,n-1$$

按照前面几节的方法采用插值基函数，则 $I_h(x)$ 在区间 $[a,b]$ 上可表示为

$$I_h(x)=\sum_{j=0}^{n}y_j l_j(x)$$

基函数 $l_i(x)$ 满足条件 $l_i(x_k)=\delta_{ik}(i,k=0,1,\cdots,n)$，具体形式为

$$l_i(x)=\begin{cases}\dfrac{x-x_{i-1}}{x_i-x_{i-1}}, & x_{i-1}\leq x\leq x_i(i\neq 0)\\[6pt]\dfrac{x-x_{i+1}}{x_i-x_{i+1}}, & x_i\leq x\leq x_{i+1}(i\neq n)\\[6pt]0, & x\in[a,b]\text{ 且 }x\notin[x_{i-1},x_{i+1}]\end{cases}$$

分段线性插值基函数 $l_i(x)$ 在 x_i 处以及附近不为零，在区间其余点处均为零，该性质称为局部非零性质。

【**定理 2.4**】 如果 $f\in C^2[a,b]$，记 $M=\max\limits_{a\leq x\leq b}|f''(x)|$，$h=\max\limits_{0\leq k\leq n-1}(x_{k+1}-x_k)$，则 $f(x)$ 的分段线性插值余项为

$$|R(x)|=|f(x)-I_h(x)|\leq\frac{1}{8}Mh^2$$

【**证明**】 在每个区间 $[x_k,x_{k+1}]$ 上，$I_h(x)=\dfrac{x-x_{k+1}}{x_k-x_{k+1}}f_k+\dfrac{x-x_k}{x_{k+1}-x_k}f_{k+1}$，故余项为

$$|R(x)|=|f(x)-I_h(x)|=\left|\frac{f''(\xi_k)}{2}(x-x_k)(x-x_{k+1})\right|\leq\frac{M}{8}h_k^2\leq\frac{M}{8}h^2,\xi_k\in(x_k,x_{k+1})$$

该定理说明分段线性插值函数 $I_h(x)$ 具有一致收敛性。

2.6.2 分段埃尔米特插值

分段线性插值函数 $I_h(x)$ 在端点处不平滑，光滑性较差。若还需要考虑节点处导数和插值函数的导数也相等，就可以构造出一个光滑的分段插值函数 $I_h(x)$，该函数满足以下条件：

1) 记 $I_h(x)$ 为区间 $[a,b]$ 上一阶导数连续的函数。
2) 在各节点处 $I_h(x_k)=y_k$，$I_h'(x_k)=y_k'(k=0,1,\cdots,n)$。
3) $I_h(x)$ 在每个区间 $[x_k,x_{k+1}]$ 上为三次多项式。

根据两点三次埃尔米特插值多项式(2-15)可知，$I_h(x)$ 在区间 $[x_k,x_{k+1}]$ 上的表达为

$$I_h(x)=\left(\frac{x-x_{k+1}}{x_k-x_{k+1}}\right)^2\left(1+2\frac{x-x_k}{x_{k+1}-x_k}\right)f_k+\left(\frac{x-x_k}{x_{k+1}-x_k}\right)^2\left(1+2\frac{x-x_{k+1}}{x_k-x_{k+1}}\right)f_{k+1}+$$

$$\left(\frac{x-x_{k+1}}{x_k-x_{k+1}}\right)^2(x-x_k)f_k'+\left(\frac{x-x_k}{x_{k+1}-x_k}\right)^2(x-x_{k+1})f_{k+1}'$$

若整个区间 $[a,b]$ 上定义一组分段三次插值基函数 $h_i(x)$ 及 $H_i(x)(i=0,1,\cdots,n)$，则 $I_h(x)$ 可表示为

$$I_h(x) = \sum_{i=0}^{n} [y_i h_i(x) + y'_i H_i(x)] \qquad (2\text{-}16)$$

其中，$h_i(x)$，$H_i(x)$根据式(2-13)、式(2-14)分别表示为

$$h_i(x) = \begin{cases} \left(\dfrac{x-x_{i-1}}{x_i-x_{i-1}}\right)^2 \left(1+2\dfrac{x-x_i}{x_{i-1}-x_i}\right), & x_{i-1} \leqslant x \leqslant x_i (i \neq 0) \\ \left(\dfrac{x-x_{i+1}}{x_i-x_{i+1}}\right)^2 \left(1+2\dfrac{x-x_i}{x_{i+1}-x_i}\right), & x_i \leqslant x \leqslant x_{i+1} (i \neq n) \\ 0, & \text{其他} \end{cases}$$

$$H_i(x) = \begin{cases} \left(\dfrac{x-x_{i-1}}{x_i-x_{i-1}}\right)^2 (x-x_i), & x_{i-1} \leqslant x \leqslant x_i (i \neq 0) \\ \left(\dfrac{x-x_{i+1}}{x_i-x_{i+1}}\right)^2 (x-x_i), & x_i \leqslant x \leqslant x_{i+1} (i \neq n) \\ 0, & \text{其他} \end{cases}$$

根据$h_i(x)$，$H_i(x)$的局部非零性质，当$x \in [x_k, x_{k+1}]$时，只有$h_k(x)$，$h_{k+1}(x)$和$H_k(x)$，$H_{k+1}(x)$不为零，于是式(2-16)的$I_h(x)$可表示为

$$I_h(x) = y_k h_k(x) + y_{k+1} h_{k+1}(x) + y'_k H_k(x) + y'_{k+1} H_{k+1}(x) \quad (x_k \leqslant x \leqslant x_{k+1})$$

2.7 三次样条插值

分段低次插值函数的特点是具有收敛性好，稳定性好，算法简单，易于在计算机上实现。但是光滑性较差，对于高速飞机的机翼形线等往往要求具有二阶光滑度，即函数曲线要求有二阶连续导数。早期工程师在制图时，把富有弹性的细长木条(即条)用压铁固定在样点上，其余地方让它自由弯曲，然后沿木条画下曲线，得到的曲线称为样条曲线。所指的样条曲线是由分段三次曲线拼接而成，在连接点(样点)上要求二阶导数连续，在数学上称为数学样条。以下讨论最常用的三次样条函数。

2.7.1 三次样条函数

【定义2.5】 在区间$[a,b]$上选取$n+1$个节点$a = x_0 < x_1 < x_2 < \cdots < x_n = b$，$h_i = x_{i+1} - x_i$，并且函数$y = f(x)$在各个节点处的函数值表示为$y_i = f(x_i)$，$i = 0, 1, \cdots, n$，作函数$S(x)$，若$S(x)$满足以下条件：

1) 在各节点处$S(x_i) = y_i$，$i = 0, 1, \cdots, n$。
2) 在区间$[a,b]$上，函数$S(x)$具有连续的二阶导数。
3) 在区间$[x_i, x_{i+1}]$($i = 0, 1, \cdots, n-1$)上，$S(x)$是三次多项式。

则称函数$S(x)$是$y = f(x)$在区间$[a,b]$上的三次样条插值函数。

由定义可知，每个子区间上的多项式可以各不相同，只要在相邻子区间的连接处是光滑的。因此，三次样条插值也称为分段光滑插值。从定义可以看出，要找到函数$S(x)$，在每个区间$[x_i, x_{i+1}]$($i=0,1,\cdots,n-1$)上需要确定4个待定系数，小区间共有n个，应确定$4n$个参数。

根据函数$S(x)$在区间$[a,b]$上二阶导数连续，在节点x_i($i=1,2,\cdots,n-1$)处应满足

$$S(x_i - 0) = S(x_i + 0)$$

$$S'(x_i-0)=S'(x_i+0)$$
$$S''(x_i-0)=S''(x_i+0)$$

共有 $3n-3$ 个条件，再加上函数 $S(x)$ 满足插值条件 $S(x_i)=y_i$，$i=0$，1，…，n，一共有 $4n-2$ 个条件，因此还需要找到 2 个条件才能确定 $S(x)$ 所有的系数。

一般情况下，可以在区间端点上各加一个边界条件。边界条件可根据实际问题的要求给出，可以分为以下 3 种情况：

1）已知端点处的一阶导数值，即
$$S'(x_0)=f'_0, S'(x_n)=f'_n \tag{2-17}$$

2）已知端点处的二阶导数值，即
$$S''(x_0)=f''_0, S''(x_n)=f''_n \tag{2-18}$$

其特殊情况 $S''(x_0)=S''(x_n)=0$，称为自然边界条件。

3）当函数 $f(x)$ 是以 x_n-x_0 为周期的函数时，也要求 $S(x)$ 也是周期函数。该情况下边界条件应满足

$$\begin{cases} S(x_0+0)=S(x_n-0) \\ S'(x_0+0)=S'(x_n-0) \\ S''(x_0+0)=S''(x_n-0) \end{cases} \tag{2-19}$$

此外，$y_0=y_n$。这种方式确定的样条函数 $S(x)$，也叫作周期样条函数。

2.7.2　三弯矩方程

三次样条插值函数 $S(x)$ 可以有多种求解方法，有时用二阶导数值 $S''(x_i)=M_i(i=0,1,\cdots,n)$ 来表示，使用起来更方便。M_i 在力学上可以解释为细梁在 x_i 截面处的弯矩，并且在 x_i 处得到的弯矩与相邻的另外两个弯矩有关，故称为三弯矩方程。

因为在子区间 $[x_i,x_{i+1}]$ 上 $S(x)=S_i(x)$ 是不高于三次的多项式，其二阶导数 $S''(x)$ 必是线性函数，可表示为

$$S''(x)=M_i\frac{x_{i+1}-x}{h_i}+M_{i+1}\frac{x-x_i}{h_i}$$

对 $S''(x)$ 积分两次并利用 $S(x_i)=y_i$ 及 $S(x_{i+1})=y_{i+1}$，可定义出积分常数，于是

$$S(x)=M_i\frac{(x_{i+1}-x)^3}{6h_i}+M_{i+1}\frac{(x-x_i)^3}{6h_i}+\left(y_i-\frac{M_ih_i^2}{6}\right)\frac{x_{i+1}-x}{h_i}+\left(y_{i+1}-\frac{M_{i+1}h_i^2}{6}\right)\frac{x-x_i}{h_i} \quad (i=1,2,\cdots,n-1)$$

对 $S(x)$ 求导可得

$$S'(x)=-M_i\frac{(x_{i+1}-x)^2}{2h_i}+M_{i+1}\frac{(x-x_i)^2}{2h_i}+\frac{y_{i+1}-y_i}{h_i}-\frac{M_{i+1}-M_i}{6}h_i$$

则

$$S'(x_i+0)=-\frac{h_i}{3}M_i-\frac{h_i}{6}M_{i+1}+\frac{y_{i+1}-y_i}{h_i}$$

类似地，还可求出 $S(x)$ 在区间 $[x_{i-1},x_i]$ 上的表达式，从而得到

$$S'(x_i-0)=\frac{h_{i-1}}{6}M_{i-1}+\frac{h_{i-1}}{3}M_i+\frac{y_i-y_{i-1}}{h_{i-1}}$$

利用 $S'(x_i+0)=S'(x_i-0)$ 可得

$$-\frac{h_i}{3}M_i-\frac{h_i}{6}M_{i+1}+\frac{y_{i+1}-y_i}{h_i}=\frac{h_{i-1}}{6}M_{i-1}+\frac{h_{i-1}}{3}M_i+\frac{y_i-y_{i-1}}{h_{i-1}}$$

化简得

$$\mu_i M_{i-1}+2M_i+\lambda_i M_{i+1}=d_i \quad (i=1,2,\cdots,n-1) \tag{2-20}$$

其中，

$$\mu_i=\frac{h_{i-1}}{h_{i-1}+h_i}, \quad \lambda_i=\frac{h_i}{h_{i-1}+h_i}$$

$$d_i=6\frac{f[x_i,x_{i+1}]-f[x_{i-1},x_i]}{h_{i-1}+h_i}=6f[x_{i-1},x_i,x_{i+1}] \quad (i=1,2,\cdots,n-1)$$

只要在式(2-20)中加上任一类边界条件就可得到三弯矩的方程组求出 M_i。

在式(2-17)边界条件下，即 $S'(x_0)=f'_0$，$S'(x_n)=f'_n$，$S(x)$ 在区间 $[x_0,x_1]$ 上的导数为

$$S'_1(x)=-M_0\frac{(x_1-x)^2}{2h_0}+M_1\frac{(x-x_0)^2}{2h_0}+\frac{y_1-y_0}{h_0}-\frac{h_0}{6}(M_1-M_0)$$

由 $S'(x_0)=f'_0$ 得

$$2M_0+M_1=\frac{6}{h_0}\left(\frac{y_1-y_0}{h_0}-f'_0\right) \tag{2-21}$$

同理由 $S'(x_n)=f'_n$ 得

$$M_{n-1}+2M_n=\frac{6}{h_{n-1}}\left(-\frac{y_n-y_{n-1}}{h_{n-1}}+f'_n\right) \tag{2-22}$$

将式(2-20)~式(2-22)合在一起，可以得到下列的关于 M_0，M_1，$\cdots$，M_n 的线性方程组为

$$\begin{bmatrix}2 & 1 & & & \\ \mu_1 & 2 & \lambda_1 & & \\ & \ddots & \ddots & \ddots & \\ & & \mu_{n-1} & 2 & \lambda_{n-1} \\ & & & 1 & 2\end{bmatrix}\begin{bmatrix}M_0 \\ M_1 \\ \vdots \\ M_{n-1} \\ M_n\end{bmatrix}=\begin{bmatrix}d_0 \\ d_1 \\ \vdots \\ d_{n-1} \\ d_n\end{bmatrix}$$

其中，$d_0=\frac{6}{h_0}\left(\frac{y_1-y_0}{h_0}-f'_0\right)$，$d_n=\frac{6}{h_{n-1}}\left(-\frac{y_n-y_{n-1}}{h_{n-1}}+f'_n\right)$。

在式(2-18)边界条件下，$S''(x_0)=f''_0=M_0$，$S''(x_n)=f''_n=M_n$，实际上在方程中只包含有 $n-1$ 个未知数 $M_1,M_2,\cdots,M_{n-1}$，方程组可以写为

$$\begin{bmatrix}2 & \lambda_1 & & & \\ \mu_2 & 2 & \lambda_2 & & \\ & \ddots & \ddots & \ddots & \\ & & \mu_{n-2} & 2 & \lambda_{n-2} \\ & & & \mu_{n-1} & 2\end{bmatrix}\begin{bmatrix}M_1 \\ M_2 \\ \vdots \\ M_{n-2} \\ M_{n-1}\end{bmatrix}=\begin{bmatrix}d_1-\mu_1 f''_0 \\ d_2 \\ \vdots \\ d_{n-2} \\ d_{n-1}-\lambda_{n-1}f''_n\end{bmatrix}$$

在式(2-19)边界条件下，有 $S'(x_0+0)=S'(x_n-0)$，$S''(x_0+0)=S''(x_n-0)$。

由 $S''(x_0+0)=S''(x_n-0)$ 可得 $M_0=M_n$，由 $S'(x_0+0)=S'(x_n-0)$ 可得

$$-M_0\frac{h_0}{2}+\frac{y_1-y_0}{h_0}-\frac{h_0}{6}(M_1-M_0)=M_n\frac{h_n}{2}+\frac{y_n-y_{n-1}}{h_{n-1}}-\frac{h_{n-1}}{6}(M_n-M_{n-1})$$

还需要注意到 $y_0 = y_n$，$M_0 = M_n$，将上式整理得

$$\frac{h_0}{h_0+h_{n-1}}M_1 + 2M_n + \frac{h_{n-1}}{h_0+h_{n-1}}M_{n-1} = \frac{6}{h_0+h_{n-1}}\left(\frac{y_1-y_0}{h_0} - \frac{y_n-y_{n-1}}{h_{n-1}}\right)$$

记 $\mu_n = \frac{h_{n-1}}{h_0+h_{n-1}}$，$\lambda_n = \frac{h_0}{h_0+h_{n-1}} = 1 - \mu_n$，$d_n = \frac{6}{h_0+h_{n-1}}(f[x_0,x_1] - f[x_{n-1},x_n])$，即

$$\lambda_n M_1 + \mu_n M_{n-1} + 2M_n = d_n$$

结合以上条件可得 M_1，M_2，$\cdots$，M_n 的线性方程组为

$$\begin{bmatrix} 2 & \lambda_1 & & & & \mu_1 \\ \mu_2 & 2 & \lambda_2 & & & \\ & \ddots & \ddots & \ddots & & \\ & & & \mu_{n-1} & 2 & \lambda_{n-1} \\ \lambda_n & & & & \mu_n & 2 \end{bmatrix} \begin{bmatrix} M_1 \\ M_2 \\ \vdots \\ M_{n-1} \\ M_n \end{bmatrix} = \begin{bmatrix} d_1 \\ d_2 \\ \vdots \\ d_{n-1} \\ d_n \end{bmatrix}$$

可见，三类边值条件下得到的三对角方程组符合主对角占优，方程组有唯一解，一般可应用三对角的"追赶法"求解，将在第5章进行讲解。

2.8　Python 程序

【例2.6】 利用拉格朗日插值多项式求插值点的值。

在区间 $[-5,5]$ 上取节点数 11，等距间隔 $h=1$ 的节点为插值节点，对函数 $f(x) = \frac{1}{1+x^2}$ 进行拉格朗日插值，并绘图。

```
import numpy as np
import matplotlib.pyplot as plt
#定义原函数 f(x)=1 /(1+x^2)
def f(x):
    return 1 /(1+x**2)
# Lagrange 插值函数
def lagrange_interpolation(x,x_nodes,y_nodes):
    n=len(x_nodes)
    result=0.0
    for i in range(n):
        term=y_nodes[i]
        for j in range(n):
            if j !=i:
                term *=(x-x_nodes[j])/(x_nodes[i]-x_nodes[j])
        result+=term
    return result
#定义插值节点
```

```
n_nodes=11
x_nodes=np.linspace(-5,5,n_nodes)
y_nodes=f(x_nodes)
#计算插值结果
x_vals=np.linspace(-5,5,1000)
y_interp=[lagrange_interpolation(x,x_nodes,y_nodes)for x in x_vals]
#绘图
plt.rc('font',family='SimHei')
plt.figure(figsize=(8,6))
plt.plot(x_vals,f(x_vals),label='原始函数$f(x)$')
plt.plot(x_vals,y_interp,label='拉格朗日插值函数',linestyle='dotted')
plt.scatter(x_nodes,y_nodes,color='red',label='插值节点')
plt.title('$f(x)=\\frac{1}{1+x^2}$的拉格朗日插值')
plt.xlabel('x')
plt.ylabel('y')
plt.legend()
plt.grid(True)
plt.show()
```

输出图形(见图2-3):

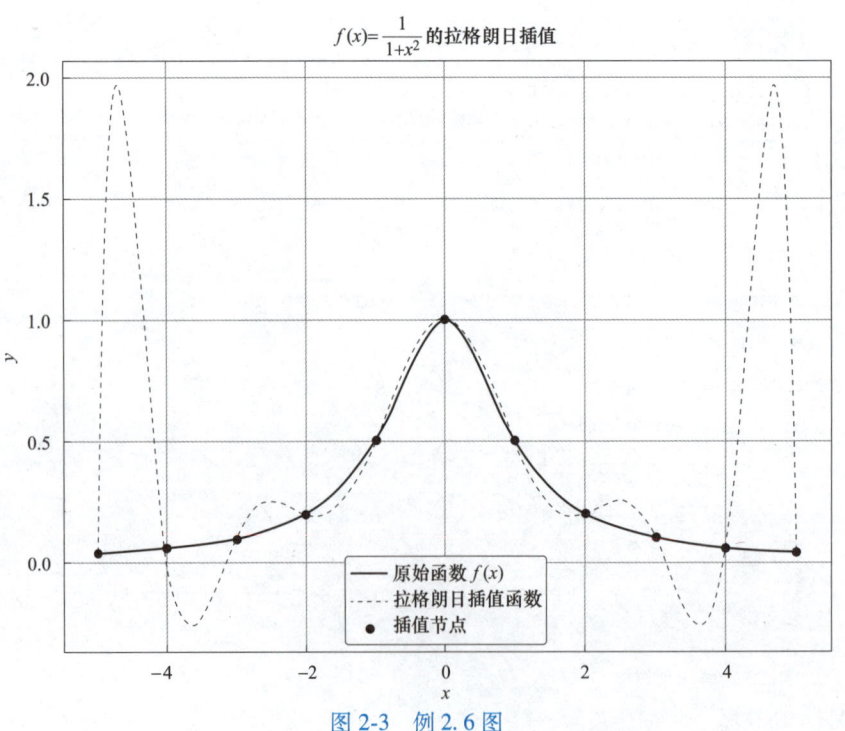

图2-3 例2.6图

【例 2.7】 设 $f(x)=\ln x$,给定 $f(1)=0$,$f(2)=0.693147$,$f'(1)=1$,$f'(2)=0.5$。试用三次埃尔米特插值多项 $H_3(x)$ 计算 $f(1.5)$ 的近似值。

```python
# 计算 Hermite 插值多项式 H3(x)的值
#原函数 ln x
import math
def ln(x):
    return math.log(x)
#hermite 插值函数
def hermite_interpolation(x,x_nodes,y_nodes,y_derivatives):
    n=len(x_nodes)
    result=0.0
    for i in range(n):
        # 计算 Lagrange 基础多项式
        l=1.0
        for j in range(n):
            if i!=j:
                l*=(x-x_nodes[j])/(x_nodes[i]-x_nodes[j])
        # 计算 Hermite 基础多项式 h_{2i}(x)和 h_{2i+1}(x)
#h_2i 中拉格朗日基础多项式的导数简化计算
        h_2i=(1-2*(x-x_nodes[i])*(1/(x_nodes[i]-x_nodes[i-1] if i!=0 else 1)))*(l**2)
        h_2i1=(x-x_nodes[i])*(l**2)
        # 累加到结果中
        result+=y_nodes[i]*h_2i+y_derivatives[i]*h_2i1
    return result
#定义插值结点
x_nodes=[1,2]
y_nodes=[ln(x)for x in x_nodes]
y_derivatives=[1,0.5]
##计算插值结果
y_interp=hermite_interpolation(1.5,x_nodes,y_nodes,y_derivatives)
print(f"f({1.5})≈{y_interp}")
```

程序运行结果：$f(1.5)≈0.40907359027997264$。

【例 2.8】 设 $f(x)=\ln x$,给定 $f(1)=0$,$f(2)=0.693147$,$f'(1)=1$,$f'(2)=0.5$。试用三次样条插值计算 $f(1.5)$ 的近似值。

```
import numpy as np
from scipy.interpolate import CubicSpline
# 定义原函数 f(x)=ln(x)
def f(x):
    return np.log(x)
# 定义插值节点
x_nodes=np.array([1,2])
y_nodes=f(x_nodes)
# 计算一阶导数在节点处的值
y_derivatives=np.array([1,0.5])
# 进行分段三次样条插值
spline=CubicSpline(x_nodes,y_nodes,bc_type=((1,y_derivatives[0]),(1,y_derivatives[1])))
x_interp=1.5
y_interp=spline(1.5)
print(f"f({x_interp})≈{y_interp}")
```

运行结果：$f(1.5) \approx 0.4090735902799726$。

习 题 2

1. 当 $x=0$，1，2 时，函数 $f(x)=1$，0，1，求 $f(x)$ 的拉格朗日插值多项式。

2. 若 $x_j(j=0,1,\cdots,n)$ 是互异节点，并且满足

$$l_j(x) = \frac{(x-x_0)(x-x_1)\cdots(x-x_{j-1})(x-x_{j+1})\cdots(x-x_n)}{(x_j-x_0)(x_j-x_1)\cdots(x_j-x_{j-1})(x_j-x_{j+1})\cdots(x_j-x_n)}$$

试证 $\sum_{j=0}^{n} x_j^k l_j(x) \equiv x^k (k=0,1,\cdots,n)$。

3. 已知 $\sin 0.32 = 0.314567$，$\sin 0.34 = 0.333487$，$\sin 0.36 = 0.352274$，用抛物线插值计算 $\sin 0.3367$ 的值并估计截断误差。

4. 已知 $f(x)$ 经过点 $(0,2)$，$(1,-2)$，$(2,10)$，写出 $f(x)$ 以上述三个节点的牛顿插值多项式 $N(x)$。

5. 求一个次数不高于三次的多项式 $P(x)$，使它满足 $P(0)=1$，$P(1)=0$，$P'(1)=1$，$P(2)=1$。

6. 已知(见表 2-9)：

表 2-9　数值表

x	0	1	2	3
$f(x)$	1	3	9	27

写出牛顿向前插值多项式和牛顿向后插值多项式。

7. 程序设计：已知 $x=[0.1,0.8,1.3,1.9,2.5,3.1]$，$y=[1.2,1.6,2.7,2.0,1.3,0.5]$，利用其中的部分数据，分别用线性函数插值、三次样条插值求 $x=2.0$ 处的值。

第 3 章

函数逼近

3.1 引言

函数逼近或曲线拟合就是找一个简单函数 $p(x)$ 来逼近已知函数 $f(x)$。插值法要求插值函数与已知函数在插值节点上的函数值相等,这样在插值节点处误差为零,但非插值点上误差可能会很大。实际上,在科学与工程计算中,测量或实验得到的数据 $(x_i,y_i)(i=1,2,\cdots,m)$ 常常存在误差,所以实际中可以要求近似代替 $f(x)$ 的简单函数不必通过所有已知数据点 (x_i,y_i),只需设计一条符合这些数据点的整体趋势的曲线即可。

需要得到便于计算的函数来近似逼近已知函数 $f(x)$。例如,泰勒展开式的部分和

$$P_n(x)=f(x_0)+\frac{f'(x_0)}{1!}(x-x_0)+\cdots+\frac{f^{(n)}(x_0)}{n!}(x-x_0)^n$$

例如,$f(x)=\sin x$ 在 $[0,3]$ 上,用泰勒展开式的前一项、二项、三项、四项来近似 $\sin x$,误差分布如图 3-1 所示。

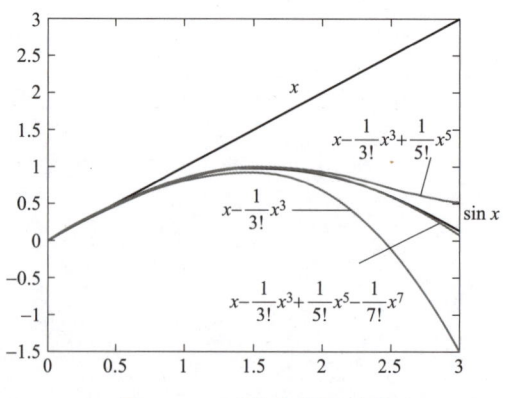

图 3-1 $\sin x$ 的泰勒展开式

如图 3-1 所示,$\sin x$ 的泰勒展开式仅对 0 附近的点逼近效果较好,为了使得远离 0 的点的误差也小于 ε,只好将项数 n 取得相当大,这样就大大增加了计算量。需要找一个计算量小,计算出来的函数值又跟实际函数值的误差非常小的简单函数来解决该问题。因此,要解决的这个问题可描述为"对于函数类 A 中给定的函数 $f(x)$,要求在另一类较简单的便于计算

的函数类 B 中，求函数 $P(x) \in B$，$P(x)$ 与 $f(x)$ 之差在某种度量意义下最小。"

3.2 线性赋范空间与内积空间

函数的逼近和拟合

【定义 3.1】($\mathbf{R}^n$ 上的内积) 在线性代数中，$\mathbf{R}^n$ 中两个向量 $\boldsymbol{x} = (x_1, x_2, \cdots, x_n)^T$ 及 $\boldsymbol{y} = (y_1, y_2, \cdots, y_n)^T$ 的内积定义为

$$(\boldsymbol{x}, \boldsymbol{y}) = \sum_{i=1}^{n} x_i y_i \quad (3\text{-}1)$$

记 $\|\boldsymbol{x}\|_2 = (\boldsymbol{x}, \boldsymbol{x})^{\frac{1}{2}} = \left(\sum_{i=1}^{n} x_i^2\right)^{\frac{1}{2}}$，称为向量的 2-范数。

若给定实数 $\omega_i > 0 (i = 1, 2, \cdots, n)$，称 $\{\omega_i\}$ 为权系数，则在 $\mathbf{R}^n$ 上可定义加权内积为

$$(\boldsymbol{x}, \boldsymbol{y}) = \sum_{i=1}^{n} \omega_i x_i y_i \quad (3\text{-}2)$$

相应的范数为 $\|\boldsymbol{x}\|_2 = (\boldsymbol{x}, \boldsymbol{x})^{\frac{1}{2}} = \left(\sum_{i=1}^{n} \omega_i x_i^2\right)^{\frac{1}{2}}$。当 $\omega_i = 1 (i = 1, 2, \cdots, n)$ 时，式(3-2)就是式(3-1)。

在 $C[a, b]$ 上也可以类似定义带权内积，为此先给出权函数的定义。

【定义 3.2】(权函数) 设区间 $[a, b]$ 是有限或无限区间，在区间 $[a, b]$ 上的非负函数 $\rho(x)$ 满足条件：

1) $\int_a^b x^k \rho(x) \mathrm{d}x$ 存在 $(k = 1, 2, \cdots, n)$。

2) 对区间 $[a, b]$ 上的非负连续函数 $g(x)$，如果 $\int_a^b g(x) \rho(x) \mathrm{d}x = 0$，则 $g(x) = 0$。

则称 $\rho(x)$ 为区间 $[a, b]$ 上的一个权函数。

【定义 3.3】($C[a, b]$ 上的内积) 设 $f(x), g(x) \in C[a, b]$，$\rho(x)$ 是区间 $[a, b]$ 上给定的权函数，则可定义内积为

$$(f(x), g(x)) = \int_a^b \rho(x) f(x) g(x) \mathrm{d}x \quad (3\text{-}3)$$

$$\|f\|_2 = (f(x), f(x))^{\frac{1}{2}} = \left(\int_a^b \rho(x) f^2(x) \mathrm{d}x\right)^{\frac{1}{2}} \quad (3\text{-}4)$$

称式(3-3)和式(3-4)为带权 $\rho(x)$ 的内积和范数。特别常用的是 $\rho(x) = 1$ 的情形，即

$$(f(x), g(x)) = \int_a^b f(x) g(x) \mathrm{d}x, \|f\|_2 = (f(x), f(x))^{\frac{1}{2}} = \left(\int_a^b f^2(x) \mathrm{d}x\right)^{\frac{1}{2}}$$

根据逼近度量标准不同，会得到不同的逼近函数。以下给出最常用的度量标准，欧氏范数

$$\|f(x) - P(x)\|_2 = \sqrt{\int_a^b [f(x) - P(x)]^2 \mathrm{d}x}$$

最小，在该度量意义下的函数逼近称为平方逼近或者均方逼近。

3.3 最佳平方逼近

本节研究求解函数 $f(x) \in C[a,b]$ 的最佳平方逼近多项式。若存在 $P_n^*(x) \in H_n$，使

$$\|f-P_n^*\|_2 = \sqrt{\int_a^b [f(x)-P_n^*(x)]^2 dx} = \inf_{p \in H_n} \|f-P\|_2 \tag{3-5}$$

那么 $P_n^*(x)$ 就是 $f(x)$ 在区间 $[a,b]$ 上的最佳平方逼近。

在区间 $[a,b]$ 上一般最佳平方逼近问题的描述：对 $f(x) \in C[a,b]$ 及 $C[a,b]$ 中的一个子集 $\phi = \text{span}\{\varphi_0(x), \varphi_1(x), \cdots, \varphi_n(x)\}$，其中 $\varphi_0(x)$，$\varphi_1(x)$，$\cdots$，$\varphi_n(x)$ 线性无关。若存在 $S^*(x) \in \phi$，使

$$\|f-S^*\|_2^2 = \min_{S \in \phi} \|f-S\|_2^2 = \min_{S \in \phi} \int_a^b \rho(x)[f(x)-S(x)]^2 dx$$

则 $S^*(x) = a_0 \varphi_0(x) + a_1 \varphi_1(x) + \cdots + a_n \varphi_n(x)$ 是 $f(x)$ 在子集 $\phi \subseteq C[a,b]$ 中的最佳平方逼近函数。

以下讨论怎样求 $S^*(x)$，该问题等价于求多元函数极值问题。即求

$$I(a_0, a_1, \cdots, a_n) = \int_a^b \rho(x) \left[f(x) - \sum_{j=0}^n a_j \varphi_j(x)\right]^2 dx$$

的最小值。由于 $I(a_0, a_1, \cdots, a_n)$ 是关于 a_0，a_1，$\cdots$，a_n 的函数，若多元函数存在极值，利用多元函数存在极值的必要条件，即

$$\frac{\partial I}{\partial a_k} = 2\int_a^b \rho(x)\left[\sum_{j=0}^n a_j \varphi_j(x) - f(x)\right]\varphi_k(x) dx = 0 \quad (k=0,1,\cdots,n)$$

有

$$\sum_{j=0}^n (\varphi_k, \varphi_j) a_j = (f, \varphi_k) \quad (k=0,1,\cdots,n) \tag{3-6}$$

其是关于 a_0，a_1，$\cdots$，a_n 的一个线性方程组。求解方程组 (3-6)，即可得到需要的函数 $S^*(x)$。

【定理 3.1】 连续函数 $\phi_0(x)$，$\phi_1(x)$，$\cdots$，$\phi_n(x)$ 在区间 $[a,b]$ 上线性无关的充要条件是它们对应的行列式

$$G_n = \begin{vmatrix} (\phi_0, \phi_0) & (\phi_0, \phi_1) & \cdots & (\phi_0, \phi_n) \\ (\phi_1, \phi_0) & (\phi_1, \phi_1) & \cdots & (\phi_1, \phi_n) \\ \vdots & \vdots & & \vdots \\ (\phi_n, \phi_0) & (\phi_n, \phi_1) & \cdots & (\phi_n, \phi_n) \end{vmatrix} \neq 0$$

【证明】 设 k_0，k_1，$\cdots$，k_n 是一组实数，使

$$k_0 \phi_0(x) + k_1 \phi_1(x) + \cdots + k_n \phi_n(x) = 0$$

分别用 $\rho(x)\phi_0(x)$，$\rho(x)\phi_1(x)$，$\cdots$，$\rho(x)\phi_n(x)$（$\rho(x)$ 为权函数）乘上式，然后在区间 $[a,b]$ 上积分，可得方程组

$$\begin{cases} (\phi_0, \phi_0)k_0 + (\phi_0, \phi_1)k_1 + \cdots + (\phi_0, \phi_n)k_n = 0 \\ (\phi_1, \phi_0)k_0 + (\phi_1, \phi_1)k_1 + \cdots + (\phi_1, \phi_n)k_n = 0 \\ \vdots \\ (\phi_n, \phi_0)k_0 + (\phi_n, \phi_1)k_1 + \cdots + (\phi_n, \phi_n)k_n = 0 \end{cases}$$

根据克拉默法则，上述方程组只有零解的充要条件是系数行列式不为零，即 $G_n \neq 0$。证毕。

根据定理 3.1，由于 $\varphi_0, \varphi_1, \cdots, \varphi_n$ 线性无关，因此方程组(3-6)对应的系数行列式 $G(\varphi_0, \varphi_1, \cdots, \varphi_n) \neq 0$，则方程组(3-6)有唯一解，即 $a_k = a_k^*$ ($k=0,1,\cdots,n$) 为所求。从而得到

$$S^*(x) = a_0^* \varphi_0(x) + \cdots + a_n^* \varphi_n(x) \tag{3-7}$$

以下证明式(3-7)的确是 $f(x)$ 在子集 $\phi \subseteq C[a,b]$ 中的最佳平方逼近函数。

【定理 3.2】 设区间 $[a,b]$ 上的连续函数组 $\{\varphi_i\}_{i=0}^n$ 线性无关，$\phi = \mathrm{span}\{\varphi_1, \varphi_2, \cdots, \varphi_n\}$，$f \in C[a,b]$，且 $f \in \phi$，则 $S^*(x) = \sum_{j=0}^n a_j^* \varphi_j(x)$ 是 $f(x)$ 在 ϕ 中关于权函数 $\rho(x)$ 最佳平方逼近函数的充分必要条件为

$$(f - S^*, \varphi_i) = 0 \quad (i = 0, 1, \cdots, n)$$

【证明】 1) 必要性：设 $S(x)$ 是 $f(x)$ 在 ϕ 中关于权函数 $\rho(x)$ 最佳平方逼近函数，且存在 k，$0 \leq k \leq n$，使得

$$(f - S^*, \varphi_k) = r \neq 0$$

令

$$S(x) = S^*(x) + \frac{r}{(\varphi_k, \varphi_k)} \varphi_k(x)$$

显然 $S(x) \in \phi$，且

$$\int_a^b \rho(x) [S(x) - f(x)]^2 \mathrm{d}x = (f-S, f-S)$$

$$= \left(f - S^* - \frac{r}{(\varphi_k, \varphi_k)} \varphi_k, \ f - S^* - \frac{r}{(\varphi_k, \varphi_k)} \varphi_k \right)$$

$$= (f - S^*, f - S^*) - 2 \left(f - S^*, \frac{r}{(\varphi_k, \varphi_k)} \varphi_k \right) + \frac{r^2}{(\varphi_k, \varphi_k)^2} (\varphi_k, \varphi_k)$$

$$= (f - S^*, f - S^*) - 2 \frac{r}{(\varphi_k, \varphi_k)} (f - S^*, \varphi_k) + \frac{r^2}{(\varphi_k, \varphi_k)^2} (\varphi_k, \varphi_k)$$

$$= (f - S^*, f - S^*) - \frac{r^2}{(\varphi_k, \varphi_k)} < (f - S^*, f - S^*)$$

这与 $S^*(x)$ 是最佳平方逼近函数矛盾，故必要性成立。

2) 充分性：因为 $(f - S^*, \varphi_k) = 0$ ($k=0,1,\cdots,n$)，所以对 $\forall S \in \phi$，有 $(f - S^*, S) = 0$，从而有

$$(f - S^*, S^* - S) = 0$$

因此对 $\forall S \in \phi$ 有

$$\|f - S\|^2 = (f - S^* + S^* - S, \ f - S^* + S^* - S)$$

$$= \|f - S^*\|_2^2 + 2(f - S^*, S^* - S) + \|S^* - S\|_2^2$$

$$= \|f - S^*\|_2^2 + \|S^* - S\|_2^2$$

$$\geq \|f - S^*\|_2^2$$

故 $S^*(x)$ 是 $f(x)$ 在 ϕ 中关于权 $\rho(x)$ 的最佳平方逼近函数。

令 $\delta(x) = f(x) - S^*(x)$ 为最佳平方逼近的误差，则平方误差为

$$\|\delta(x)\|_2^2 = (f(x)-S^*(x), f(x)-S^*(x))$$
$$= (f(x), f(x)) - (S^*(x), f(x))$$
$$= \|f(x)\|_2^2 - \sum_{k=0}^{n} a_k^* (\varphi_k(x), f(x))$$

如果取 $\varphi_k(x) = x^k$,权函数 $\rho(x) \equiv 1$,为了函数 $f(x) \in C[0,1]$ 在 ϕ 中寻找 n 次最佳平方逼近多项式

$$S^*(x) = a_0^* + a_1^* x + \cdots + a_n^* x^n$$

此时

$$(\varphi_k, \varphi_j) = \int_0^1 x^{k+j} \mathrm{d}x = \frac{1}{k+j+1}$$

$$(f, \varphi_k) = \int_0^1 f(x) x^k \mathrm{d}x \equiv b_k$$

若用 $\boldsymbol{G}$ 表示行列式 $G_n = G(1, x, x^2, \cdots, x^n)$ 对应的系数矩阵,记

$$\boldsymbol{G} = \begin{pmatrix} 1 & 1/2 & \cdots & 1/(n+1) \\ 1/2 & 1/3 & \cdots & 1/(n+2) \\ \vdots & \vdots & & \vdots \\ 1/(n+1) & 1/(n+2) & \cdots & 1/(2n+1) \end{pmatrix} \tag{3-8}$$

$\boldsymbol{G}$ 称为希尔伯特(Hilbert)矩阵,记

$$\boldsymbol{a} = (a_0, a_1, \cdots, a_n)^{\mathrm{T}}, \boldsymbol{b} = (b_0, b_1, \cdots, b_n)^{\mathrm{T}}$$

则方程 $\boldsymbol{Ga} = \boldsymbol{b}$ 的解 $a_k = a_k^* (k = 0, 1, \cdots, n)$ 即为所求。

【例 3.1】 设 $f(x) = \sqrt{1+x^2}$,求区间 $[0,1]$ 上的一次最佳平方逼近多项式。

【解】 这是 $\rho(x) \equiv 1$ 的情形。取 $\varphi_0(x) = 1$,$\varphi_1(x) = x$,$\phi = \mathrm{span}\{1, x\}$。于是

$$(\varphi_0, \varphi_0) = \int_0^1 1 \mathrm{d}x = 1, (\varphi_0, \varphi_1) = \int_0^1 x \mathrm{d}x = \frac{1}{2}, (\varphi_1, \varphi_1) = \int_0^1 x^2 \mathrm{d}x = \frac{1}{3}$$

$$d_0 = (f, \varphi_0) = \int_0^1 \sqrt{1+x^2} \mathrm{d}x = \frac{1}{2} \ln(1+\sqrt{2}) + \frac{\sqrt{2}}{2} \approx 1.147$$

$$d_1 = (f, \varphi_1) = \int_0^1 x\sqrt{1+x^2} \mathrm{d}x = \frac{1}{3}(1+x^2)^{3/2} \Big|_0^1 = \frac{2\sqrt{2}-1}{3} \approx 0.609$$

得方程组

$$\begin{pmatrix} 1 & \frac{1}{2} \\ \frac{1}{2} & \frac{1}{3} \end{pmatrix} \begin{pmatrix} a_0 \\ a_1 \end{pmatrix} = \begin{pmatrix} 1.147 \\ 0.609 \end{pmatrix}$$

解出 $a_0 = 0.934$,$a_1 = 0.426$。故

$$S_1^*(x) = 0.934 + 0.426x$$

平方误差为

$$\|\delta\|_2^2 = (f(x), f(x)) - (S_1^*(x), f(x)) = \int_0^1 (1+x^2) \mathrm{d}x - 0.426 d_1 - 0.934 d_0 = 0.0026$$

一般情况下,用幂函数作为基求最佳平方逼近多项式,当 n 取得较大时,系数矩阵

式(3-8)是病态的矩阵,会造成在计算过程中舍入误差很大。这时,可以采用正交多项式函数系作为基求最小平方逼近多项式来避免这一问题。常用的正交多项式包括:勒让德多项式、切比雪夫多项式、拉盖尔多项式、埃尔米特多项式等。请读者自己查找相关书籍学习。

人物介绍

克拉默(1704—1752),瑞士数学家。定义了正则、非正则、超越曲线和无理曲线等概念,第一次正式引入坐标系的纵轴(Y轴),然后讨论曲线变换,并依据曲线方程的阶数将曲线进行分类。

为了确定经过5个点的一般二次曲线的系数,应用了著名的"克拉默法则",即由线性方程组的系数确定方程组解的表达式。该法则于1729年由英国数学家麦克劳林得到,1748年发表,但克拉默的优越符号使之流传。其最著名的工作是他1750年发表在代数曲线方面的权威之作《代数曲线的分析引论》。

3.4 曲线拟合的最小二乘法

在科学实验和工程设计的应用中,往往需要利用测量读取的一些离散点上的信息实验数据去寻找、确定数据之间的函数关系的一个近似表达式。由于观测数据往往是存在误差的,也就不要求得到的函数关系$y=f(x)$经过所有的测量数据点(x_i,y_i),而只是要求在数据点的误差按某种度量意义下很小就可以。从几何角度考虑,该问题描述如下:利用给定的数据点信息$(x_i,y_i)(i=0,1,\cdots,m)$,找到一个函数曲线$y=f(x)$的一条近似曲线$y=F(x)$,使得$\delta_i=F(x_i)-y_i(i=0,1,\cdots,m)$在某种度量意义下能够达到最小,这是一个曲线拟合问题。

3.4.1 最小二乘法

记$\boldsymbol{\delta}=(\delta_0,\delta_1,\cdots,\delta_m)^\mathrm{T}$,曲线拟合问题就是要求向量$\boldsymbol{\delta}$的某个度量范数$\|\boldsymbol{\delta}\|$达到最小值。由于用最大范数计算困难较大,一般偏向于用二范数$\|\delta(x)\|_2$作为误差度量的标准。根据前面已经学习的内容,曲线拟合问题可以重新描述为问题:对于给定的一组数据$(x_i,y_i)(i=0,1,\cdots,m)$,在给定的函数空间$\varPhi=\mathrm{span}\{\varphi_0,\varphi_1,\cdots,\varphi_n\}$中寻找一个合适的函数$y=S^*(x)$,误差$\|\delta(x)\|_2$范数平方和满足

$$\|\delta(x)\|_2^2=\sum_{i=0}^m\delta_i^2=\sum_{i=0}^m\left[S^*(x_i)-y_i\right]^2=\min_{S(x)\in\varPhi}\sum_{i=0}^m\left[S(x_i)-y_i\right]^2$$

这里$S(x)$是函数空间$\varPhi$中的函数,可以写成

$$S(x)=a_0\varphi_0(x)+a_1\varphi_1(x)+\cdots+a_n\varphi_n(x) \tag{3-9}$$

在这种$\|\delta(x)\|_2^2$度量意义下的曲线拟合就是最小二乘逼近,称作曲线拟合的最小二乘法。

一般情况下,$S(x)$的表达式(3-9)所表示的是n次多项式线性形式。有些函数空间做内积度量时,会带有权函数$\rho(x)$。所以为了更具有一般

最小二乘法

性，把最小二乘法中$\|\delta(x)\|_2^2$度量考虑为加权的平方和，即

$$\|\delta(x)\|_2^2 = \sum_{i=0}^{m} \rho(x_i)[S(x_i)-f(x_i)]^2 \qquad (3-10)$$

这里$\rho(x)>0$是区间$[a,b]$上的权函数，代表了不同点(x_i,y_i)处的数据权重，例如，$\rho(x_i)$可表示在点(x_i,y_i)处观测的次数。在$\|\delta(x)\|_2^2$度量意义下的曲线拟合就是最小二乘逼近，在式(3-9)的$S(x)$函数集合中求一函数$y=S^*(x)$，使式(3-10)取到最小值。在3.2节可知，该问题可以转化成求多元函数

$$I(a_0,a_1,\cdots,a_n) = \sum_{i=0}^{m} \rho(x_i) \left[\sum_{j=0}^{n} a_j \varphi_j(x_i) - f(x_i) \right]^2$$

的极值点问题。利用求多元函数极值的必要条件，有

$$\frac{\partial I}{\partial a_k} = 2 \sum_{i=0}^{m} \rho(x_i) \left[\sum_{j=0}^{n} a_j \varphi_j(x_i) - f(x_i) \right] \varphi_k(x_i) = 0 \quad (k=0,1,\cdots,n)$$

若记

$$(\varphi_j,\varphi_k) = \sum_{i=0}^{m} \rho(x_i) \varphi_j(x_i) \varphi_k(x_i)$$

$$(f,\varphi_k) = \sum_{i=0}^{m} \rho(x_i) f(x_i) \varphi_k(x_i) = b_k \quad (k=0,1,\cdots,n)$$

可改写为

$$\sum_{j=0}^{n} (\varphi_k,\varphi_j) a_j = (f,\varphi_k) \quad (k=0,1,\cdots,n) \qquad (3-11)$$

方程组(3-11)称为法方程组。记$(f,\varphi_k)=b_k$，也可以写为矩阵形式，即

$$\boldsymbol{Ha} = \boldsymbol{b}$$

其中

$$\boldsymbol{a} = (a_0,a_1,\cdots,a_n)^{\mathrm{T}}, \boldsymbol{b} = (b_0,b_1,\cdots,b_n)^{\mathrm{T}}$$

$$\boldsymbol{H} = \begin{pmatrix} (\varphi_0,\varphi_0) & (\varphi_0,\varphi_1) & \cdots & (\varphi_0,\varphi_n) \\ (\varphi_1,\varphi_0) & (\varphi_1,\varphi_1) & \cdots & (\varphi_1,\varphi_n) \\ \vdots & \vdots & & \vdots \\ (\varphi_n,\varphi_0) & (\varphi_n,\varphi_1) & \cdots & (\varphi_n,\varphi_n) \end{pmatrix}$$

由定理3.1可知，φ_0，φ_1，$\cdots$，φ_n线性无关，故$|\boldsymbol{H}|\neq 0$，根据克拉默法则，方程组(3-11)存在唯一的解

$$a_k = a_k^* (k=0,1,\cdots,n)$$

从而得到函数

$$S^*(x) = a_0^* \varphi_0(x) + a_1^* \varphi_1(x) + \cdots + a_n^* \varphi_n(x)$$

就是所要求的最小二乘解。

3.4.2 常用的拟合方法

值得一提的是用最小二乘法求拟合曲线时，需要先确定$S(x)$的形式。这需要通过研究问题的运动规律以及测量得到的观测数据(x_i,y_i)来确定。一般情况下，可根据给定的测量

数据描图，然后根据图形来确定 $S(x)$ 的大体形式，并通过曲线拟合计算选出较好的拟合函数。

通常需要根据给定的问题过滤和给出数据的散点图确定 $S(x)$ 的类型，常见的类型包括：

（1）多项式拟合 数据是 $(x_i, y_i)(i=0,1,\cdots,m)$，$\rho_i = 1$，$\varphi_i(x) = x^i (i=0,1,\cdots,n)$。法方程为

$$\sum_{i=1}^{n} a_k \left(\sum_{k=0}^{m} x_i^{k+j} \right) = \sum_{i=1}^{n} y_i x_i^j \quad (j=0,1,\cdots,n)$$

即

$$\begin{cases} (m+1)a_0 + a_1 \sum_{i=0}^{m} x_i + a_2 \sum_{i=0}^{m} x_i^2 + \cdots + a_n \sum_{i=0}^{m} x_i^n = \sum_{i=0}^{m} y_i \\ a_0 \sum_{i=0}^{m} x_i + a_1 \sum_{i=0}^{m} x_i^2 + a_2 \sum_{i=0}^{m} x_i^3 + \cdots + a_n \sum_{i=0}^{m} x_i^{n+1} = \sum_{i=0}^{m} y_i x_i \\ \vdots \\ a_0 \sum_{i=0}^{m} x_i^n + a_1 \sum_{i=0}^{m} x_i^{n+1} + a_2 \sum_{i=0}^{m} x_i^{n+2} + \cdots + a_n \sum_{i=0}^{m} x_i^{2n} = \sum_{i=0}^{m} y_i x_i^n \end{cases}$$

【例 3.2】 塑料的抗张强度是加热时间的函数（见表 3-1），各组数据权重均取 $\rho_i = 1$，利用最小二乘法求出其拟合曲线。

表 3-1 例 3.2 表

x_i	0	0.9	1.9	3.0	3.9	5.0
f_i	0	10	30	50	80	110

【解】 从散点数据点（见图 3-2）观察，各点基本分布在一条直线附近，因此选择一个线性函数作拟合曲线。令 $S_1(x) = a + bx$，

$$(\varphi_0, \varphi_0) = \sum_{i=0}^{5} \rho_i = 6, (\varphi_0, \varphi_1) = (\varphi_1, \varphi_0) = \sum_{i=0}^{5} \rho_i x_i = 14.7$$

$$(\varphi_1, \varphi_1) = \sum_{i=0}^{5} \rho_i x_i^2 = 53.63, (\varphi_0, f) = \sum_{i=0}^{5} \rho_i f_i = 280$$

$$(\varphi_1, f) = \sum_{i=0}^{5} \rho_i x_i f_i = 1078$$

可得方程组

$$\begin{cases} 6a + 14.7b = 280 \\ 14.7a + 53.63b = 1078 \end{cases}$$

从而得到 $a = -7.855$，$b = 22.254$，所求拟合方程为 $S_1(x) = -7.855 + 22.254x$。

（2）通过变换将非线性拟合转化为线性拟合问题（见图 3-3）

【例 3.3】 在某化学反应中，从实验观测结果中得到生成物的浓度 y 与时

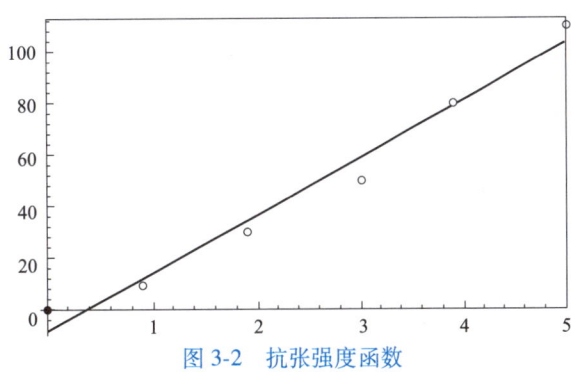

图 3-2 抗张强度函数

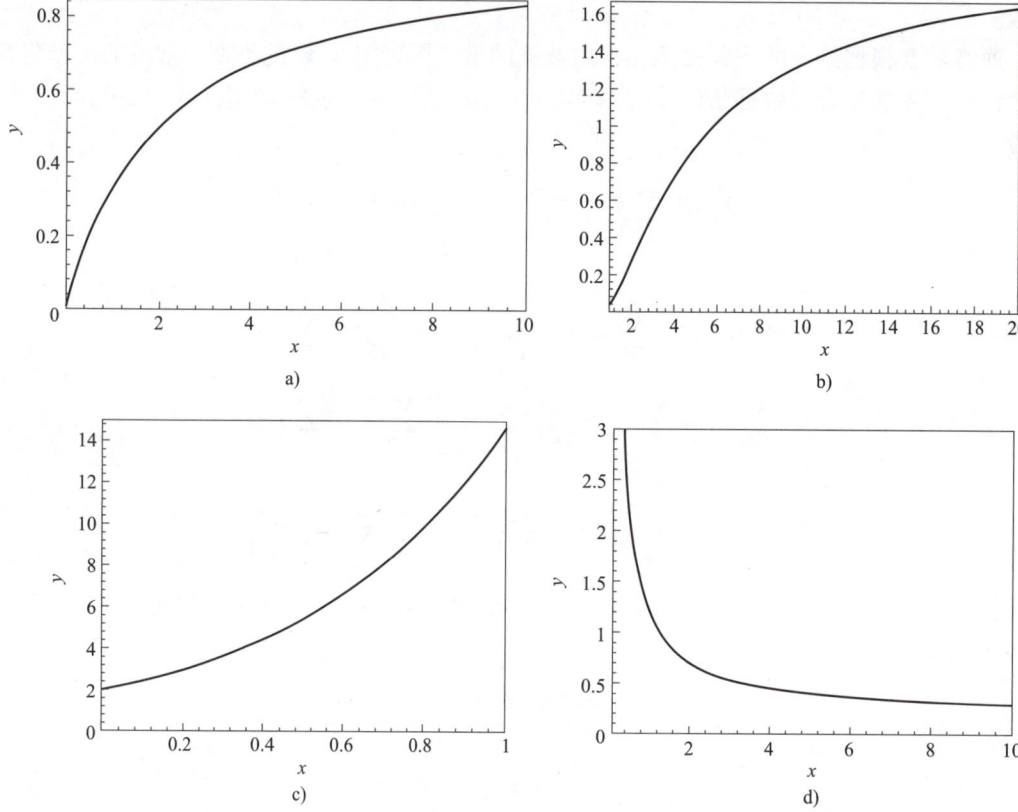

图 3-3 拟合曲线形式

a) $y=ae^{-\frac{b}{x}}$, $(a,b>0)$ b) $\frac{1}{y}=a+\frac{x}{b}$, $(a,b>0)$ c) $y=ae^{bx}$, $(a,b>0)$ d) $y=a+\frac{b}{x}$, $(a,b>0)$

间 t 的关系见表 3-2，求该化学反应生成物浓度 y 与时间 t 之间的函数关系 $y=f(t)$。

表 3-2 化学生成物的浓度和时间关系表

t/min	1	2	3	4	5	6	7	8	9	10	11	12	13	14	15	16
$y/\times 10^{-2}$	4.00	6.40	8.00	8.80	9.22	9.50	9.70	9.85	10.00	10.20	10.32	10.42	10.50	10.55	10.58	10.60

【解】 将所给数据点绘到坐标轴上（见图 3-4）。可以看出，反应生成物浓度刚开始增加较快，随着时间变化逐渐减慢，到了一定时间浓度基本稳定在一个水平上，也就是 $t\to\infty$ 时，y 趋于某个数，因此需要寻找的拟合函数 $y=f(t)$ 存在一个水平渐近线。另外，当 $t=0$ 时，$y=0$。根据分析，可设 $y=f(t)$ 是双曲线型 $1/y=a+b/t$。

为了求出系数 a，b，令 $\bar{y}=1/y$，$x=1/t$，拟合函数变为线性函数 $S_1(x)=a+bx$，所需要

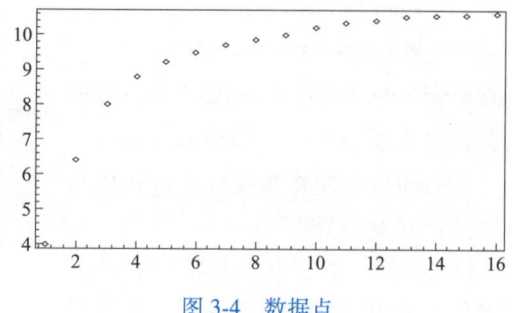

图 3-4 数据点

的拟合数据$(x_i, \bar{y}_i)(i=1,2,\cdots,16)$可以根据原始数据$(t_i, y_i)$计算得到。与例 3.2 方法相同，得到系数 a，b 的方程组

$$\begin{cases} 16a + 3.38073b = 1.8372 \times 10^3 \\ 3.38073a + 1.58435b = 0.52886 \times 10^3 \end{cases}$$

解该方程组，可得

$$a = 80.6621, \quad b = 161.6822$$

从而得到

$$y = t/(80.6621t + 161.6822) = f(t)$$

另外，由图 3-4，根据给定数据的函数还可选为指数形式为拟合函数的形式。设

$$y = a e^{b/t}$$

考察指数函数形式，t 增加时 y 增加，当 $t \to \infty$ 时，函数有渐近线，函数的性质与给出数据规律相同。

同样地，把指数形式化为线性形式，两端取对数，得 $\ln y = \ln a + b/t$。令

$$\hat{y} = \ln y, A = \ln a, x = 1/t$$

拟合曲线设为 $S_2(x) = A + bx$，依然根据原始数据计算得出 $(x_i, \hat{y}_i)$。

同样利用例 3.2 的方法，$A = -4.481$，$b = -1.057$，最后可求得

$$y = 11.325 \times 10^{-3} e^{-1.057t} = f^1(t)$$

若比较两个拟合曲线的好坏，只要分别计算误差，选误差较小的拟合曲线。两个方法的误差分别为

$$\delta_i^{(1)} = y_i - f(t_i) \quad (i=1,2,\cdots,16)$$
$$\delta_i^{(2)} = y_i - f^1(t_i) \quad (i=1,2,\cdots,16)$$

均方误差为

$$\|\delta^{(1)}\|_2 = \sqrt{\sum_{i=1}^{16} (f(t_i) - y_i)^2} = 1.19 \times 10^{-3}$$

$$\|\delta^{(2)}\|_2 = \sqrt{\sum_{i=1}^{16} (f^1(t_i) - y_i)^2} = 0.34 \times 10^{-3}$$

通过比较发现，$\|\delta^{(1)}\|_2$ 比 $\|\delta^{(2)}\|_2$ 大，所以本实验选 $y = f^1(t)$ 作为拟合曲线比较好。

从例 3.3 看出，拟合曲线的选取不一定刚开始就可以选到最好的，往往要通过分析确定若干个拟合曲线后，再经过实际的计算比较，从中选取比较好的拟合曲线。

3.4.3 矛盾方程组

首先了解矛盾方程组：方程组中方程的个数大于未知数的个数称为矛盾方程组。一般形式为

$$\begin{cases} a_{11}x_1 + a_{12}x_2 + \cdots + a_{1m}x_m = b_1 \\ a_{21}x_1 + a_{22}x_2 + \cdots + a_{2m}x_m = b_2 \\ \vdots \\ a_{m1}x_1 + a_{m2}x_2 + \cdots + a_{mm}x_m = b_m \\ \vdots \\ a_{p1}x_1 + a_{p2}x_2 + \cdots + a_{pm}x_m = b_p \end{cases}$$

其中 $p \geq m$，将方程组写成矩阵形式为

$$AX = b$$

其中

$$A = \begin{pmatrix} a_{11} & a_{12} & \cdots & a_{1m} \\ a_{21} & a_{22} & \cdots & a_{2m} \\ \vdots & \vdots & & \vdots \\ a_{p1} & a_{p2} & \cdots & a_{pm} \end{pmatrix}, \quad X = \begin{pmatrix} x_1 \\ x_2 \\ \vdots \\ x_m \end{pmatrix}, \quad b = \begin{pmatrix} b_1 \\ b_2 \\ \vdots \\ b_p \end{pmatrix}$$

找到一组 $X = (x_1, x_2, \cdots, x_m)^T$，使得 $F = \sum_{i=1}^{p} |b_i - (a_{i1}, a_{i2}, \cdots, a_{im})(x_1, x_2, \cdots, x_m)^T|^2$ 取得极小值。

令

$$\begin{cases} \dfrac{\partial F}{\partial x_1} = \sum_{i=1}^{p} 2[b_i - (a_{i1}, a_{i2}, \cdots, a_{im})(x_1, x_2, \cdots, x_m)^T](-a_{i1}) = 0 \\ \dfrac{\partial F}{\partial x_2} = \sum_{i=1}^{p} 2[b_i - (a_{i1}, a_{i2}, \cdots, a_{im})(x_1, x_2, \cdots, x_m)^T](-a_{i2}) = 0 \\ \quad \vdots \\ \dfrac{\partial F}{\partial x_m} = \sum_{i=1}^{p} 2[b_i - (a_{i1}, a_{i2}, \cdots, a_{im})(x_1, x_2, \cdots, x_m)^T](-a_{im}) = 0 \end{cases}$$

改写成矩阵形式为

$$\begin{pmatrix} a_{11} & a_{21} & \cdots & a_{p1} \\ a_{12} & a_{22} & \cdots & a_{p2} \\ \vdots & \vdots & & \vdots \\ a_{1m} & a_{2m} & \cdots & a_{pm} \end{pmatrix} \begin{pmatrix} b_1 \\ b_2 \\ \vdots \\ b_p \end{pmatrix} - \begin{pmatrix} a_{11} & a_{21} & \cdots & a_{p1} \\ a_{12} & a_{22} & \cdots & a_{p2} \\ \vdots & \vdots & & \vdots \\ a_{1m} & a_{2m} & \cdots & a_{pm} \end{pmatrix} \begin{pmatrix} a_{11} & a_{12} & \cdots & a_{1m} \\ a_{21} & a_{22} & \cdots & a_{2m} \\ \vdots & \vdots & & \vdots \\ a_{p1} & a_{p2} & \cdots & a_{pm} \end{pmatrix} \begin{pmatrix} x_1 \\ x_2 \\ \vdots \\ x_m \end{pmatrix} = \mathbf{0}$$

即 $A^T b - A^T A X = \mathbf{0}$。

经上述理论分析，将矛盾方程组 $AX = b$（无解）转化成有唯一解的线性方程组，即

$$A^T A X = A^T b$$

【例 3.4】 在物理光谱分析中，使用标准加入法在原子吸收分光光度计上来测定试液中 Cd^{2+} 的质量浓度。实验中，在一系列 20.00mL 样本试液中分别加入不同量的 Cd^{2+} 标准溶液，并将样本定容至 50mL 容量瓶中，测量结果见表 3-3。

表 3-3 试液吸光度测量结果

测量项目	试液体积/mL			
	20.00	20.00	20.00	20.00
	加入 Cd^{2+} 标准溶液（10.00mg/L）的体积/mL			
	0	1.00	2.00	4.00
吸光度	0.042	0.080	0.116	0.190

【解】 k, a 为标准溶液和定容后溶液中 Cd^{2+} 的含量，根据数据可得矛盾方程组为

$$\begin{cases} 0.042 = 0 \cdot k + a \\ 0.080 = 1.00 \cdot k + a \\ 0.116 = 2.00 \cdot k + a \\ 0.190 = 4.00 \cdot k + a \end{cases}$$

其中

$$A = \begin{pmatrix} 0 & 1 \\ 1.00 & 1 \\ 2.00 & 1 \\ 4.00 & 1 \end{pmatrix}, \quad X = \begin{pmatrix} k \\ a \end{pmatrix}, \quad b = \begin{pmatrix} 0.042 \\ 0.080 \\ 0.116 \\ 0.190 \end{pmatrix}$$

将矛盾方程组转化为 $A^T A X = A^T b$，得到新的方程组为

$$\begin{pmatrix} 0 & 1.00 & 2.00 & 4.00 \\ 1 & 1 & 1 & 1 \end{pmatrix} \begin{pmatrix} 0 & 1 \\ 1.00 & 1 \\ 2.00 & 1 \\ 4.00 & 1 \end{pmatrix} \begin{pmatrix} k \\ a \end{pmatrix} = \begin{pmatrix} 0 & 1.00 & 2.00 & 4.00 \\ 1 & 1 & 1 & 1 \end{pmatrix} \begin{pmatrix} 0.042 \\ 0.080 \\ 0.116 \\ 0.190 \end{pmatrix}$$

即

$$\begin{pmatrix} 21.00 & 7.00 \\ 7.00 & 4.00 \end{pmatrix} \begin{pmatrix} k \\ a \end{pmatrix} = \begin{pmatrix} 1.072 \\ 0.428 \end{pmatrix}$$

求解方程组 $\begin{pmatrix} k \\ a \end{pmatrix} = \begin{pmatrix} 0.0424 \\ 0.0369 \end{pmatrix}$，可得

$$Cd^{2+}\text{的质量溶度} = \frac{\text{定容后溶液 } Cd^{2+} \text{含量}}{\text{标准溶液 } Cd^{2+} \text{含量}} \times \frac{\text{标准溶液质量浓度}}{\text{定容后溶液体积}} \times \frac{\text{实验中定容溶液体积}}{\text{实验前测试溶液体积}}$$

$$= \frac{0.0369}{0.0424} \times \frac{10}{50} \times \frac{50}{20} = 0.435$$

即试液中 Cd^{2+} 的质量浓度为 0.435mg/L。

3.5 Python 程序

【例 3.5】 求如下给定数据的拟合曲线

$x = [0.5, 1.0, 1.5, 2.0, 2.5, 3.0], y = [1.75, 2.45, 3.81, 4.80, 7.00, 8.60]$。

```
import numpy as np
import matplotlib.pyplot as plt
# 给定数据点
x=np.array([0.5,1.0,1.5,2.0,2.5,3.0])
y=np.array([1.75,2.45,3.81,4.80,7.00,8.60])
# 拟合多项式阶数
degree=2 #选择一个合适的阶数,这里假设为2次多项式
# 使用多项式拟合
coefficients=np.polyfit(x,y,degree)
polynomial=np.poly1d(coefficients)
```

```
print(coefficients)
# 生成拟合结果
x_vals=np.linspace(min(x),max(x),1000)
y_fit=polynomial(x_vals)
# 绘图
plt.rc('font',family='SimHei')
plt.figure(figsize=(8,6))
plt.plot(x,y,'o',label='数据点')
plt.plot(x_vals,y_fit,label='拟合函数')
plt.title('给定数据的拟合函数')
plt.xlabel('x')
plt.ylabel('y')
plt.legend()
plt.grid(True)
plt.show()
```

输出结果：[0.56142857　0.82871429　1.156]。

生成图如图 3-5 所示。

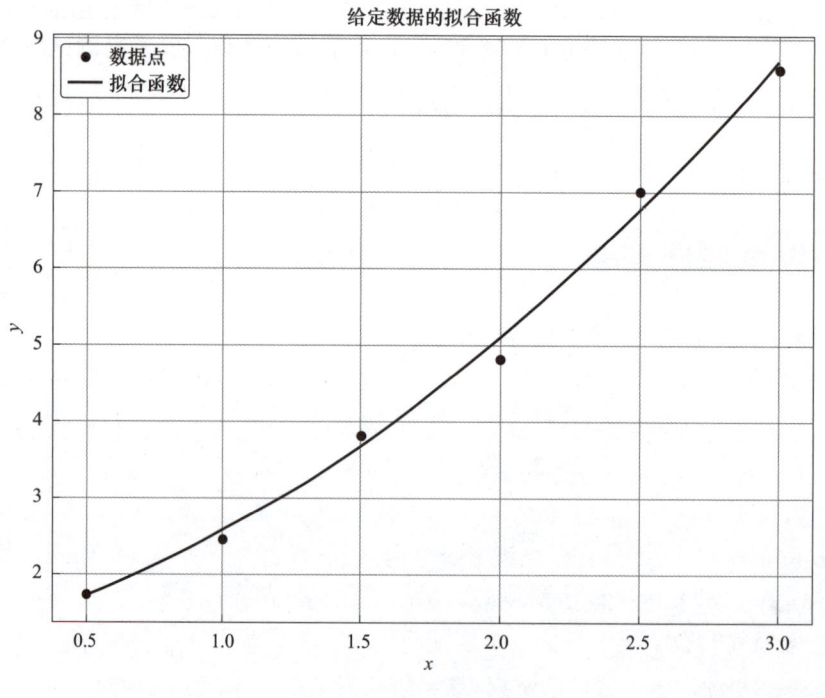

图 3-5　例 3.5 生成图

【**例 3.6**】 对函数 $f(x)=x+3\sin x$，在区间 $[1,20]$ 上，取 $x_i=1+i$，$i=0$，1，…，9，对函数求其 6 次和 10 次拟合曲线，并画出拟合曲线的图形。

```
import numpy as np
import matplotlib.pyplot as plt
# 定义原函数 f(x)=x+3*sin(x)
def f(x):
    return x+3*np.sin(x)
# 区间和数据点
x_data=np.array([1+i for i in range(20)])
y_data=f(x_data)
# 6 次多项式拟合
coefficients_6=np.polyfit(x_data,y_data,6)
polynomial_6=np.poly1d(coefficients_6)
x_vals=np.linspace(1,20,1000)
y_fit_6=polynomial_6(x_vals)
# 10 次多项式拟合
coefficients_10=np.polyfit(x_data,y_data,10)
polynomial_10=np.poly1d(coefficients_10)
y_fit_10=polynomial_10(x_vals)
plt.rc('font',family='SimHei')
plt.figure(figsize=(10,6))
plt.plot(x_vals,f(x_vals),label='原始函数 $f(x)$',color='black')
plt.plot(x_vals,y_fit_6,label='六次拟合函数',linestyle='dashed')
plt.plot(x_vals,y_fit_10,label='十次拟合函数',linestyle='dotted')
plt.scatter(x_data,y_data,color='red',label='数据点')
plt.title('$f(x)=x+3\sin(x)$ 的拟合函数')
plt.xlabel('x')
plt.ylabel('y')
plt.legend()
plt.grid(True)
plt.ylim(-10,25)    # 设置 y 轴范围以适应图像显示
plt.show()
```

生成图如图 3-6 所示。

【例 3.7】 快速静脉注射下的血药浓度数据($t=0$ 时注射 300mg)(见表 3-4),求血药浓度随时间的变化规律 $c(t)$。

表 3-4 血药浓度数据

t/h	0.25	0.5	1	1.5	2	3	4	6	8
c/(μg·mL^{-1})	19.21	18.15	15.36	14.10	12.89	9.32	7.45	5.24	3.01

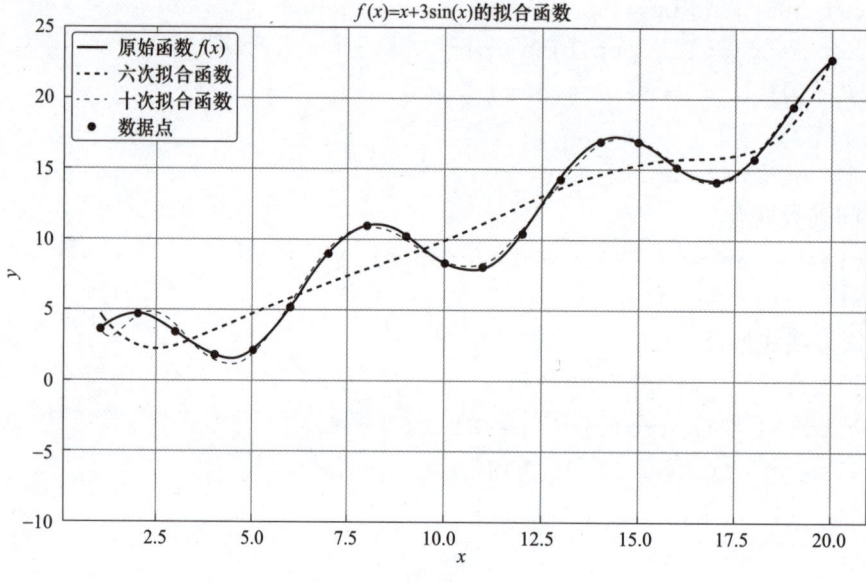

图 3-6　例 3.6 生成图

```
import numpy as np
from scipy.optimize import curve_fit
import matplotlib.pyplot as plt
# 指数衰减模型
def func(x,a,b):
    return a*np.exp(b*x)
# 给定数据
x_data=np.array([0.25,0.5,1,1.5,2,3,4,6,8])
y_data = np.array([19.21,18.15,15.36,14.10,12.89,9.32,7.45,5.24,3.01])
# 使用最小二乘法拟合求参数
params,covariance=curve_fit(func,x_data,y_data)
a_fit=params[0]
b_fit=params[1]
# 生成拟合结果
x_fit=np.linspace(0,8,1000)
y_fit=func(x_fit,a_fit,b_fit)
# 绘图
plt.rc('font',family='SimHei')
plt.figure(figsize=(8,6))
plt.plot(x_data,y_data,'o',label='数据点')
plt.plot(x_fit,y_fit,label='指数拟合')
```

```
plt.title('血液浓度数据的指数拟合')
plt.xlabel('时间(h)')
plt.ylabel('血液浓度(mg)')
plt.legend()
plt.grid(True)
plt.show()
# 打印拟合参数
print(f'Estimated a:{a_fit}')
print(f'Estimated b:{b_fit}')
```

输出结果：

Estimated a：20.241325343369603。

Estimated b：−0.24197009009261222。

绘图拟合曲线如图 3-7 所示。

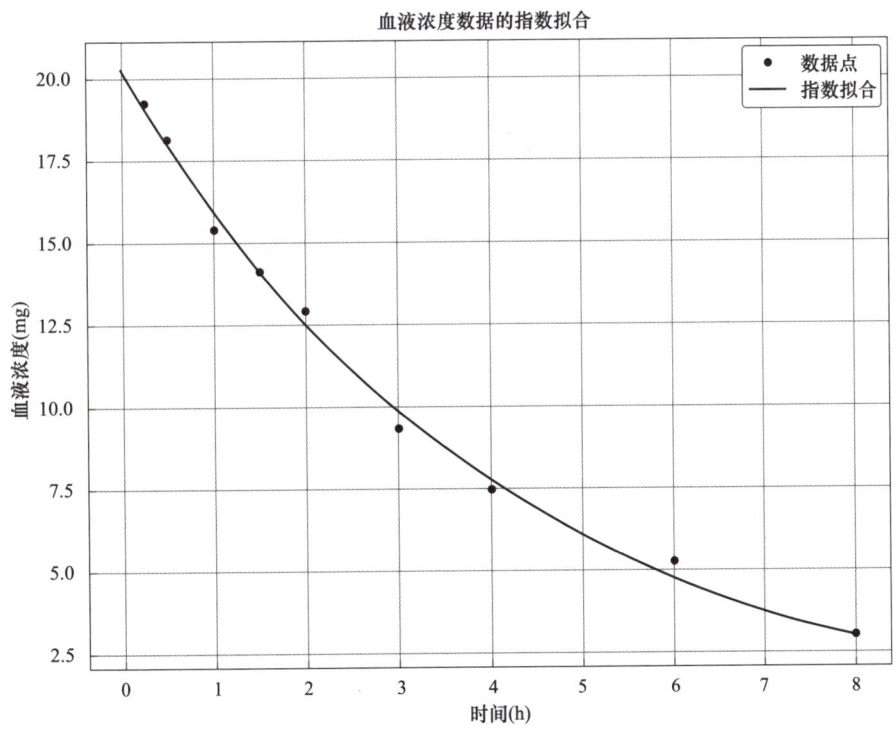

图 3-7 例 3.7 拟合曲线

习 题 3

1. 设函数 $f(x)=\sin \pi x$，求 $f(x)$ 于区间 $[0,1]$ 上的线性最佳平方逼近多项式。
2. $f(x)=|x|$，在区间 $[-1,1]$ 上求关于 $\phi=\{1,x^2,x^4\}$ 的最佳平方逼近多项式。

3. 给出一组实验数(见表3-5)：

表 3-5　实验数据

x_k	2	2.5	3	4	5	5.5
y_k	4	4.5	6	8	8.5	9

请用直线拟合这组数据(计算过程保留3位小数)。

4. 求矛盾方程组 $\begin{cases} x_1+x_2=3 \\ x_1+2x_2=4 \\ x_1-x_2=2 \end{cases}$ 的解。

5. 程序设计：已知 $x=[1.2,1.8,2.1,2.4,2.6,3.0,3.3]$，$y=[4.85,5.2,5.6,6.2,6.5,7.0,7.5]$，求对 x，y 分别进行4阶、5阶、6阶多项式拟合的系数，并画出相应的图形。

6. 程序设计：由离散数据(见表3-6)拟合曲线。

表 3-6　离散数据

t	0	5	10	15	20	25	30	35	40	45	50	55
y	0	1.27	2.16	2.86	3.44	3.87	4.15	4.37	4.51	4.58	4.62	4.64

第 4 章

非线性方程的近似解法

4.1 引言

工程和科学技术中的许多实际问题常常归结为求解非线性方程

$$f(x)=0 \qquad (4\text{-}1)$$

式中，$f(x)$ 为实变量 x 的非线性函数。如果存在 x^* 使得 $f(x^*)=0$，则称 x^* 为方程(4-1)的根或称为函数 $f(x)$ 的零点。特别地，如果函数 $f(x)$ 可分解为

$$f(x)=(x-x^*)^m g(x)$$

其中，$g(x^*)\neq 0$，m 为正整数，则当 $m=1$ 时，称 x^* 为方程(4-1)的单根或称函数 $f(x)$ 的单零点；当 $m\geqslant 2$ 时，称 x^* 为方程(4-1)的 m 重根或称为函数 $f(x)$ 的 m 重零点。

设方程(4-1)存在根 x^*，且 $f(x)$ 在 x^* 附近存在 m 阶连续导数，利用泰勒公式可知 x^* 为方程(4-1)的 m 重根的充分必要条件为

$$f(x^*)=0,\ f'(x^*)=0,\cdots,\ f^{(m-1)}(x^*)=0,\ f^{(m)}(x^*)\neq 0$$

如果 $f(x)$ 为 n 次多项式，则称方程(4-1)为 n 次代数方程。例如，4 次代数方程为

$$x^4-6x-3=0$$

除代数方程外，其他方程称为超越方程，例如：

$$0.25+e^x-6\cos x=0$$

从理论上已证明，对于次数不高于 4 的代数方程已经有求根公式，而高于 4 次的代数方程，它的根不能用方程系数的解析式表示；对于一般的超越方程更没有求根公式可用。因此，研究非线性方程的数值解法是十分必要的。

一般情况下，非线性方程的求根过程分为两个步骤进行：一是，对根的搜索，分析方程根的个数，并找出有根区间(区间内只包含方程的一个根)；二是，对根的精确化，即从有根区间内根的近似值出发，利用数值方法求得满足一定精度要求的近似根。

对方程根进行搜索，是寻找根的大概位置，即根存在的区间，进而找到具有唯一根的区间，其常用方法如下：

1) 图解法。对于方程 $f(x)=f_1(x)-f_2(x)=0$，考虑等价方程 $f_1(x)=f_2(x)$。在同一坐标系中画出 $y=f_1(x)$ 和 $y=f_2(x)$ 的图形，由两曲线交点横坐标所在的大致范围求出方程根的近似值，并确定隔根区间。

2) 分析法。根据函数 $f(x)$ 的连续性、介值定理以及单调性等寻找有根区间和隔根区间。

3) 搜索法。在某一区间上以适当的步长 h 去考察函数值 $f(x_i)$ ($x_i=x_0+ih, i=0,1,2\cdots$) 的符号。当 $f(x)$ 连续且 $f(x_i)f(x_{i+1})<0$ 时，则区间 $[x_i,x_{i+1}]$ 为有根区间，又若在此区间内 $f'(x)$ 不变号，则区间 $[x_i,x_{i+1}]$ 为隔根区间。

本章主要介绍计算机求方程根的几种常用方法，如二分法、不动点迭代法、牛顿法等。

4.2 二分法

求方程近似根的最直观、最简单的方法为二分法。二分法是以连续函数的介值定理为基础。首先，设函数 $f(x)$ 在区间 $[a,b]$ 上连续，$f(a)f(b)<0$，且方程(4-1)在区间 (a,b) 内有唯一的实根 x^*。二分法的基本思想是利用对分区间的方法，根据分点处函数值的符号逐步缩小有根区间，使在足够小的区间内方程有且仅有一个根。

考察有根区间 (a,b)，取中点 $x_0=(a+b)/2$ 将它分为两半，如果分点 $f(x_0)=0$，则 x_0 是根，求解结束；如果 x_0 不是 $f(x)=0$ 的根，检查 $f(x_0)$ 与 $f(a)$ 是否同号，如确系同号，说明所求的根 x^* 在 x_0 的右侧，这时令 $a_1=x_0$，$b_1=b$；否则 $a_1=a$，$b_1=x_0$。新的有根区间的长度是原区间长度的一半。

对有根区间 (a_1,b_1) 可施行同样的方法，用中点 $x_1=(a_1+b_1)/2$ 将区间 (a_1,b_1) 再分两半，然后通过根的搜索判定所求的根在 x_1 的哪一侧，从而又确定一个新的有根区间 (a_2,b_2)，其长度是区间 (a_1,b_1) 的一半。

反复执行以上步骤，便可得到方程的有根区间序列且满足条件，即

$$(a_1,b_1) \supset (a_2,b_2) \supset \cdots \supset (a_n,b_n) \supset \cdots$$

$$f(a_n)f(b_n)<0$$

$$b_n-a_n=\frac{1}{2^n}(b-a) \quad (n=1,2,\cdots)$$

当 n 充分大时，区间 (a_n,b_n) 的长度缩小到充分小，此时它的中点 x_n 与 x^* 夹在 a_n 和 b_n 之间，且

$$|x_n-x^*| \leqslant \frac{1}{2}(b_n-a_n)=\frac{1}{2^{n+1}}(b-a)$$

此式表明

$$\lim_{n\to\infty} x_n = x^*$$

对于所给精度 ε，若取 n 使得 $\frac{1}{2^{n+1}}(b-a) \leqslant \varepsilon$，则有 $|x_n-x^*| \leqslant \varepsilon$。

【例4.1】 求方程 $f(x)=x^3-x-1=0$ 在区间 $[1,2]$ 内的实根。若采用二分法求解，需要二分多少次，才能使误差不超过 10^{-2}。

【解】 已知 $f(1)=-1<0$，$f(2)=5>0$，由零点定理，方程 $f(x)=x^3-x-1=0$ 在区间 $[1,2]$ 中存在实根。

令 $x_1=\dfrac{1+2}{2}=1.5$，计算 $f(1.5)=0.875>0$，区间 $(1,1.5)$ 中有根。

令 $x_2=\dfrac{1+1.5}{2}=1.25$，计算 $f(1.25)=-0.29688<0$，区间 $(1.25,1.5)$ 中有根。

令 $x_3 = \dfrac{1.25+1.5}{2} = 1.375$，计算 $f(1.375) = 0.224609 > 0$，区间 $(1.25, 1.375)$ 中有根。

……

如此反复二分下去，我们预先估计一下二分的次数，按误差估计式只要二分 6 次，即达要求。

$$|x^* - x_k| \leqslant \dfrac{b_k - a_k}{2} = \dfrac{1}{2^{k+1}} \leqslant 10^{-2}, \quad k \geqslant \log_2 100 - 1 \approx 5.7$$

二分法的计算结果见表 4-1。

表 4-1　二分法的计算结果

k	a_k	b_k	x_k	$f(x_k)$ 的符号
0	1	2	1.5	+
1	1	1.5	1.25	−
2	1.25	1.5	1.375	+
3	1.25	1.375	1.3125	−
4	1.3125	1.375	1.3438	+
5	1.3125	1.3438	1.3281	+
6	1.3125	1.3281	1.3203	−

4.3　不动点迭代法

迭代法是解方程近似解的一类典型方法，它是解代数方程、超越方程、微分方程等的一种基本而重要的数值方法。不仅用于方程求根，还能用于方程组求解、矩阵求特征值等方面。

迭代法的基本思想是一种逐次逼近的方法，首先取一个初始近似值，然后用某个迭代公式反复校正所取初值，直到满足预先给定的精度要求为止。对迭代法研究的主要内容包括：迭代格式的构造、迭代过程的收敛性、迭代过程的收敛速度和迭代过程的加速等。

4.3.1　迭代格式的构造

设方程 (4-1) 在区间 $[a,b]$ 上有唯一根 x^*。在区间 $[a,b]$ 上将方程 (4-1) 改写为等价的方程，即

$$x = \varphi(x) \tag{4-2}$$

选取初始近似根 $x_0 \in [a,b]$，利用迭代格式，即

$$x_{n+1} = \varphi(x_n) \quad (n = 0, 1, 2, \cdots) \tag{4-3}$$

可得序列 $\{x_n\}_{n=0}^{\infty}$。若当 $n \to \infty$ 时，序列 $\{x_n\}_{n=0}^{\infty}$ 收敛，即

$$\lim_{n \to \infty} x_n = \tilde{x}$$

只要 $\varphi(x)$ 在 $\tilde{x}$ 附近连续，则有

$$\lim_{n \to \infty} x_{n+1} = \lim_{n \to \infty} \varphi(x_n) = \varphi\left(\lim_{n \to \infty} x_n\right)$$

也即

$$\tilde{x} = \varphi(\tilde{x})$$

从而可知 $\tilde{x}$ 是方程(4-2)的根，由于方程(4-1)和方程(4-2)等价，所以 $\tilde{x} = x^*$。即 $\lim_{n \to \infty} x_n = x^*$，且 $x^* = \varphi(x^*)$。

【定义 4.1】 如果 x^* 满足 $x^* = \varphi(x^*)$，则称 x^* 为函数 $\varphi(x)$ 的不动点。式(4-3)称为迭代格式，也称为迭代公式；函数 $\varphi(x)$ 称为迭代函数；x_0 称为根的初始近似值，x_n 称为根的 n 次近似值；序列 $\{x_n\}_{n=0}^{\infty}$ 称为迭代序列，当迭代序列收敛时，称迭代格式收敛，否则称迭代格式发散；$e_n = |x^* - x_n|$ 称为第 n 次迭代误差。利用迭代格式(4-3)求得方程近似根的方法称为不动点迭代法，简称迭代法。

【例 4.2】 求方程 $f(x) = x^3 - x - 1 = 0$ 的一个根。

【解】 本例将通过两种方法构造迭代格式，因为 $f(1) = -1 < 0$，$f(2) = 5 > 0$，由零点定理知方程在区间 $[1, 2]$ 中必有一实根，将原方程改为如下两个同解方程，即

$$x = \varphi_1(x) = \sqrt[3]{x+1}, \quad x = \varphi_2(x) = x^3 - 1$$

迭代法基本思想

对应的迭代公式分别为

$$x_{k+1} = \sqrt[3]{x_k + 1}, \quad x'_{k+1} = x_k'^3 - 1 \quad (k = 0, 1, \cdots)$$

取初始值 $x_0 = 1.5$，可逐次算得：

1) 对于 $x_{k+1} = \sqrt[3]{x_k + 1}$，$x_1 = 1.35721$，$x_2 = 1.33086$，$\cdots$，$x_8 = 1.32472$，$x_9 = 1.32472$。

2) 对于 $x'_{k+1} = x_k'^3 - 1$，$x'_1 = 2.37500$，$x'_2 = 12.39648$，$\cdots$，$x'_{11} \to +\infty$。

该方程有唯一实根 $x^* = 1.32472\cdots$。显然，第一个迭代公式收敛，第二个迭代公式结果越来越大，不可能趋于某个极限，因此称这种不收敛的迭代过程为发散的。

【例 4.3】 取不同的迭代函数及不同的初值求方程 $f(x) = x - e^x + 2 = 0$ 的根，若迭代收敛，则当 $|x_{k+1} - x_k| \leq 10^{-6}$ 时，终止迭代。

【解】 因为 $f'(x) = 1 - e^x$，所以当 $x \in (-\infty, 0)$ 时，$f'(x) > 0$，当 $x \in (0, +\infty)$ 时，$f'(x) < 0$，且

$$f(-1) \approx 0.63, \quad f(-2) \approx -0.14, \quad f(1) \approx 0.28, \quad f(2) \approx -3.39$$

根据零点定理可知，方程在区间 $(-2, -1)$ 和区间 $(1, 2)$ 内各有一个根。

构造迭代格式如下：

1) $x_{k+1} = e^{x_k} - 2$，$k = 0, 1, \cdots$。

2) $x_{k+1} = \ln(x_k + 2)$，$k = 0, 1, \cdots$。

选择不同初值 $x_0 = -1.9$，$x_0 = 0.0$，$x_0 = 1.5$，利用该迭代格式计算的结果见表 4-2。

表 4-2 迭代格式的计算结果

k	格式 1)	格式 2)	格式 1)	格式 2)	格式 1)	格式 2)
0	-1.9	-1.9	0.0	0.0	1.5	1.5
1	-1.8504314	-2.3025851	-1.0000000	0.6931472	2.4816891	1.2527630
2	-1.8428307		-1.6321206	0.9907105	9.9614511	1.1795048
3	-1.8416315		-1.8044855	1.0955110	21191.527	1.1567255
4	-1.8414415		-1.8354409	1.1299530		1.1495352
5	-1.8414113		-1.8404569	1.1410180		1.1472549

(续)

k	格式1)	格式2)	格式1)	格式2)	格式1)	格式2)
6	−1.8414066		−1.8412551	1.1445470		1.1465306
7	−1.8414058		−1.8413818	1.1456698		1.1463005
8	−1.8414057		−1.8414019	1.1460269		1.1462273
9	−1.8414057		−1.8414051	1.1461403		1.1462041
10			−1.8414056	1.1461764		1.1461967
11			−1.8414057	1.1461879		1.1461943
12				1.1461915		1.1461936
13				1.1461927		1.1461933
14				1.1461931		
15				1.1461932		

根据例 4.2，可见基本迭代法的收敛性质取决于迭代函数 $\varphi(x)$；根据例 4.3，迭代序列的收敛性和收敛速度不仅与迭代格式的构造有关而且还与初值的选取有关。那么，迭代格式和初值要满足哪些条件才能保证迭代序列收敛呢？以下首先讨论该问题。

4.3.2　迭代过程的收敛性

如果在区间 $[a,b]$ 中任意选取初值 x_0，均能保证某迭代公式的收敛性，则称该迭代公式具有全局收敛性。对于一般情况，对于迭代格式 $x_{k+1}=\varphi(x_k)$，由拉格朗日中值定理可知：

$$\frac{x_{k+1}-x_k}{x_k-x_{k-1}}=\frac{\varphi(x_k)-\varphi(x_{k-1})}{x_k-x_{k-1}}=\varphi'(\xi_k) \tag{4-4}$$

其中，ξ_k 在 x_k 和 x_{k-1} 之间。所以序列 $\{x_k\}$ 的收敛速度取决于曲线 $y=\varphi(x)$ 在根附近的斜率 $\varphi'(x)$。在根 x^* 附近，$|\varphi'(x)|$ 恒小于 1，则此迭代序列收敛，若 $|\varphi'(x)|\geq 1$，则此序列发散。由此得到以下全局收敛性定理。

【定理 4.1】　如果 $\varphi(x)\in C^1[a,b]$ 满足以下两个条件：

1) 当 $x\in[a,b]$ 时，$\varphi(x)\in[a,b]$。
2) 当任意 $x\in[a,b]$，存在常数 $0<L<1$，使

$$\max_{a\leq x\leq b}|\varphi'(x)|\leq L<1$$

则方程 $x=\varphi(x)$ 在区间 $[a,b]$ 上有唯一的根 x^*，且对任意初值 $x_0\in[a,b]$ 时，

① 迭代序列 $x_{k+1}=\varphi(x_k)$（其中 $k=0,1,\cdots$）收敛于 x^*。

② $|x^*-x_k|\leq\dfrac{L}{1-L}|x_k-x_{k-1}|\ (k=1,2,\cdots)$ (4-5)

③ $|x^*-x_k|\leq\dfrac{L^k}{1-L}|x_1-x_0|\ (k=1,2,\cdots)$ (4-6)

④ $\lim\limits_{k\to\infty}\dfrac{x_k-x^*}{x_{k-1}-x^*}=\varphi'(x^*)$ (4-7)

【证明】　做函数 $f(x)=\varphi(x)-x$，显然 $f'(x)$ 在区间 $[a,b]$ 上连续，且有

$$f(a)=\varphi(a)-a\geqslant 0, \quad f(b)=\varphi(b)-b\leqslant 0$$

若 $f(a)=0$ 或 $f(b)=0$，则 $f(x)$ 在区间 $[a,b]$ 上至少有一个零点；若 $f(a)>0$ 且 $f(b)<0$，则由零点定理可知 $f(x)$ 在区间 $[a,b]$ 上至少有一个零点。又因为 $f'(x)=\varphi'(x)-1\leqslant L-1<0$，故由函数 $f(x)$ 的单调性可知，存在唯一的 $x^*\in[a,b]$ 使方程 $x=\varphi(x)$ 成立，即方程 $x=\varphi(x)$ 在区间 $[a,b]$ 上有唯一的根 x^*。

1) 由于 $x^*=\varphi(x^*)$，根据拉格朗日中值定理得

$$x^*-x_{k+1}=\varphi(x^*)-\varphi(x_k)=\varphi'(\xi_k)(x^*-x_k) \tag{4-8}$$

其中，ξ_k 在 x^* 与 x_k 之间，由式(4-8)得

$$|x^*-x_{k+1}|=|\varphi(x^*)-\varphi(x_k)|=|\varphi'(\xi_k)||x^*-x_k|$$
$$\leqslant L|x^*-x_k|\leqslant L^2|x^*-x_{k-1}|\leqslant\cdots\leqslant L^{k+1}|x^*-x_0|$$

因为 $0<L<1$，由 $\lim\limits_{k\to\infty}L^{k+1}=0$ 知

$$|x^*-x_{k+1}|\to 0 \quad (k\to\infty)$$

所以 $\lim\limits_{k\to\infty}x_k=x^*$，即 $x_{k+1}=\varphi(x_k)$ 收敛。

2) 由式(4-4)可知

$$|x_{k+1}-x_k|=|\varphi(x_k)-\varphi(x_{k-1})|=|\varphi'(\xi_k)||x_k-x_{k-1}|\leqslant L|x_k-x_{k-1}|$$

一般地，

$$|x_{k+r}-x_{k+r-1}|\leqslant L^r|x_k-x_{k-1}|$$

于是，对于任意正整数 p，有

$$|x_{k+p}-x_k|=|x_{k+p}-x_{k+p-1}+x_{k+p-1}-x_{k+p-2}+x_{k+p-2}-\cdots-x_k|$$
$$\leqslant|x_{k+p}-x_{k+p-1}|+|x_{k+p-1}-x_{k+p-2}|+\cdots+|x_{k+1}-x_k|$$
$$\leqslant L^p|x_k-x_{k-1}|+L^{p-1}|x_k-x_{k-1}|+\cdots+L|x_k-x_{k-1}|$$
$$=(L^p+\cdots+L)|x_k-x_{k-1}|$$

固定 k，令 $p\to\infty$，可得

$$|x^*-x_k|\leqslant\frac{L}{1-L}|x_k-x_{k-1}|$$

3) 由 2)可得

$$|x^*-x_k|\leqslant\frac{L^2}{1-L}|x_{k-1}-x_{k-2}|\leqslant\cdots\leqslant\frac{L^k}{1-L}|x_1-x_0|$$

4) 由式(4-8)，当 $x_k\neq x^*$ 时可得

$$\frac{x^*-x_{k+1}}{x^*-x_k}=\varphi'(\xi_k) \quad (k=0,1,2,\cdots)$$

注意到 $\varphi(x)$ 在区间 $[a,b]$ 上连续，且 $\lim\limits_{k\to\infty}\xi_k=x^*$，可得

$$\lim_{k\to\infty}\frac{x^*-x_{k+1}}{x^*-x_k}=\varphi'(x^*)$$

证毕。

估计式(4-5)称为误差后验估计式，由此可以得到迭代次数 k 的值应取多大，但这样得到的 k 值通常偏大；式(4-6)称为误差先验估计式，是用刚算出的序列来估计误差的，它可用较小的迭代运算得到满足精度的近似解；式(4-7)称为渐近误差估计式。实际运算过程中，

都用前后两次迭代值 x_{k-1} 和 x_k 是否满足 $|x_k-x_{k-1}|\leq\varepsilon$ 来作为终止条件，它通常也能求出满足精度的根。

【定理 4.2】 设方程 $x=\varphi(x)$ 在区间 $[a,b]$ 上有根 x^*，且对任意的 $x\in[a,b]$，有 $|\varphi'(x)|\geq 1$，则对任意初值 $x_0\in[a,b]$ 且 $x_0\neq x^*$，迭代格式(4-3)发散。

【证明】 由 $x_0\in[a,b]$ 且 $x_0\neq x^*$ 知

$$|x^*-x_1|=|\varphi(x^*)-\varphi(x_0)|=|\varphi'(\xi_0)(x^*-x_0)|\geq|x^*-x_0|>0$$

如果 $x_1\in[a,b]$，则有

$$|x^*-x_2|=|\varphi(x^*)-\varphi(x_1)|=|\varphi'(\xi_1)(x^*-x_1)|\geq|x^*-x_1|\geq|x^*-x_0|$$

如此进行下去，要么 $x_k\notin[a,b]$，要么 $|x^*-x_k|\geq|x^*-x_0|$，因此迭代序列不可能收敛于 x^*，即迭代格式发散。

证毕。

【例 4.4】 对于例 4.2 的两种迭代公式，讨论它们的收敛性。

【解】 对于迭代公式 $x_{k+1}=\sqrt[3]{x_k+1}$，$k=0,1,\cdots$，导数 $\varphi_1'(x)=\frac{1}{3}(x+1)^{-\frac{2}{3}}$，容易验证，对于 $x\in[1,2]$，有

$$\varphi_1'(x)=\frac{1}{3}(x+1)^{-\frac{2}{3}}\leq 0.21<1$$

因此，对于任何初值 $x_0\in[1,2]$，该迭代公式收敛。

对于迭代序列 $x_{k+1}'=x_k'^3-1$，$k=0,1,\cdots$，$\varphi_2'(x)=3x^2$。显然，对于 $x\in[1,2]$ 有 $\varphi_2'(x)>1$，所以只要初值 $x_0\neq x^*$，该迭代公式就发散。

定理 4.1 的条件有时是不易于检验的，且对较大的含根区间可能不能满足，在实际计算中，总是在根 x^* 的附近范围内考虑。为此，需要研究迭代法的局部收敛性，因此在方程根的附近有以下定理：

【定理 4.3】 设 x^* 是迭代函数 $\varphi(x)$ 的不动点，$\varphi'(x)$ 在点 x^* 的某个邻域内连续，则当 $|\varphi'(x^*)|<1$ 时，迭代公式 $x_{k+1}=\varphi(x_k)$ 局部收敛；当 $|\varphi'(x^*)|>1$ 时，迭代公式 $x_{k+1}=\varphi(x_k)$ 发散。

【证明】 由 $|\varphi'(x^*)|<1$ 和 $\varphi'(x)$ 在点 x^* 处连续，存在一个正实数 $L<1$ 和 x^* 的某个闭邻域 $U(x^*,\delta)=\{x\|x-x^*|\leq\delta\}$，使 $x\in U(x^*,\delta)$ 时有 $|\varphi'(x)|\leq L<1$ 成立。当 $x\in U(x^*,\delta)$ 时，由 $x^*=\varphi(x^*)$ 及拉格朗日中值定理有

$$|\varphi(x)-x^*|=|\varphi(x)-\varphi(x^*)|=|\varphi'(\xi)(x-x^*)|\leq L|x-x^*|\leq|x-x^*|\leq\delta$$

于是，当 $x\in U(x^*,\delta)$ 时，有 $\varphi(x)\in U(x^*,\delta)$。因此，定理 4.1 的两个条件均满足，$x_{k+1}=\varphi(x_k)$ 对任意 $x_0\in U(x^*,\delta)$ 产生的迭代序列都收敛于不动点 x^*，迭代格式 $x_{k+1}=\varphi(x_k)$ 局部收敛。

当 $|\varphi'(x^*)|>1$ 时，则在 x^* 的某个邻域内有 $|\varphi'(x)|>1$，根据定理 4.2 可知迭代格式 $x_{k+1}=\varphi(x_k)$ 发散。

定理 4.3 对初值选取的要求较高。如果已知 x^* 的大概位置，而 x_0 充分靠近 x^*，则可用 $|\varphi'(x_0)|<1$ 代替 $|\varphi'(x^*)|<1$，用 $|\varphi'(x_0)|>1$ 代替 $|\varphi'(x^*)|>1$，再利用定理 4.3 判断 $x_{k+1}=\varphi(x_k)$ 的局部收敛性。

4.3.3 迭代过程的收敛速度

一种迭代公式要具有实用意义，就必须是收敛的。收敛速度有快有慢，可以用收敛阶来衡量收敛速度。

【定义 4.2】 设序列 $\{x_k\}$ 收敛于 x^*，若存在实数 $p \geq 1$ 和常数 $C>0$，使得

$$\lim_{k \to \infty} \frac{|x^* - x_{k+1}|}{|x^* - x_k|^p} = \lim_{k \to \infty} \frac{e_{k+1}}{e_k^p} = C$$

则称 $\{x_k\}$ 的收敛阶为 p。当 $p=1$ 时，称 $\{x_k\}$ 是线性收敛的；当 $p=2$ 时，称 $\{x_k\}$ 是平方收敛的；当 $p>1$ 时，称序列是超线性收敛的。

显然，p 的大小反映了序列 $\{x_k\}$ 收敛的快慢，p 越大，收敛速度越快，方法越好。在定理 4.3 中，若 $\varphi'(x)$ 连续，且 $\varphi'(x^*) \neq 0$，则迭代格式 $x_{k+1} = \varphi(x_k)$ 必为线性收敛。因为由

$$|x^* - x_{k+1}| = |\varphi(x^*) - \varphi(x_k)| = |\varphi'(\xi)||x^* - x_k|$$

从而

$$\lim_{k \to \infty} \frac{|x^* - x_{k+1}|}{|x^* - x_k|} = \lim_{k \to \infty} |\varphi'(\xi)| = |\varphi'(x^*)| \neq 0$$

如果 $\varphi'(x^*) = 0$，则收敛速度就不仅是线性的了。

【例 4.5】 设一个迭代格式是线性收敛的，且满足 $\frac{e_{k+1}}{e_k} = \frac{1}{2}$，$k=0,1,2,\cdots$，并设 $e_0 = 1$。若取精度 $\varepsilon = 10^{-16}$，试估计该迭代格式所需迭代次数。

【解】 根据 $\frac{e_{k+1}}{e_k} = \frac{1}{2}(k=0,1,2,\cdots)$ 及 $e_0 = 1$ 得到

$$e_k = \frac{1}{2} e_{k-1} = \cdots = \frac{1}{2^k} e_0 = \frac{1}{2^k}$$

要使 $|e_k| \leq 10^{-16}$，只要 $\frac{1}{2^k} \leq 10^{-16}$ 或 $2^k \geq 10^{16}$，将其两边取对数得

$$k \lg 2 \geq 16 \Rightarrow k \geq \frac{16}{\lg 2} = 53.15$$

因而要使迭代值满足给定精度，应迭代 54 次。

关于迭代格式

$$x_{k+1} = \varphi(x_k), k=0,1,2,\cdots$$

的收敛阶，有以下定理：

【定理 4.4】 对于迭代公式 $x_{k+1} = \varphi(x_k)$，如果 $\varphi^{(p)}(x)$ 在 x^* 附近连续，且有

$$\varphi'(x^*) = \varphi''(x^*) = \cdots = \varphi^{(p-1)}(x^*) = 0, \varphi^{(p)}(x^*) \neq 0$$

则该迭代公式在 x^* 附近是 p 阶局部收敛的，且

$$\lim_{k \to \infty} \frac{e_{k+1}}{e_k^p} = \lim_{k \to \infty} \frac{|x_{k+1} - x^*|}{|x_k - x^*|^p} = \frac{\varphi^{(p)}(x^*)}{p!} \neq 0$$

如果 $p=1$ 时，要求 $0 < |\varphi'(x^*)| < 1$。

【证明】 充分性：由 $\varphi'(x^*) = 0$ 及定理 4.3 知，迭代过程 $x_{k+1} = \varphi(x_k)$ 在 x^* 的附近具有

局部收敛性，再将 $\varphi(x_k)$ 在 x^* 处做泰勒展开，则有

$$\begin{aligned}x_{k+1}&=\varphi(x_k)\\&=\varphi(x^*)+\varphi'(x^*)(x_k-x^*)+\cdots+\frac{\varphi^{(p-1)}(x^*)}{(p-1)!}(x_k-x^*)^{p-1}+\frac{\varphi^{(p)}(\xi_p)}{p!}(x_k-x^*)^p\\&=\varphi(x^*)+\frac{\varphi^{(p)}(\xi_p)}{p!}(x_k-x^*)^p,\quad(\xi_p\text{ 介于 }x_k\text{ 和 }x^*\text{ 之间})\end{aligned}$$

注意到 $x^*=\varphi(x^*)$，从而有 $x_{k+1}-x^*=\dfrac{\varphi^{(p)}(\xi_p)}{p!}(x_k-x^*)^p$，故

$$\lim_{k\to\infty}\frac{e_{k+1}}{e_k^p}=\lim_{k\to\infty}\frac{|x_{k+1}-x^*|}{|x_k-x^*|^p}=\frac{\varphi^p(x^*)}{p!}\neq0$$

迭代公式在 x^* 附近是 p 阶收敛的。

必要性：设迭代格式 $x_{k+1}=\varphi(x_k)$ 是 p 阶收敛的，则有 $\lim\limits_{k\to\infty}x_k=x^*$。由 $\varphi(x)$ 在 x^* 邻域内的连续性，可知 $x^*=\lim\limits_{k\to\infty}x_k=\lim\limits_{k\to\infty}\varphi(x_{k-1})=\varphi(x^*)$。

若 $\varphi'(x^*)=\varphi''(x^*)=\cdots=\varphi^{(p-1)}(x^*)=0$，$\varphi^{(p)}(x^*)\neq0$ 不成立，则必有最小正整数 p_0 使得 $\varphi'(x^*)=\varphi''(x^*)=\cdots=\varphi^{(p_0-1)}(x^*)=0$，$\varphi^{(p_0)}(x^*)\neq0$，其中 $p_0\neq p$。

类似于充分性的证明，有 $x_{k+1}=\varphi(x_k)=x^*+\dfrac{\varphi^{(p_0)}(\xi_{p_0})}{p_0!}(x_k-x^*)^{p_0}$，从而有

$$\lim_{k\to\infty}\frac{e_{k+1}}{e_k^{p_0}}=\frac{\varphi^{p_0}(x^*)}{p_0!}\neq0$$

即迭代格式 $p_0(p_0\neq p)$ 阶收敛。这与迭代格式 p 阶收敛矛盾，因此必有 $p_0=p$。

证毕。

【例 4.6】 设 $a>0$，$x_0>0$，证明迭代公式 $x_{k+1}=\dfrac{x_k(x_k^2+3a)}{3x_k^2+a}$ 是计算 $\sqrt{a}$ 的 3 阶方法，并计算 $\lim\limits_{k\to\infty}\dfrac{\sqrt{a}-x_{k+1}}{(\sqrt{a}-x_k)^3}$。

【解】 显然当 a，$x_0>0$ 时，$x_k>0(k=1,2,\cdots)$，令 $\varphi(x)=\dfrac{x(x^2+3a)}{3x^2+a}$，则 $\varphi'(x)=\dfrac{3(x^2-a)^2}{(3x^2+a)^2}$。因此，$\forall x>0$，有 $|\varphi'(x)|<1$，即迭代收敛。设 $x_k\to x^*$，则有

$$x^*=\frac{x^*(x^{*2}+3a)}{3x^{*2}+a}$$

解得 $x^*=0$，$\sqrt{a}$，$-\sqrt{a}$，取 $x^*=\sqrt{a}$，则

$$\lim_{k\to\infty}\frac{\sqrt{a}-x_{k+1}}{(\sqrt{a}-x_k)^3}=\lim_{k\to\infty}\frac{\sqrt{a}-\dfrac{x_k^3+3ax_k}{3x_k^2+a}}{(\sqrt{a}-x_k)^3}=\lim_{k\to\infty}\frac{(\sqrt{a}-x_k)^3}{(\sqrt{a}-x_k)^3(3x_k^2+a)}=\lim_{k\to\infty}\frac{1}{3x_k^2+a}=\frac{1}{4a}$$

故该迭代公式是 3 阶收敛的。

4.3.4 迭代过程的加速

对于收敛的迭代过程，如果不考虑误差的积累和计算机硬件的限制，理论上迭代次数足够多，就可以使结果达到任意高的精度，但有时迭代过程缓慢会使计算量增大，因此十分需要建立加速迭代收敛的算法。

由迭代格式 $x_{k+1}=\varphi(x_k)$，$k=0,1,2,\cdots$ 构造产生收敛速度较快的迭代格式 $x_{k+1}=\Phi(x_k)$，$k=0,1,2,\cdots$ 的方法通常称为加速法，以下来讨论一个很重要的加速方法——Aitken(埃特金)加速法。

设迭代格式 $x_{k+1}=\varphi(x_k)$，$k=0,1,2,\cdots$ 是收敛的，则根据定理 4.1 有

$$\lim_{k\to\infty}\frac{x^*-x_{k+1}}{x^*-x_k}=\varphi'(x^*)$$

因而当 k 适当大时，有

$$\frac{x^*-x_{k+2}}{x^*-x_{k+1}}\approx\frac{x^*-x_{k+1}}{x^*-x_k}$$

由此解出

$$x^*\approx\frac{x_k x_{k+2}-x_{k+1}^2}{x_k-2x_{k+1}+x_{k+2}}$$

将 $x_{k+1}=\varphi(x_k)$，$x_{k+2}=\varphi(\varphi(x_k))$ 代入上式可得

$$x^*\approx\frac{x_k\varphi(\varphi(x_k))-\varphi^2(x_k)}{x_k-2\varphi(x_k)+\varphi(\varphi(x_k))}$$

若把上式右式所得的值作为新的近似值，则得到新的迭代格式

$$x_{k+1}=\Phi(x_k),k=0,1,2,\cdots \tag{4-9}$$

其中，$\Phi(x)=\dfrac{x\varphi(\varphi(x))-\varphi^2(x)}{x-2\varphi(x)+\varphi(\varphi(x))}$，该格式称为 Aitken 加速法，以下给出迭代格式(4-9)的收敛阶：

【定理 4.5】 设方程 $x=\varphi(x)$ 有根 x^*，且在 x^* 附近有 2 阶连续导数，如果迭代格式 $x_{k+1}=\varphi(x_k)$，$k=0,1,2,\cdots$ 是线性收敛的，则迭代格式(4-9)至少是平方收敛的。

【证明】 由定理 4.1 和定理 4.4 知，如果迭代格式 $x_{k+1}=\varphi(x_k)$，$k=0,1,2,\cdots$ 线性收敛，则

$$\varphi'(x^*)\neq 0,\ |\varphi'(x^*)|<1$$

根据泰勒展开式有

$$\varphi(x^*+h)=\varphi(x^*)+h\varphi'(x^*)+\frac{1}{2}h^2\varphi''(x^*+\theta h)$$

其中，h 为小量，$0<\theta<1$。

记 $A=\varphi'(x^*)$，$B(h)=\dfrac{1}{2}\varphi''(x^*+\theta h)$，则 $A\neq 0$，$|A|<1$，$B(0)=\dfrac{1}{2}\varphi''(x^*)$，且

$$\varphi(x^*+h)=\varphi(x^*)+Ah+B(h)h^2=x^*+Ah+B(h)h^2$$

再令 $\delta=Ah+B(h)h^2$，则有 $\varphi(x^*+h)=x^*+\delta$。由此可得

$$\Phi(x^*+h) = \frac{(x^*+h)\varphi(\varphi(x^*+h))-\varphi^2(x^*+h)}{(x^*+h)-2\varphi(x^*+h)+\varphi(\varphi(x^*+h))}$$

$$= \frac{(x^*+h)\varphi(x^*+\delta)-(x^*+\delta)^2}{(x^*+h)-2(x^*+\delta)+\varphi(x^*+\delta)}$$

$$= \frac{(x^*+h)(x^*+A\delta+B(\delta)\delta^2)-(x^*+\delta)^2}{(x^*+h)-2(x^*+\delta)+(x^*+A\delta+B(\delta)\delta^2)}$$

$$= \frac{[h+A\delta+B(\delta)\delta^2-2\delta]x^*+h[A\delta+B(\delta)\delta^2]-\delta^2}{h-2\delta+A\delta+B(\delta)\delta^2}$$

$$= x^* + \frac{h[A\delta+B(\delta)\delta^2]-\delta^2}{h+(A-2)\delta+B(\delta)\delta^2}$$

$$= x^* + h^2\frac{A^2B(\delta)-AB(h)+O(h)}{(1-A)^2+O(h)}$$

所以 $\lim\limits_{x \to x^*}\Phi(x) = \lim\limits_{h \to 0}\Phi(x^*+h) = x^* \equiv \Phi(x^*)$，则

$$\lim\limits_{x \to x^*}\Phi'(x) = \lim\limits_{h \to 0}\frac{\Phi(x^*+h)-\Phi(x^*)}{h} = \lim\limits_{h \to 0}\left[h\frac{A^2B(\delta)-AB(h)+O(h)}{(1-A)^2+O(h)}\right] = 0$$

因此迭代格式(4-9)是局部收敛的。同时又因为

$$\lim\limits_{k \to \infty}\frac{x^*-x_{k+1}}{(x^*-x_k)^2} = \lim\limits_{k \to \infty}\frac{x^*-\Phi(x_k)}{(x^*-x_k)^2} = \lim\limits_{k \to \infty}\frac{x^*-\Phi(x^*+(x_k-x^*))}{(x^*-x_k)^2}$$

$$= \lim\limits_{h \to 0}\frac{x^*-\Phi(x^*+h)}{h^2} = \lim\limits_{h \to 0}\frac{-A^2B(\delta)+AB(h)+O(h)}{(1-A)^2+O(h)} = \frac{AB(0)}{1-A}$$

$$= \frac{1}{2}\frac{\varphi'(x^*)\varphi''(x^*)}{1-\varphi'(x^*)}$$

根据定理 4.4 可知迭代格式(4-9)至少是 2 阶收敛的。

证毕。

【例 4.7】 用 Aitken 加速法求解 $x^3-x-1=0$ 在 $x_0=1.5$ 附近的根 x^*。

【解】 该方程求根用迭代格式 $x_{k+1}=x_k^3-1$ 来计算是发散的，现在以该公式为基础形成 Aitken 加速法，即

$$\tilde{x}_{k+1}=x_k^3-1, \bar{x}_{k+1}=\tilde{x}_{k+1}^3-1, x_{k+1}=\bar{x}_{k+1}-\frac{(\bar{x}_{k+1}-\tilde{x}_{k+1})^2}{\bar{x}_{k+1}-2\tilde{x}_{k+1}+x_k}$$

取 $x_0=1.5$，计算结果见表 4-3。

表 4-3 Aitken 迭代格式的计算结果

k	$\tilde{x}_k$	$\bar{x}_k$	x_k
0	...	...	1.5
1	2.37500	12.3965	1.41629
2	1.84092	5.23888	1.35565
3	1.49140	2.31728	1.32895
4	1.34710	1.44435	1.32480
5	1.32518	1.32714	1.32472

由表 4-3 可见,将发散的迭代公式通过 Aitken 加速法处理后,反而获得了相当好的收敛性。

4.4 牛顿法

当利用迭代法求非线性方程 $f(x)=0$ 的根时,首先要把它写成等价形式 $x=\varphi(x)$。这里迭代格式的好坏不仅影响迭代速度,而且有可能导致迭代格式发散。如何构造一个迭代函数能够保证迭代序列一定收敛呢?

构造迭代函数的一条重要途径是用近似方程来代替原方程去求根,因此如果用线性方程代替非线性方程 $f(x)=0$,那么求近似根就很容易解决,而且十分方便。牛顿法就是将非线性方程线性化的一种方法。

4.4.1 牛顿迭代格式

将非线性方程 $f(x)=0$ 逐步线性化而形成迭代公式——泰勒展开式。取 $f(x)=0$ 的近似根 x_k,将 $f(x)$ 在点 x_k 处做一阶泰勒展开,则

$$f(x)=f(x_k)+f'(x_k)(x-x_k)+\frac{f''(\xi)}{2!}(x-x_k)^2$$

其中,ξ 介于 x 与 x_k 之间。将 $\frac{f''(\xi)}{2!}(x-x_k)^2$ 看作高阶小量,则

$$0=f(x)\approx f(x_k)+f'(x_k)(x-x_k)$$

设 $f'(x_k)\neq 0$,于是有 $x=x_k-\frac{f(x_k)}{f'(x_k)}$。

取 x 作为新的近似根 x_{k+1},即

$$x_{k+1}=x_k-\frac{f(x_k)}{f'(x_k)},k=0,1,2\cdots \tag{4-10}$$

称式(4-10)为牛顿迭代格式,相应的迭代函数为 $\varphi(x)=x-\frac{f(x)}{f'(x)}$。用牛顿迭代格式求非线性方程 $f(x)=0$ 的根的方法称为牛顿法,牛顿法是解代数方程和超越方程的有效方法之一。

4.4.2 牛顿法的几何意义

$f(x)$ 过点 $(x_k,f(x_k))$ 的切线方程为 $y-f(x_k)=f'(x_k)(x-x_k)$,该切线与 x 轴的交点是 $x_k-f(x_k)/f'(x_k)$,记作 x_{k+1} 并作为下一次迭代点。故牛顿法也叫作切线法,如图 4-1 所示。

【例 4.8】 用牛顿法求 $f(x)=x^3-5x+3$ 在区间 $[1,2]$ 内根的近似值,精确到 0.000001。

【解】 $f(x)=x^3-5x+3$,$f'(x)=3x^2-5$,且 $f(2)=1>0$,$f''(2)=12>0$,则 $f(x)=0$ 在 $[1,2]$ 有且仅有一根。

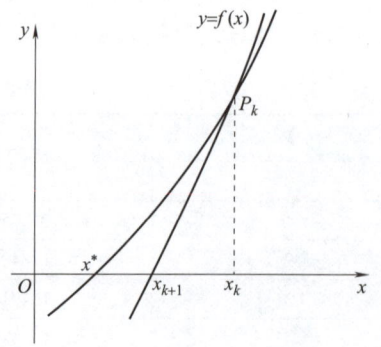

图 4-1 牛顿法的几何意义

迭代公式为 $x_{k+1}=x_k-\dfrac{f(x_k)}{f'(x_k)}=\dfrac{2x_k^3-3}{3x_k^2-5}$。计算结果见表 4-4。

表 4-4 迭代格式的计算结果

k	0	1	2	3	4
x_k	2	1.857142857	1.83478735	1.834243504	1.834243185

由表 4-4 可知 $|x_4-x_3|=0.000000319<0.000001$,所以 $x^*\approx 1.834243185$。

【例 4.9】 用牛顿法建立求 $\sqrt{c}\,(c>0)$ 的迭代公式,用该公式求 $\sqrt{115}$。

【解】 1)设 $f(x)=x^2-c$,$x>0$,所以由牛顿迭代格式得

$$x_{k+1}=x_k-\frac{x_k^2-c}{2x_k},\quad x_{k+1}=\frac{1}{2}\left(x_k+\frac{c}{x_k}\right)$$

2)$\sqrt{115}$ 为 $x^2-115=0$ 的正根,相应的牛顿迭代格式为

$$x_{k+1}=\frac{1}{2}\left(x_k+\frac{115}{x_k}\right)$$

取初值 $x_0=10$,经 3 次迭代得近似值为 $\sqrt{115}\approx 10.7238$,其计算结果见表 4-5。

表 4-5 例 4.9 迭代格式的计算结果

k	x	$f(x)$
0	10	−15
1	10.75	0.5625
2	10.7238	0.000684492
3	10.7238	1.01852×10^{-9}

4.4.3 牛顿法的收敛性

现在考察牛顿法的收敛性,牛顿法的迭代函数为

$$\varphi(x)=x-\frac{f(x)}{f'(x)}$$

设 x^* 是方程 $f(x)=0$ 的单根,且 $f(x)$ 在 x^* 附近存在 3 阶连续导数,对 $\varphi(x)$ 求导,有

$$\varphi'(x)=\frac{f(x)f''(x)}{[f'(x)]^2} \tag{4-11}$$

$$\varphi''(x)=\frac{f''(x)}{f'(x)}+f(x)\left(\frac{f''(x)}{[f'(x)]^2}\right)'$$

因此,$\varphi'(x^*)=0$,$\varphi''(x^*)=\dfrac{f''(x^*)}{f'(x^*)}$。因此根据定理 4.4 可知牛顿法在计算单根时至少是 2 阶局部收敛的。若 $f''(x^*)\neq 0$,则牛顿法是 2 阶局部收敛的。

设 x^* 是方程 $f(x)=0$ 的 m 重根($m\geq 2$),且 $f(x)$ 在 x^* 附近存在 m 阶连续导数,则有

$$f(x^*)=0,f'(x^*)=0,f''(x^*)=0,\cdots,f^{(m-1)}(x^*)=0,f^{(m)}(x^*)\neq 0$$

根据泰勒展开式可得

$$f(x)=\frac{1}{m!}f^{(m)}(x^*+\xi(x-x^*))(x-x^*)^m, \xi\in(0,1) \qquad (4-12)$$

$$f'(x)=\frac{1}{(m-1)!}f^{(m)}(x^*+\eta(x-x^*))(x-x^*)^{m-1}, \eta\in(0,1) \qquad (4-13)$$

$$f''(x)=\frac{1}{(m-2)!}f^{(m)}(x^*+s(x-x^*))(x-x^*)^{m-2}, s\in(0,1) \qquad (4-14)$$

将式(4-12)~式(4-14)代入式(4-11)可得

$$\varphi'(x)=\frac{m-1}{m}\frac{f^{(m)}(x^*+\xi(x-x^*))f^{(m)}(x^*+s(x-x^*))}{[f^{(m)}(x^*+\eta(x-x^*))]^2}$$

因此

$$\varphi'(x^*)=\lim_{x\to x^*}\varphi'(x)=1-\frac{1}{m} \qquad (4-15)$$

根据定理 4.4 可知牛顿法对重根是 1 阶局部收敛的。以上分析可得牛顿法的局部收敛性定理。

【定理 4.6】 设 x^* 是方程 $f(x)=0$ 的根，$f'(x)$ 在 x^* 的邻域内连续，则牛顿法局部收敛，且求单根时，牛顿法至少 2 阶收敛，而求重根时，牛顿法只有 1 阶收敛。

【例 4.10】 用牛顿法求方程的 $f(x)=(x-2.65)^4(x-5.78)=0$ 根。

【解】 显然 $x_1^*=2.65$ 为方程 $f(x)=0$ 的 4 重根，$x_2^*=5.78$ 为方程的单根。分别取 $x_0=3.000000$ 及 $x_0=6.000000$，应用牛顿法计算的结果见表 4-6 和表 4-7，由表 4-6 和表 4-7 可知求 x_1^* 的收敛速度很慢，而求 x_2^* 的收敛速度很快。

表 4-6 牛顿法求 4 重根的计算结果

k	x_k	k	x_k
0	3	10	2.6690
1	2.9097	11	2.6642
2	2.8433	12	2.6606
3	2.7942	13	2.6579
4	2.7577	14	2.6559
5	2.7305	15	2.6544
6	2.7102	16	2.6533
7	2.6951	17	2.6525
8	2.6838	18	2.6519
9	2.6753	19	2.6514

表 4-7 牛顿法求单根的计算结果

k	0	1	2	3	4
x_k	6	5.8258	5.7825	5.7800	5.7800

牛顿法的局部收敛性对初值 x_0 的要求较高，只有当初值 x_0 足够靠近 x^* 时才能保证收敛，若要保证初值在较大范围内收敛，还需对函数 $f(x)$ 增加一些限制条件。以下给出全局

收敛的一个充分条件。

【定理 4.7】 给定方程 $f(x)=0$，若 $f''(x)$ 在区间 $[a,b]$ 上连续且 $f(x)$ 满足以下条件：

1) $f(a)f(b)<0$。
2) 当 $x\in[a,b]$ 时，$f'(x)\neq 0$，$f''(x)$ 保号。
3) $a-\dfrac{f(a)}{f'(a)}\leq b$，$b-\dfrac{f(b)}{f'(b)}\geq a$。

则对任意初值 $x_0\in[a,b]$，由牛顿迭代格式产生的迭代序列 $\{x_k\}$ 2 阶收敛到方程 $f(x)=0$ 在区间 $[a,b]$ 内的唯一的单根 x^*。

【证明】 由条件 1) 及连续函数的介值定理知 $f(x)=0$ 在区间 $[a,b]$ 内至少有一个根。再由条件 2) 中 $f(x)$ 的单调性知 $f(x)=0$ 在区间 $[a,b]$ 内有唯一的根 x^*。

根据条件可将函数 $f(x)$ 分为以下 4 种情况：

① $\begin{cases} f'(x)>0, \\ f''(x)\geq 0; \end{cases}$

② $\begin{cases} f'(x)>0, \\ f''(x)\leq 0; \end{cases}$

③ $\begin{cases} f'(x)<0, \\ f''(x)\geq 0; \end{cases}$

④ $\begin{cases} f'(x)<0, \\ f''(x)\leq 0。 \end{cases}$

以下仅就情况①证明牛顿迭代的收敛性，其他情况的证明类似。

当 $x_0=x^*$ 时，根据牛顿迭代格式

$$x_{k+1}=x_k-\frac{f(x_k)}{f'(x_k)} \tag{4-16}$$

知 $x_k=x^*$，$k=0,1,2,\cdots$，序列 $\{x_k\}$ 为常数序列，收敛性显然。

当 $x_0\in(x^*,b]$ 时，$f(x_0)>0$，$f'(x_0)>0$，则

$$x_1=x_0-\frac{f(x_0)}{f'(x_0)}<x_0 \tag{4-17}$$

另一方面，

$$\begin{aligned} x_1-x^* &= x_0-x^*-\frac{f(x_0)-f(x^*)}{f'(x_0)} \\ &= x_0-x^*-\frac{f'(\xi)(x_0-x^*)}{f'(x_0)}=\left[1-\frac{f'(\xi)}{f'(x_0)}\right](x_0-x^*),\xi\in(x^*,x_0) \end{aligned}$$

由于 $f''(x)\geq 0$，所以 $0<f'(\xi)\leq f'(x_0)$，则由上式可得

$$x_1-x^*\geq 0 \tag{4-18}$$

根据式 (4-17) 和式 (4-18) 可得 $x^*\leq x_1<x_0$。

类似可得，当 $x^*<x_k<x_0$ 时，可得 $x^*\leq x_{k+1}<x_k<x_0$。因而序列 $\{x_k\}_{k=0}^{\infty}$ 单调下降并以 x^* 为下界，根据极限的存在准则可知序列 $\{x_k\}_{k=0}^{\infty}$ 收敛。

记 $\lim\limits_{k\to\infty}x_k=\tilde{x}$，则 $x^*\leq\tilde{x}<b$。对式 (4-16) 两边取极限可得 $\tilde{x}=\tilde{x}-\dfrac{f(\tilde{x})}{f'(\tilde{x})}$，于是 $f(\tilde{x})=0$。

由于方程 $f(x)=0$ 只有一个根 $x^* \in [a,b]$，所以 $x^* = \tilde{x}$，即 $\lim\limits_{k \to \infty} x_k = x^*$。

当 $x_0 \in [a, x^*]$ 时，有

$$x_1 - x^* = x_0 - x^* - \frac{f(x_0) - f(x^*)}{f'(x_0)}$$

$$= x_0 - x^* - \frac{f'(\eta)(x_0 - x^*)}{f'(x_0)} = \left[1 - \frac{f'(\eta)}{f'(x_0)}\right](x_0 - x^*), \eta \in (x_0, x^*)$$

由 $f'(\eta) \geqslant f'(x_0)$ 得 $x_1 - x^* \geqslant 0$，即

$$x_1 \geqslant x^* \tag{4-19}$$

另一方面，由 $f(x_0) < 0$ 及 $f'(x_0) \geqslant f'(a) > 0$，有

$$x_1 = x_0 - \frac{f(x_0)}{f'(x_0)} \leqslant x_0 - \frac{f(x_0)}{f'(a)} = x_0 - \frac{f(a) + f'(\zeta)(x_0 - a)}{f'(a)}$$

$$= a - \frac{f(a)}{f'(a)} + \left[1 - \frac{f'(\zeta)}{f'(a)}\right](x_0 - a), \zeta \in (a, x_0)$$

由 $f'(\zeta) \geqslant f'(a)$，$x_0 \geqslant a$ 以及条件3) 得

$$x_1 \leqslant a - \frac{f(a)}{f'(a)} \leqslant b \tag{4-20}$$

结合式 (4-19) 和式 (4-20)，得 $x^* \leqslant x_1 \leqslant b$。再将 x_1 看作新的迭代初值，并归结为 $x_0 \in (x^*, b]$ 的证明的情况。

证毕。

【**例 4.11**】 讨论方程

$$\sin x = \frac{x}{2}$$

在区间 $\left[\dfrac{\pi}{2}, \pi\right]$ 上根的存在唯一性以及采用牛顿法的收敛性。

【**解**】 记 $f(x) = \sin x - \dfrac{x}{2}$，则 $f'(x) = \cos x - \dfrac{1}{2}$，$f''(x) = -\sin x$。

因为 $f\left(\dfrac{\pi}{2}\right) = \sin\dfrac{\pi}{2} - \dfrac{\pi}{4} = 1 - \dfrac{\pi}{4} > 0$，$f(\pi) = \sin\pi - \dfrac{\pi}{2} = -\dfrac{\pi}{2} < 0$，所以有 $f\left(\dfrac{\pi}{2}\right)f(\pi) < 0$。

当 $x \in \left[\dfrac{\pi}{2}, \pi\right]$ 时，$f'(x) \leqslant -\dfrac{1}{2} < 0$，$f''(x) \leqslant 0$；

$$\frac{\pi}{2} - \frac{f\left(\dfrac{\pi}{2}\right)}{f'\left(\dfrac{\pi}{2}\right)} = \frac{\pi}{2} - \frac{1 - \dfrac{\pi}{4}}{-\dfrac{1}{2}} = 2 < \pi, \quad \pi - \frac{f(\pi)}{f'(\pi)} = \pi - \frac{-\dfrac{\pi}{2}}{-\dfrac{3}{2}} = \frac{2\pi}{3} > \frac{\pi}{2}$$

由定理 4.7 可知方程 $\sin x = \dfrac{x}{2}$ 在区间 $\left[\dfrac{\pi}{2}, \pi\right]$ 有唯一根 x^*，且对任意 $x_0 \in \left[\dfrac{\pi}{2}, \pi\right]$，牛顿法收敛。

【**例 4.12**】 在工程和科学计算的许多领域中，描述流体通过管道和罐体的过程是一个常见的问题。在机械和航空工程中，典型的应用包括液体和气体通过冷却系统的情况。流体

在管道中流动的阻力用摩擦因子 f 表示。对于湍流，Colebrook（科尔布鲁克）方程提供了一个计算 f 的方式，为

$$\frac{1}{\sqrt{f}} + 2\lg\left(\frac{\varepsilon}{3.7D} + \frac{2.51}{\mathrm{Re}\sqrt{f}}\right) = 0 \tag{4-21}$$

式中，ε 是粗糙度（单位为 m），D 是直径（单位为 m），Re 是雷诺数，计算公式为 $\mathrm{Re} = \dfrac{\rho VD}{\mu}$，其中，$\rho$ 是流体的密度（单位为 $\mathrm{kg/m^3}$），V 是流体速度（单位为 m/s），μ 是动态黏性（单位为 $\mathrm{N \cdot s/m^2}$）。

取参数 $\rho = 1.23\mathrm{kg/m^3}$，$\mu = 1.79 \times 10^{-5} \mathrm{N \cdot s/m^2}$，$D = 0.005\mathrm{m}$，$V = 40\mathrm{m/s}$，$\varepsilon = 0.0015\mathrm{mm}$，摩擦因子 f 的取值范围是 $0.008 \sim 0.08$。根据上述取值求解摩擦因子 f。

特别地，对于摩擦因子 f 可以通过 Swamee-Jain 公式

$$f = \frac{0.25}{\lg^2\left(\dfrac{\varepsilon}{3.7D} + \dfrac{5.74}{\mathrm{Re}^{0.9}}\right)} \tag{4-22}$$

进行估计。

【解】 先根据雷诺数公式计算出 $\mathrm{Re} = \dfrac{\rho VD}{\mu} = 13743$，再把其他参数代入式(4-21)，并设

$$g(f) = \frac{1}{\sqrt{f}} + 2\lg\left(\frac{0.0000015}{3.7 \times 0.005} + \frac{2.51}{13743\sqrt{f}}\right)$$

通过式(4-22)，估算摩擦因子 $f = \dfrac{0.25}{\lg^2\left(\dfrac{\varepsilon}{3.7D} + \dfrac{5.74}{\mathrm{Re}^{0.9}}\right)} = 0.029041$。

取初值 $x_0 = 0.3$，牛顿迭代 3 次后得 $x_3 = 0.02896781$，误差为 $1.73317883 \times 10^{-8}$。

人 物 介 绍

牛顿（Newton，1643—1727）英国伟大的数学家、物理学家、天文学家和自然哲学家。在牛顿的全部科学贡献中，数学成就占有突出的地位。他数学生涯中的第一项创造性成果就是发现了二项式定理。而微积分的创立是牛顿最卓越的数学成就，出版巨著《自然哲学的数学原理》。牛顿在临终前对自己的生活道路总结："我不知道在别人看来，我是什么样的人；但在我自己看来，我不过就像是一个在海滨玩耍的小孩，为不时发现比寻常更为光滑的一块卵石或比寻常更为美丽的一片贝壳而沾沾自喜，而对于展现在我面前的浩瀚的真理的海洋，却全然没有发现。"

4.5 牛顿法的变形

4.5.1 牛顿下山法

根据牛顿法的局部收敛性知，牛顿法对初始值 x_0 的选取不能偏离 x^* 太远，否则牛顿法

就可能发散。为扩大收敛范围，使对任意 x_0，迭代公式都收敛，通常可引入参数，将牛顿迭代格式修改为

$$x_{k+1}=x_k-\lambda\frac{f(x_k)}{f'(x_k)}\quad(k=0,1,2,\cdots)$$

其中，λ 是一个参数，用试算的方法选取 λ 为 1，$\dfrac{1}{2}$，$\dfrac{1}{2^2}$，$\dfrac{1}{2^3}$，$\cdots$，使 $|f(x_{k+1})|<|f(x_k)|$ 成立。满足上述要求的算法为牛顿下山法，λ 称为下山因子。

牛顿下山法不但放宽了初值 x_0 的选取范围，且有时对某一初值，虽然用牛顿法不收敛，但用牛顿下山法却可能收敛。

已知方程 $f(x)=x^3-x-1=0$ 的一个根为 $x^*=1.32472$，若取初值 $x_0=0.6$，用牛顿法 $x_1=x_0-\dfrac{f(x_0)}{f'(x_0)}=17.9$，反而比 $x_0=0.6$ 更偏离根 x^*。若改用牛顿下山法，为

$$x_{k+1}=x_k-\lambda\frac{f(x_k)}{f'(x_k)}\quad(k=0,1,2,\cdots)$$

仍取 $x_0=0.6$，计算结果见表 4-8。

表 4-8　牛顿下山法的计算结果

k	λ	x_k
0	1	0.6
1	$1/2^5$	1.14063
2	1	1.36681
3	1	1.32628
4	1	1.32472

由此可见，牛顿下山法使迭代过程收敛加速。

4.5.2　求重根的修正牛顿法

定理 4.6 说明，当 x^* 是方程 $f(x)=0$ 的 $m(m\geqslant2)$ 重根时，牛顿法仅为线性收敛，这时可将牛顿迭代格式修正为

$$x_{k+1}=x_k-m\frac{f(x_k)}{f'(x_k)}\quad(k=0,1,\cdots)\tag{4-23}$$

式(4-23)称为修正的牛顿迭代格式。对重根情形，类似于定理 4.6 可得，若 $f'(x)$ 在 x^* 连续，则式(4-23)是局部收敛的，且至少是 2 阶收敛。但在实际计算时，通常很难事先知道根的重数，因此很难构造式(4-23)，为此考虑函数 $\mu(x)=\dfrac{f(x)}{f'(x)}$。

当 x^* 是方程 $f(x)=0$ 的 $m(m\geqslant2)$ 重根时，则 x^* 是 $\mu(x)$ 的单重零点。这样对 $\mu(x)=0$ 应用牛顿迭代格式，求出 $\mu(x)$ 的单重零点 x^* 后即可得到 $f(x)$ 的多重零点 x^*。

取迭代函数 $\varphi(x)=x-\dfrac{\mu(x)}{\mu'(x)}=x-\dfrac{f(x)f'(x)}{[f'(x)]^2-f(x)f''(x)}$，若 $f''(x)$ 在 x^* 连续，则迭代

格式

$$x_{k+1} = x_k - \frac{f(x_k)f'(x_k)}{[f'(x_k)]^2 - f(x_k)f''(x_k)} \quad (k=0,1,\cdots) \quad (4\text{-}24)$$

局部收敛，且至少 2 阶收敛，与式(4-23)相比，式(4-24)比较复杂，且需要计算 $f''(x_k)$，计算量较大。

【例 4.13】 取 $x_0 = 1$，求方程 $f(x) = x^2 + 2xe^x + e^{2x} = 0$ 在区间 $[-1,0]$ 内的 2 阶重根，要求 $|x_{k+1} - x_k| \leq 10^{-9}$。

【解】 根据 $f(x) = (x + e^x)^2$，可得 $f'(x) = 2(x + e^x)(1 + e^x)$，$f''(x) = 2[e^x(x + e^x) + (1 + e^x)^2]$。

因此牛顿迭代格式以及用于重根计算的式(4-23)和式(4-24)分别为

$$x_{k+1} = x_k - \frac{x_k + e^{x_k}}{2(1 + e^{x_k})} \quad (k=0,1,\cdots) \quad (4\text{-}25)$$

$$x_{k+1} = x_k - \frac{x_k + e^{x_k}}{(1 + e^{x_k})} \quad (k=0,1,\cdots) \quad (4\text{-}26)$$

$$x_{k+1} = x_k - \frac{(x_k + e^{x_k})(1 + e^{x_k})}{1 + e^{x_k}(2 - x_k)} \quad (k=0,1,\cdots) \quad (4\text{-}27)$$

上述 3 种迭代格式的计算结果见表 4-9，所求方程的 2 重根 $x^* \approx -0.567143290$。可见，对重根的计算，式(4-26)和式(4-27)收敛较快，而式(4-25)收敛很慢。

表 4-9　不同方法求重根的计算结果

k	式(4-25)	式(4-26)	式(4-27)
0	-1.0	-1.0	-1.0
1	-0.768941421	-0.537882842	-0.588967025
2	-0.664589786	-0.566989991	-0.567227660
3	-0.615033237	-0.567143286	-0.567143291
4	-0.590883813	-0.567143290	-0.567143290
5	-0.578962930	-0.567143290	-0.567143290
6	-0.573040516		
7	-0.570088762		
8	-0.568615242		
⋮	⋮		
28	-0.567143291		
29	-0.567143290		

实际计算过程中，很难事先判断所求根是否是重根。因此当发现牛顿法收敛很慢时，可以结合加速方法来确定根的重数。由式(4-7)和式(4-15)及定理 4.6 可知，牛顿法有

$$\lim_{k \to \infty} \frac{x_{k+1} - x^*}{x_k - x^*} = 1 - \frac{1}{m}$$

因此，当 k 充分大时有 $1-\dfrac{1}{m} \approx \dfrac{x_{k+1}-x^*}{x_k-x^*}$，即 $m \approx \dfrac{x^*-x_k}{x_{k+1}-x_k}$。

利用拉格朗日中值定理，当迭代格式 $\varphi'(x)$ 变化不大，有 $\dfrac{x^*-x_{k+2}}{x^*-x_{k+1}} \approx \dfrac{x^*-x_{k+1}}{x^*-x_k}$，即 $x^* \approx x_k - \dfrac{(x_{k+1}-x_k)^2}{x_{k+2}-2x_{k+1}+x_k}$ $(k=0,1,\cdots)$，因此

$$m \approx \left[x_k - \dfrac{(x_{k+1}-x_k)^2}{x_{k+2}-2x_{k+1}+x_k} - x_k \right] \dfrac{1}{x_{k+1}-x_k} = \dfrac{x_k-x_{k+1}}{x_{k+2}-2x_{k+1}+x_k} \tag{4-28}$$

利用式(4-28)可以估计得到重数 m，这样就可以使用修正的牛顿迭代格式求方程的重根，从而减少计算量。例 4.13 的迭代过程中，当发现牛顿迭代格式收敛速度很慢时，就可以利用式(4-28)估计重数。例如，取 x_5，x_6，x_7，得到 $m \approx 1.994$，因而可知所求根为 2 重根，然后建立修正的牛顿迭代格式快速得到结果。

4.5.3　弦截法

牛顿法虽然有较高的收敛速度，但要计算导数值 $f'(x_k)$，这对复杂的函数 $f(x)$ 来说是不方便的，因此构造既有较高的收敛速度，又不含有 $f(x)$ 的导数的迭代公式是十分必要的。

弦截法又称为割线法，是用差商 $\dfrac{f(x_k)-f(x_{k-1})}{x_k-x_{k-1}}$ 代替牛顿迭代格式中的微商 $f'(x_k)$；或者说是用 $f(x)$ 在点 $(x_{k-1},f(x_{k-1}))$ 和 $(x_k,f(x_k))$ 处的割线的零点作为新的迭代点，即

$$x_{k+1}=x_k-\dfrac{f(x_k)}{f(x_k)-f(x_{k-1})}(x_k-x_{k-1}) \tag{4-29}$$

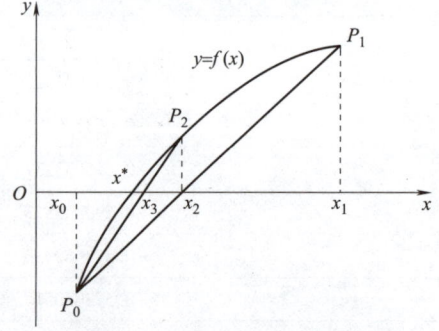

图 4-2　弦截法的几何意义

由式(4-29)确定的迭代法称弦截法。弦截法的几何意义如图 4-2 所示，它是用弦 P_0P_1 与 x 轴交点的横坐标代替曲线 $y=f(x)$ 与 x 轴交点横坐标 x^*。

弦截法的收敛性与牛顿法一样，即在根的某个邻域内，$f(x)$ 有直至 2 阶的连续导数，且 $f'(x) \neq 0$，具有局部收敛性。同时在邻域内任取初值 x_0，x_1 迭代均收敛。可以证明，弦截法具有超线性收敛速度，收敛阶为 $\dfrac{1}{2}(1+\sqrt{5}) \approx 1.618$。

【例 4.14】　用弦截法求方程 $x^3-3x-1=0$ 在区间 $[1,2]$ 内根的近似值，精确到 10^{-3}。

【解】　$f(x)=x^3-3x-1$，所以 $f(1)=-3<0$，$f(2)=1>0$。因此，在区间 $[1,2]$ 内方程 $f(x)=0$ 有根，且 $f'(x)=3x^2-3>0$，即 $f(x)$ 在区间 $[1,2]$ 上为单调函数。

取 $x_0=1.9$，$x_1=2$，$f(1.9)=0.159>0$，$f(2)=1>0$，代入迭代公式

$$x_{k+1}=x_k-\dfrac{x_k^3-3x_k-1}{x_k^3-3x_k-x_{k-1}^3+3x_{k-1}}(x_k-x_{k-1})$$

得方程根的近似值为

$$x_2 = 2 - \frac{2-1.9}{1-(0.159)} \times 1 = 1.881093936, \quad f(x_2) = 0.012996164$$

$$x_3 = 1.881093936 - \frac{1.881093936-2}{0.012996164-1} \times 0.012996164 = 1.879528266$$

$$f(x_3) = 0.001086562$$

$$x_4 = 1.879528266 - \frac{1.879528266-1.881093936}{0.001086562-0.012996164} \times 0.001086562 = 1.879429134$$

$$|x_4 - x_3| = 0.00009913 \leqslant 10^{-3}$$

所以方程根的近似值为 $x^* \approx x_4 = 1.879429134$。

4.6 Python 程序

【例 4.15】 用二分法求解非线性方程 $f(x)=0$ 在区间 $[a,b]$ 内的根。用二分法求解方程 $x^3+4x^2-10=0$ 在区间 $[1,2]$ 间的解，要求误差不大于 0.005。

```
def bisection_method(func,a,b,tolerance,max_iterations):
    if func(a)*func(b)>=0:
        raise ValueError("Function values at interval endpoints must have opposite signs.")
    root=None
    for i in range(max_iterations):
        c=(a+b)/2
        if func(c)==0 or abs(b-a)<tolerance:
            root=c
            break
        elif func(c)*func(a)<0:
            b=c
        else:
            a=c
    return root
#示例非线性方程 f(x)=x^3+4x^2-10=0
def f(x):
    return x**3+4*x**2-10
a=1
b=2
tolerance=0.005
max_iterations=100
root=bisection_method(f,a,b,tolerance,max_iterations)
if root is not None:
```

```
        print("Approximate root:",root)
    else:
        print("Root not found within the specified tolerance and itera-
tions.")
```

输出结果为 Approximate root：1.365234375。

【例 4.16】 用牛顿法求解 $xe^x-1=0$，精度为 0.5×10^{-4} 时迭代终止。

```
# 定义原函数和其导数
def f(x):
    return x*np.exp(x)-1
def df(x):
    return np.exp(x)+x*np.exp(x)
# 牛顿迭代法函数
def newton_method(f,df,x0,tolerance,max_iterations):
    x=x0
    for i in range(max_iterations):
        x_next=x-f(x)/df(x)
        if abs(x_next-x)<tolerance:
            return x_next
        x=x_next
    raise ValueError("Newton's method did not converge within the specified iterations.")
# 初始近似根和精度
x0=0.5
tolerance=0.5e-4
max_iterations=100
# 使用牛顿迭代法求解
root=newton_method(f,df,x0,tolerance,max_iterations)
print("Approximate root:",root)
```

运行结果为 Approximate root：0.567143290533261。

【例 4.17】 用割线法求解非线性方程 $x+e^x-2=0$ 的解，要求误差不大于 10^{-5}。

```
import numpy as np
# 定义原函数
def f(x):
    return x+np.exp(x)-2
# 割线法函数
def secant_method(f,x0,x1,tolerance,max_iterations):
```

```
        x_prev=x0
        x_curr=x1
        for i in range(max_iterations):
            x_next=x_curr-f(x_curr)*(x_curr-x_prev)/(f(x_curr)-f(x_prev))
            if abs(x_next-x_curr)< tolerance:
                return x_next
            x_prev=x_curr
            x_curr=x_next
        raise ValueError("Secant method did not converge within the specified iterations.")
# 初始近似根和误差要求
x0=1.0
x1=2.0
tolerance=0.005
max_iterations=100
# 使用割线法求解
root=secant_method(f,x0,x1,tolerance,max_iterations)
print("Approximate root:",root)
```

运行结果为 Approximate root：0.442855301197123 46。

习 题 4

1. 证明方程 $1-x-\sin x=0$ 在区间 $[0,1]$ 有一个根，使用二分法求误差不大于 $\frac{1}{2}\times 10^{-4}$ 的根要迭代多少次？

2. 方程 $x^3-x^2-1=0$ 在 $x=1.5$ 附近有根，把方程写成以下不同的等价形式，并建立相应的迭代公式如下：

1) $x=1+\frac{1}{x^2}$，迭代公式 $x_{k+1}=1+\frac{1}{x_k^2}$。

2) $x^3=1+x^2$，迭代公式 $x_{k+1}=\sqrt[3]{1+x_k^2}$。

3) $x^2=\frac{1}{x-1}$，迭代公式 $x_{k+1}=\sqrt{\frac{1}{x_k-1}}$。

试分析每种迭代公式的收敛性，并选取一种收敛迭代公式求出具有 4 位有效数字的近似根。

3. 能否用迭代法求解下列方程？若不能，试将原方程改写成能用迭代法求解的形式。

1) $x=\varphi_1(x)=\frac{1}{4}(\sin x+\cos x)$。

2) $x=\varphi_2(x)=4-2^x$。

4. 设有方程 $f(x)=0$，其中 $f'(x)$ 存在，且对一切 x 满足 $0<m\leq f'(x)\leq M$，构造迭代过程

$$x_{k+1}=x_k-\lambda f(x_k) \quad (k=0,1,\cdots)$$

试证明：当 λ 满足 $0<\lambda<\dfrac{2}{M}$ 时，对任取初值 x_0，上述迭代公式收敛。

5. 对于迭代函数 $\varphi(x)=x+C(x^2-2)$，试讨论：

1）当 C 取何值时，$x_{k+1}=\varphi(x_k)(k=0,1,2,\cdots)$ 产生的序列 $\{x_k\}$ 收敛于 $\sqrt{2}$？

2）当 C 取何值时收敛速度最快？

6. 设 $f(x)=(x^3-a)^2$，求解以下问题：

1）构造求解方程 $f(x)=0$ 的牛顿迭代格式。

2）证明此迭代格式是线性收敛的。

7. 用牛顿法求解方程 $x^3+2x^2+10x-20=0$ 在 $x_0=1$ 附近的一个实根，要求 $|x_{k+1}-x_k|<10^{-6}$。

8. 程序设计：用二分法求解方程 $f(x)=\sqrt{x^2+1}-\tan x$ 在区间 $[0,\pi/2]$ 内的实根，使精度达到 10^{-5}。

9. 程序设计：用牛顿法求方程 $x^3+4x^2-10=0$ 在区间 $[1,2]$ 内的一个实根，取绝对误差限为 10^{-4}。

第 5 章

线性方程组的直接解法

5.1 引言

求解线性方程组的问题不但在工程技术中涉及，而且在数值分析的其他分支中，比如三次样条函数问题、最小二乘法用于求解实验数据的曲线拟合问题、求解非线性方程组问题、用差分法或有限元法求解常微分方程边值问题及偏微分方程的定解问题等，也通常需要解这样的问题，因此求解线性方程组应用十分广泛。

设具有 n 个未知数的 n 个方程的线性方程组为

$$Ax = b \tag{5-1}$$

其中

$$A = \begin{pmatrix} a_{11} & a_{12} & \cdots & a_{1n} \\ a_{21} & a_{22} & \cdots & a_{2n} \\ \vdots & \vdots & & \vdots \\ a_{n1} & a_{n2} & \cdots & a_{nn} \end{pmatrix}, \quad x = \begin{pmatrix} x_1 \\ x_2 \\ \vdots \\ x_n \end{pmatrix}, \quad b = \begin{pmatrix} b_1 \\ b_2 \\ \vdots \\ b_n \end{pmatrix}$$

求解线性方程组(5-1)在理论上并不存在困难。若 $r(A) = n$，即 A 为非奇异(可逆)矩阵，它的行列式 $D = \det A \neq 0$，则应用克拉默法则可求得

$$x_i = \frac{D_i}{D} \quad (i = 1, 2, \cdots, n)$$

其中，D_i 是用 b 代替 A 中第 i 列而得到的相应的行列式。然而在实际中，当未知数的个数 n 比较大时，按克拉默法则进行计算，其工作量就会大得惊人，因而该方法在实际操作中并不可行。n 阶行列式共有 $n!$ 项，每项都有 n 个因子，所以计算一个 n 阶行列式需要做 $(n-1) \cdot n!$ 次乘法，共需要计算 $n+1$ 个行列式，要计算出 x_i，还要再做 n 次除法。因此，用克拉默法则求解线性方程组(5-1)就要做

$$N = (n+1) \cdot (n-1) \cdot n! + n = (n^2 - 1) \cdot n! + n$$

次乘除法(不计加减法)。如 $n = 10$ 时，$N = 359251210$；当 $n = 20$ 时，$N \approx 9.7073 \times 10^{20}$。如此大的计算量在计算机上计算需要 11.23 天。可见，在实际计算中克拉默法则几乎没有什么用处。本章的主要目的就是介绍求解线性方程组(5-1)的有效算法。

有关线性方程组解的存在性和唯一性等理论，"线性代数"课程已做了详细介绍。在求解线性方程组的算法中，有两类最基本的算法。一类是直接法(也称为精确解法)，就是经

过有限步算术运算,无须迭代可直接求得方程组精确解的方法,如高斯消去法、LU 分解法。另一类是迭代解法,它是一个逐步求得近似解的过程,这种方法便于编制解题程序,但存在着迭代是否收敛及收敛速度快慢的问题。如雅可比迭代法(Jacobi 迭代法)、高斯-赛德尔迭代法(G-S 迭代法)、超松弛法(SOR 法)。在迭代过程中,由于极限过程一般不可能进行到底,因此只能得到满足一定精度要求的近似解。

直接法的优点是计算量小,并且可以实现估计计算量,缺点是所需存储单元较多,编写程序较复杂;迭代法的优点是原始系数矩阵始终不变,因而算法简单,编写程序较方便,且所需存储单元也较少,缺点是只有近似解序列收敛时才能被采用,而且存在收敛性和收敛速度的问题。

本章主要介绍几种直接法,迭代法将在第 6 章讨论。

5.2 高斯及主元素消元法

5.2.1 高斯消元法

高斯消元法是一个古老的直接法,而第一块基石(二、三元线性方程组的解法)则早在两千年前出现(我国古代数学名著《九章算术》)。

目前计算机上常用于求低阶稠密矩阵方程组的有效方法就是选主元的消元法,通过消元将一般线性方程组的求解问题转化为三角方程组的求解问题。高斯消元法的求解过程可分为两个阶段:首先,把原方程组化为上三角方程组,这称之为消元过程;其次,逆次序逐一求出三角方程组(原方程组的等价方程组)的解,这称之为回代过程。为便于叙述,先以三阶线性方程组为例说明高斯消元法的基本思想。如三阶线性方程组为

$$\begin{pmatrix} 10 & -7 & 0 \\ 5 & -1 & 5 \\ -3 & 2 & 6 \end{pmatrix} \begin{pmatrix} x_1 \\ x_2 \\ x_3 \end{pmatrix} = \begin{pmatrix} 7 \\ 6 \\ 4 \end{pmatrix}$$

对应的联立方程组为

$$\begin{cases} 10x_1 - 7x_2 = 7 & (\text{I}) \\ 5x_1 - x_2 + 5x_3 = 6 & (\text{II}) \\ -3x_1 + 2x_2 + 6x_3 = 4 & (\text{III}) \end{cases}$$

把方程(I)乘 $-\dfrac{1}{2}$ 后加到方程(II)上,把方程(I)乘 $\dfrac{3}{10}$ 后加到方程(III)上去,即可消去第(II)行和第(III)行方程中的 x_1,可得同解方程组为

$$\begin{cases} 10x_1 - 7x_2 = 7 & (\text{I}) \\ 2.5x_2 + 5x_3 = 2.5 & (\text{II}) \\ -0.1x_2 + 6x_3 = 6.1 & (\text{III}) \end{cases}$$

然后,在此同解方程组中将方程(II)乘 $\dfrac{0.1}{2.5}$ 后加于方程(III),可得回代公式为

$$\begin{cases} 10x_1 - 7x_2 = 7 & (\text{I}) \\ 2.5x_2 + 5x_3 = 2.5 & (\text{II}) \\ 6.2x_3 = 6.2 & (\text{III}) \end{cases} \quad (5\text{-}2)$$

由式(5-2)得 $x_3 = 1$，$x_2 = -1$，$x_1 = 0$。

综上可知，高斯消元法就是将方程组通过 $n-1$ 步消元，使其转化为上三角方程组，再回代求此方程组的解。

以下记增广矩阵 $(\boldsymbol{A}^{(1)} | \boldsymbol{b}^{(1)}) = (\boldsymbol{A} | \boldsymbol{b})$，即 $(\boldsymbol{A}^{(1)} | \boldsymbol{b}^{(1)}) = \begin{pmatrix} a_{11}^{(1)} & a_{12}^{(1)} & \cdots & a_{1n}^{(1)} & b_1^{(1)} \\ a_{21}^{(1)} & a_{22}^{(1)} & \cdots & a_{2n}^{(1)} & b_2^{(1)} \\ \vdots & \vdots & & \vdots & \vdots \\ a_{n1}^{(1)} & a_{n2}^{(1)} & \cdots & a_{nn}^{(1)} & b_n^{(1)} \end{pmatrix}$。

第 1 步：设 $a_{11}^{(1)} \neq 0$，计算 $l_{i1} = \dfrac{a_{i1}^{(1)}}{a_{11}^{(1)}}$，$r_i - r_1 \times l_{i1}$，$i = 2, 3, \cdots, n$，可消去 $a_{i1}^{(1)}$ ($i = 2, 3, \cdots, n$)，使 $a_{11}^{(1)}$ 下方元素均为 0，即

$$\begin{pmatrix} a_{11}^{(1)} & a_{12}^{(1)} & \cdots & a_{1n}^{(1)} \\ & a_{22}^{(2)} & \cdots & a_{2n}^{(2)} \\ & \vdots & & \vdots \\ & a_{n2}^{(2)} & \cdots & a_{nn}^{(2)} \end{pmatrix} \begin{pmatrix} x_1 \\ x_2 \\ \vdots \\ x_n \end{pmatrix} = \begin{pmatrix} b_1^{(1)} \\ b_2^{(2)} \\ \vdots \\ b_n^{(2)} \end{pmatrix}$$

其中，$a_{ij}^{(2)} = a_{ij}^{(1)} - l_{i1} a_{1j}^{(1)}$，$b_i^{(2)} = b_i^{(1)} - l_{i1} b_1^{(1)}$，$i, j = 2, 3, \cdots, n$。

一般地，假定已完成了 $k-1$ 步消元，即已将 $(\boldsymbol{A}^{(1)} | \boldsymbol{b}^{(1)})$ 转化为

$$(\boldsymbol{A}^{(k)} | \boldsymbol{b}^{(k)}) = \begin{pmatrix} a_{11}^{(1)} & a_{12}^{(1)} & \cdots & a_{1k}^{(1)} & \cdots & a_{1n}^{(1)} & b_1^{(1)} \\ & a_{22}^{(2)} & \cdots & a_{2k}^{(2)} & \cdots & a_{2n}^{(2)} & b_2^{(2)} \\ & & \ddots & \vdots & & \vdots & \vdots \\ & & & a_{kk}^{(k)} & \cdots & a_{kn}^{(k)} & b_k^{(k)} \\ & & & \vdots & & \vdots & \vdots \\ & & & a_{nk}^{(k)} & \cdots & a_{nn}^{(k)} & b_n^{(k)} \end{pmatrix}$$

第 k 步，假定 $a_{kk}^{(k)} \neq 0$，计算 $l_{ik} = \dfrac{a_{ik}^{(k)}}{a_{kk}^{(k)}}$，$r_i - r_k \times l_{ik}$，($i = k+1, \cdots, n$)，可消去 $a_{ik}^{(k)}$ ($i = k+1, \cdots, n$)，使 $a_{kk}^{(k)} \neq 0$ 下方元素均为 0，则

$$(\boldsymbol{A}^{(k+1)} | \boldsymbol{b}^{(k+1)}) = \begin{pmatrix} a_{11}^{(1)} & a_{12}^{(1)} & \cdots & a_{1k}^{(1)} & a_{1,k+1}^{(1)} & \cdots & a_{1n}^{(1)} & b_1^{(1)} \\ & \ddots & & \vdots & \vdots & & \vdots & \vdots \\ & & & a_{kk}^{(k)} & a_{k,k+1}^{(k)} & \cdots & a_{kn}^{(k)} & b_k^{(k)} \\ & & & & a_{k+1,k+1}^{(k+1)} & \cdots & a_{k+1,n}^{(k+1)} & b_{k+1}^{(k+1)} \\ & & & & \vdots & & \vdots & \vdots \\ & & & & a_{n,k+1}^{(k+1)} & \cdots & a_{nn}^{(k+1)} & b_n^{(k+1)} \end{pmatrix}$$

其中

$$\begin{cases} a_{ij}^{(k+1)} = a_{ij}^{(k)} - l_{ik} a_{kj}^{(k)}, & i,j = k+1, \cdots, n \\ b_i^{(k+1)} = b_i^{(k)} - l_{ik} b_k^{(k)}, & i = k+1, \cdots, n \end{cases}$$

当 $k = 1, 2, \cdots, n-1$ 时，可得到 $(\boldsymbol{A}^{(n)} | \boldsymbol{b}^{(n)})$，即

$$\begin{pmatrix} a_{11}^{(1)} & a_{12}^{(1)} & \cdots & a_{1n}^{(1)} \\ & a_{22}^{(2)} & \cdots & a_{2n}^{(2)} \\ & & \ddots & \vdots \\ & & & a_{nn}^{(n)} \end{pmatrix} \begin{pmatrix} x_1 \\ x_2 \\ \vdots \\ x_n \end{pmatrix} = \begin{pmatrix} b_1^{(1)} \\ b_2^{(2)} \\ \vdots \\ b_n^{(n)} \end{pmatrix}$$

直接回代解得

$$x_n = \frac{b_n^{(n)}}{a_{nn}^{(n)}}, \quad x_k = \frac{b_k^{(k)} - \sum_{j=k+1}^{n} a_{kj}^{(k)} x_j}{a_{kk}^{(k)}}, \quad (k = n-1, n-2, \cdots, 1)$$

并且有 $\det \boldsymbol{A} = a_{11}^{(1)} a_{22}^{(2)} \cdots a_{nn}^{(n)} \neq 0$。以上由消元过程和回代过程合起来求出式(5-1)的解的过程就称为高斯消元法。

以下统计一下高斯消元法的工作量。可见，消去过程的第 k 步共含有除法运算 $n-k$ 次，乘法和减法运算各 $(n-k)(n+1-k)$ 次，所以消元过程共含有乘除法次数为

$$\sum_{k=1}^{n-1}(n-k) + \sum_{k=1}^{n-1}(n-k)(n+1-k) = \frac{n^3}{3} + \frac{n^2}{2} - \frac{5n}{6}$$

含加减法次数为

$$\sum_{k=1}^{n-1}(n-k)(n+1-k) = \frac{n^3}{3} - \frac{n}{3}$$

而回代过程含乘除法次数为 $\frac{n(n+1)}{2}$，加减法次数为 $\frac{n(n-1)}{2}$，所以高斯消元法总的乘除法次数为 $\frac{n^3}{3} + n^2 - \frac{n}{3} \approx \frac{n^3}{3}$，加减法次数为 $\frac{n^3}{3} + \frac{n^2}{2} - \frac{5n}{6} \approx \frac{n^3}{3}$。

当 $n = 20$ 时，用克拉默法则需要 9.707×10^{20} 次乘法运算，而用高斯消元法仅需 3060 次乘除法运算。相比之下，高斯消元法的运算量小得多。

从前述的消元过程可见，高斯消元法的步骤能顺序进行的条件是 $a_{11}^{(1)}, a_{22}^{(2)}, \cdots, a_{n-1,n-1}^{(n-1)}$ 全不为 0。设矩阵 $\boldsymbol{A}$ 的顺序主子式为 Δ_i，即

$$\Delta_i = \begin{vmatrix} a_{11} & \cdots & a_{1i} \\ \vdots & & \vdots \\ a_{i1} & \cdots & a_{ii} \end{vmatrix} \quad (i = 1, 2, \cdots, n)$$

则有以下的定理。

【定理 5.1】 $a_{ii}^{(i)}$（其中 $i = 1, 2, \cdots, k$）全不为 0 的充分必要条件是 $\boldsymbol{A}$ 的顺序主子式 $\Delta_i \neq 0$ $(i = 1, 2, \cdots, k)$，$k \leq n$。

【证明】 设 $a_{ii}^{(i)} \neq 0$，$i = 1, 2, \cdots, k$，则可以进行高斯消元法的 $k-1$ 步，每步的 $\boldsymbol{A}^{(m)}$ 由 $\boldsymbol{A}$ 逐次实行 $(-l_{ij}\boldsymbol{E}_j + \boldsymbol{E}_i) \to (\boldsymbol{E}_i)$ 的运算得到，这些运算不改变相应顺序主子式之值，所以有

$$\Delta_m = \begin{vmatrix} a_{11}^{(1)} & a_{12}^{(1)} & \cdots & a_{1m}^{(1)} \\ & a_{22}^{(2)} & \cdots & a_{2m}^{(2)} \\ & & \ddots & \vdots \\ & & & a_{mm}^{(m)} \end{vmatrix} = a_{11}^{(1)} a_{22}^{(2)} \cdots a_{mm}^{(m)}$$

则有 $\Delta_m \neq 0\ (m=1,2,\cdots,n)$，必要性得证。

用归纳法证明充分性。当 $k=1$ 时，命题显然成立，设命题对第 $k-1$ 步成立。现设 $\Delta_1 \neq 0$，$\cdots$，$\Delta_{k-1} \neq 0$，$\Delta_k \neq 0$，由归纳假设有 $a_{11}^{(1)} \neq 0$，$\cdots$，$a_{k-1,k-1}^{(k-1)} \neq 0$，高斯消元法就可以进行第 $k-1$ 步，A 约化为

$$A^{(k)} = \begin{pmatrix} A_{11}^{(k)} & A_{12}^{(k)} \\ O & A_{22}^{(k)} \end{pmatrix}$$

其中，$A_{11}^{(k)}$ 是对角元为 $a_{11}^{(1)}$，$a_{22}^{(2)}$，$\cdots$，$a_{k-1,k-1}^{(k-1)}$ 的上三角矩阵。因为 $A^{(k)}$ 是通过高斯消元法由 A 逐步得到的，A 的 k 阶顺序主子式等于 $A^{(k)}$ 的 k 阶顺序主子式，即

$$\Delta_k = \begin{vmatrix} A_{11}^{(k)} & * \\ O & a_{kk}^{(k)} \end{vmatrix} = a_{11}^{(1)} \cdots a_{k-1,k-1}^{(k-1)} a_{k,k}^{(k)}$$

由 $\Delta_k \neq 0$ 可推出 $a_{k,k}^{(k)} \neq 0$，充分性得证。

【定理 5.2】 对方程组 $Ax=b$，其中 A 为非奇异矩阵，若 A 的顺序主子式均不为 0，则可由高斯消元法求出方程组的解。

5.2.2 列主元高斯消元法

前文的消元过程中，未知量是按其出现于方程组中的自然顺序进行高斯消元的，所以又叫顺序消元法，实际上人们已经发现顺序消元法有很大的缺点。设用作除数的 $a_{kk}^{(k)}$ 为主元素，首先，消元过程中可能出现 $a_{kk}^{(k)}$ 为 0 的情况，此时消元过程无法进行下去；其次，如果主元素 $a_{kk}^{(k)}$ 很小，由于舍入误差和有效位数消失等因素，其本身常常有较大的相对误差，用其作除数，会导致其他元素数量级的严重增长和舍入误差的扩散，使得所求的解误差过大，以致失真。

举例，假设有一方程组为

$$\begin{cases} 0.0001x_1 + 1.00x_2 = 1.00 \\ 1.00x_1 + 1.00x_2 = 2.00 \end{cases}$$

其精确解为

$$x_1 = \frac{10000}{9999}$$

$$x_2 = \frac{9998}{9999}$$

用顺序消元法，第一步以 0.0001 为主元，从第二个方程中消 x_1 后可得

$$(1-10000)x_2 = (2-10000)$$

$$(0.00001 \times 10^5 - 0.1 \times 10^5)x_2 = (0.00002 \times 10^5 - 0.1 \times 10^5)$$

在 4 位浮点数系中相加，大数吃小数，得到

$$-10000x_2 = -10000, \quad x_2 = 1.00$$

回代可得 $x_1 = 0.00$，显然这不是解。

造成该现象的原因：第一步中的主元素太小，使得消元后所得的三角形方程组很不准确。

如果选第二个方程中 x_1 的系数 1.00 为主元素来消去第一个方程中的 x_1，则方程式为
$$1.00x_1 = 1.00,\quad x_1 = 1.00$$

此为真解的 3 位正确舍入值。

从该例子中可见，在消元过程中适当选取主元素是十分必要的。

在列主元高斯消元法中，未知数仍然是按顺序消去的，但是把各方程中要消去的那个未知数的系数按绝对值最大值作为主元素，然后用顺序消元法的公式求解。

【例 5.1】 用列主元高斯消元法求解如下方程组

$$\begin{pmatrix} 1 & 2 & 1 \\ 3 & 4 & 0 \\ 2 & 10 & 4 \end{pmatrix} \begin{pmatrix} x_1 \\ x_2 \\ x_3 \end{pmatrix} = \begin{pmatrix} 3 \\ 3 \\ 10 \end{pmatrix}$$

【解】
$$\bar{A} = \begin{pmatrix} 1 & 2 & 1 & 3 \\ 3 & 4 & 0 & 3 \\ 2 & 10 & 4 & 10 \end{pmatrix} \xrightarrow{r_1 \leftrightarrow r_2} \begin{pmatrix} 3 & 4 & 0 & 3 \\ 1 & 2 & 1 & 3 \\ 2 & 10 & 4 & 10 \end{pmatrix} \xrightarrow[r_3 - \frac{2}{3}r_1]{r_2 - \frac{1}{3}r_1}$$

$$\begin{pmatrix} 3 & 4 & 0 & 3 \\ 0 & \frac{2}{3} & 1 & 2 \\ 0 & \frac{22}{3} & 4 & 8 \end{pmatrix} \xrightarrow{r_2 \leftrightarrow r_3} \begin{pmatrix} 3 & 4 & 0 & 3 \\ 0 & \frac{22}{3} & 4 & 8 \\ 0 & \frac{2}{3} & 1 & 2 \end{pmatrix} \xrightarrow{r_3 - \frac{1}{11}r_2} \begin{pmatrix} 3 & 4 & 0 & 3 \\ 0 & \frac{22}{3} & 4 & 8 \\ 0 & 0 & \frac{7}{11} & \frac{14}{11} \end{pmatrix}$$

可得等价方程组为
$$\begin{cases} 3x_1 + 4x_2 = 3 \\ \dfrac{22}{3}x_2 + 4x_3 = 8 \\ \dfrac{7}{11}x_3 = \dfrac{14}{11} \end{cases}$$

回代可得 $x_1 = 1$，$x_2 = 0$，$x_3 = 2$。

【定义 5.1】 设 $A = (a_{ij})_{n \times n}$，只有：

1) 如果 A 的元素满足 $|a_{ii}| > \sum\limits_{\substack{j=1 \\ j \neq i}}^{n} |a_{ij}|$ $(i = 1, 2, \cdots, n)$，称 A 为按行严格对角占优矩阵；

如果 $|a_{jj}| > \sum\limits_{\substack{i=1 \\ i \neq j}}^{n} |a_{ij}|$ $(j = 1, 2, \cdots, n)$，称 A 为按列严格对角占优矩阵。按行严格对角占优矩阵或按列严格对角占优矩阵统称为严格对角占优矩阵。

2) 如果 A 的元素满足 $|a_{ii}| \geqslant \sum\limits_{\substack{j=1 \\ j \neq i}}^{n} |a_{ij}|$ $(i = 1, 2, \cdots, n)$，且此式至少有一个不等式严格成立，称 A 为按行弱对角占优矩阵；如果 A 的元素满足 $|a_{jj}| \geqslant \sum\limits_{\substack{i=1 \\ i \neq j}}^{n} |a_{ij}|$ $(j = 1, 2, \cdots, n)$，且此式

至少有一个不等式严格成立，称 A 为按列弱对角占优矩阵。

需要指出：系数矩阵为对称正定或严格对角占优的方程组按高斯消元法计算是稳定的，因而也就不必选主元。此结论是重要的，但该证明此处从略。

列主元高斯消元法的运算除选主元及行交换外，和高斯消元法是相同的。

5.2.3　全主元高斯消元法

在全主元高斯消元法的过程中，不是按列来选主元素，而是在 $A^{(k)}$ 右下角的 $n-k+1$ 阶子阵中选主元 $a_{i_k j_k}^{(k)}$，即 $|a_{i_k j_k}^{(k)}| = \max\limits_{\substack{k \leq i \leq n \\ k \leq j \leq n}} |a_{ij}^{(k)}|$，然后将 $(A^{(k)} | b^{(k)})$ 的第 i_k 行与第 k 行、第 j_k 列与第 k 列交换，再进行消元运算。值得注意：用全主元计算时，系数矩阵进行列变换，需要把未知数和相应列对应。最后将原方程组化为

$$\begin{pmatrix} a_{11} & a_{12} & \cdots & a_{1n} \\ & a_{22} & \cdots & a_{2n} \\ & & \ddots & \vdots \\ & & & a_{nn} \end{pmatrix} \begin{pmatrix} y_1 \\ y_2 \\ \vdots \\ y_n \end{pmatrix} = \begin{pmatrix} b_1 \\ b_2 \\ \vdots \\ b_n \end{pmatrix}$$

其中，$y_1, y_2, \cdots, y_n$ 的次序为未知数 $x_1, x_2, \cdots, x_n$ 调换后的次序。回代求解得

$$\begin{cases} y_n = b_n / a_{nn}, \\ y_i = \left(b_i - \sum_{j=i+1}^n a_{ij} y_j\right) / a_{ii}, \quad i = n-1, \cdots, 2, 1 \end{cases}$$

全主元高斯消元法（完全主元消元法）比列主元高斯消元法运算量大得多，可以证明列主元高斯消元法的舍入误差一般比较小，在实际计算中多用列主元高斯消元法。

5.2.4　高斯-若尔当列主元消去法

高斯消元法始终是消去对角线下方的元素，而高斯-若尔当（Gauss-Jordan）列主元消去法是消去对角线上方和下方的元素，是对高斯消元法的一种修正。

高斯-若尔当列主元消去法已完成 $k-1$ 步，得到与方程 $Ax = b$ 等价的方程组 $A^{(k)}x = b^{(k)}$，此时对应的增广矩阵为

$$(A^{(k)} \quad b^{(k)}) = \begin{pmatrix} 1 & & & a_{1k} & \cdots & a_{1n} & a_{1,n+1} \\ & \ddots & & \vdots & & \vdots & \vdots \\ & & 1 & a_{k-1,k} & \cdots & a_{k-1,n} & a_{k-1,n+1} \\ & & & a_{kk} & \cdots & a_{kn} & a_{k,n+1} \\ & & & \vdots & & \vdots & \vdots \\ & & & a_{nk} & \cdots & a_{nn} & a_{n,n+1} \end{pmatrix}$$

在第 k 步消元时，步骤如下：

1) 按列选主元素 $|a_{i_k k}| = \max\limits_{k \leq i \leq n} |a_{ik}|$。

2) 交换 (A, b) 第 k 行与第 i_k 行元素。

3) 计算乘数 $m_{ik} = -a_{ik}/a_{kk} (i = 1, 2, \cdots, n; i \neq k)$，$m_{kk} = 1/a_{kk}$。$m_{ik}$ 可保存在存放 a_{ik} 的单元中。

4) 消元计算

$$a_{ij} \leftarrow a_{ij} + m_{ik} a_{kj} \begin{pmatrix} i=1,2,\cdots,n; i \neq k; \\ j=k+1,\cdots,n \end{pmatrix}$$

$$b_i \leftarrow b_i + m_{ik} b_k (i=1,2,\cdots,n; i \neq k)$$

5) 主行 $a_{kj} \leftarrow m_{kk} a_{kj} (j=k, k+1, \cdots, n)$，$b_k \leftarrow m_{kk} b_k$，最后得到

$$(A^{(n)} \quad b^{(n)}) = \begin{pmatrix} 1 & & & \hat{b}_1 \\ & 1 & & \hat{b}_2 \\ & & \ddots & \vdots \\ & & & 1 & \hat{b}_n \end{pmatrix}$$

高斯-若尔当列主元消去法在算法复杂度上虽然没有高斯消元法小，但是它在矩阵求逆理论有重要的应用。

由线性代数知，要求 n 阶可逆方阵 A 的逆矩阵，只需对 (A, E) 进行初等行变换变成 (E, B)，则 $B = A^{-1}$。可用高斯-若尔当列主元消去法求 A 的逆。

【例 5.2】 中国科学院院士王小云教授主要从事密码理论及相关数学问题研究。Hill 密码是一种经典的分组密码，使用线性代数的方法将每个字符映射到一个数字，并使用矩阵乘法来加密和解密文本。具体地说，Hill 密码将明文分成 n 个字符一组，将每组看作一个列向量，然后用一个 $n \times n$ 的可逆矩阵 A 对其进行乘法运算，得到一个新的列向量，该新的列向量就是密文。要解密密文，只需使用 A 的逆矩阵进行矩阵乘法即可。

取加密密钥矩阵 $A = \begin{pmatrix} 1 & 2 & 3 \\ 2 & 2 & 1 \\ 3 & 4 & 3 \end{pmatrix}$，用矩阵 A 加密明文，用高斯-若尔当列主元消去法求加密密钥矩阵 A 的逆。

【解】 $(A, E) = \begin{pmatrix} 1 & 2 & 3 & 1 & 0 & 0 \\ 2 & 2 & 1 & 0 & 1 & 0 \\ 3 & 4 & 3 & 0 & 0 & 1 \end{pmatrix} \rightarrow \begin{pmatrix} 3 & 4 & 3 & 0 & 0 & 1 \\ 2 & 2 & 1 & 0 & 1 & 0 \\ 1 & 2 & 3 & 1 & 0 & 0 \end{pmatrix} \rightarrow$

$\begin{pmatrix} 1 & 4/3 & 1 & 0 & 0 & 1/3 \\ 0 & -2/3 & -1 & 0 & 1 & -2/3 \\ 0 & 2/3 & 2 & 1 & 0 & -1/3 \end{pmatrix} \rightarrow \begin{pmatrix} 1 & 4/3 & 1 & 0 & 0 & 1/3 \\ 0 & -2/3 & -1 & 0 & 1 & -2/3 \\ 0 & 0 & 1 & 1 & 1 & -1 \end{pmatrix} \rightarrow$

$\begin{pmatrix} 1 & 4/3 & 1 & 0 & 0 & 1/3 \\ 0 & 1 & 3/2 & 0 & -3/2 & 1 \\ 0 & 0 & 1 & 1 & 1 & -1 \end{pmatrix} \rightarrow \begin{pmatrix} 1 & 0 & -1 & 0 & 2 & -1 \\ 0 & 1 & 3/2 & 0 & -3/2 & 1 \\ 0 & 0 & 1 & 1 & 1 & -1 \end{pmatrix} \rightarrow$

$\begin{pmatrix} 1 & 0 & 0 & 1 & 3 & -2 \\ 0 & 1 & 0 & -3/2 & -3 & 5/2 \\ 0 & 0 & 1 & 1 & 1 & -1 \end{pmatrix}$，

所以 $A^{-1} = \begin{pmatrix} 1 & 3 & -2 \\ -3/2 & -3 & 5/2 \\ 1 & 1 & -1 \end{pmatrix}$。

人 物 介 绍

王小云，1966 年 8 月生于山东诸城。1993 年获山东大学数学博士学位。现任山东大学网络空间安全学院院长、清华大学高等研究院"杨振宁讲座"教授。2017 年当选中国科学院院士。2019 年当选国际密码协会会士（IACR Fellow）。兼任中国密码学会副理事长、中国数学会副理事长、中国科协女科技工作者专门委员会委员、中国女科技工作者协会常务理事、教育部高等学校网络空间安全专业教学指导委员会副主任委员。

2014 年获得中国密码学会密码创新奖特等奖。2016 年获得网络安全优秀人才奖。王小云主要从事密码理论及相关数学问题研究。

5.3 矩阵的三角分解

5.3.1 矩阵的 LU 分解法

以下讨论高斯消元过程中用矩阵运算表示的形式。

首先，令 $\boldsymbol{A}^{(1)} = \boldsymbol{A}$，$\boldsymbol{L}_1 = \begin{pmatrix} 1 & & & \\ -l_{21} & 1 & & \\ \vdots & & \ddots & \\ -l_{n1} & & & 1 \end{pmatrix}$，第一步消元实质上相当于 $\boldsymbol{A}$ 左乘矩阵 $\boldsymbol{L}_1$，即 $\boldsymbol{L}_1 \boldsymbol{A}^{(1)} = \boldsymbol{A}^{(2)}$。

设 $k-1$ 步后系数矩阵化为 $\boldsymbol{A}^{(k)}$，其分块形式写成

$$\boldsymbol{L}_{k-1} \boldsymbol{L}_{k-2} \cdots \boldsymbol{L}_1 \boldsymbol{A}^{(1)} = \boldsymbol{A}^{(k)} = \begin{pmatrix} \boldsymbol{A}_{11}^{(k)} & \boldsymbol{A}_{12}^{(k)} \\ \boldsymbol{O} & \boldsymbol{A}_{22}^{(k)} \end{pmatrix}$$

其中，$\boldsymbol{A}_{11}^{(k)}$ 为上三角的 $k-1$ 阶方阵（行数和列数相等的矩阵），$\boldsymbol{A}_{22}^{(k)}$ 为 $n-k+1$ 阶方阵，设其左上角元素 $a_{kk}^{(k)} \neq 0$，则下一步的乘数为 $l_{ik} = a_{ik}^{(k)} / a_{kk}^{(k)}$，$i = k+1, \cdots, n$。若记 $\boldsymbol{e}_k = (0, \cdots, 0, 1, 0, \cdots, 0)^{\mathrm{T}}$ 是第 k 个分量为 1 的单位向量，记 $\boldsymbol{l}^{(k)} = (0, \cdots, 0, l_{k+1,k}, \cdots, l_{nk})^{\mathrm{T}}$，其前 k 个分量为零，从而有 $\boldsymbol{e}_k^{\mathrm{T}} \boldsymbol{l}^{(k)} = 0$。第 k 步中系数矩阵的约化可用矩阵运算描述为

$$\boldsymbol{L}_k \boldsymbol{A}^{(k)} = \boldsymbol{A}^{(k+1)} = \begin{pmatrix} \boldsymbol{A}_{11}^{(k+1)} & \boldsymbol{A}_{12}^{(k+1)} \\ \boldsymbol{O} & \boldsymbol{A}_{22}^{(k+1)} \end{pmatrix}$$

其中，$\boldsymbol{A}_{11}^{(k+1)}$ 是上三角的 k 阶方阵，$\boldsymbol{A}_{22}^{(k+1)}$ 是 $n-k$ 阶方阵，而

$$\boldsymbol{L}_k = \begin{pmatrix} 1 & & & & & \\ & \ddots & & & & \\ & & 1 & & & \\ & & -l_{k+1,k} & 1 & & \\ & & \vdots & & \ddots & \\ & & -l_{nk} & & & 1 \end{pmatrix}$$

这样，经过 $n-1$ 步得到 $\boldsymbol{L}_{n-1} \boldsymbol{L}_{n-2} \cdots \boldsymbol{L}_1 \boldsymbol{A}^{(1)} = \boldsymbol{A}^{(n)}$，这里的 $\boldsymbol{A}^{(n)}$ 是上三角矩阵。

可以验证

$$L_k^{-1} = \begin{pmatrix} 1 & & & & & \\ & \ddots & & & & \\ & & 1 & & & \\ & & l_{k+1,k} & 1 & & \\ & & \vdots & & \ddots & \\ & & l_{nk} & & & 1 \end{pmatrix}, \quad (L_{n-1}\cdots L_1)^{-1} = \begin{pmatrix} 1 & & & & \\ l_{21} & 1 & & & \\ l_{31} & l_{32} & 1 & & \\ \vdots & \vdots & \ddots & 1 & \\ l_{n1} & l_{n2} & \cdots & l_{n,n-1} & 1 \end{pmatrix}$$

记 $L=(L_{n-1}\cdots L_1)^{-1}$，则 L 是一个对角线元素全为 1 的下三角矩阵，这种矩阵称为单位下三角矩阵，L 的对角线以下元素就是各步消去的乘数。最后可得到 $A=LU$，其中 L 是一个单位下三角矩阵，U 是一个上三角矩阵。

【定义 5.2】 将矩阵 A 分解为一个下三角矩阵 L 和一个上三角矩阵 U 的乘积（$A=LU$），称为对矩阵 A 的 LU 分解或三角分解。当 L 是单位下三角矩阵时称为杜里克尔（Doolittle）分解。当 U 是单位上三角矩阵时称为克洛特（Crout）分解。

由上述的分析过程知，高斯消元法的实质是将系数矩阵分解为一个下三角矩阵和一个上三角矩阵相乘，即将系数矩阵进行 LU 分解。

在矩阵 A 的 LU 分解 $A=LU$ 中，将 U 写成 $U=D\bar{U}$，其中 D 是对角矩阵，$\bar{U}$ 是单位上三角阵，进一步记 $\bar{L}=LD$，它是一个下三角矩阵，则

$$A=LU=LD\bar{U}=(LD)\bar{U}=\bar{L}\bar{U}$$

其中，$\bar{L}$ 是一个下三角矩阵，$\bar{U}$ 是单位上三角矩阵，此即 A 的克洛特分解。

在矩阵 A 的杜里克尔分解 $A=LU$ 中，将上三角矩阵 U 写成 DU 的形式，这里的 D 为对角矩阵，U 为单位上三角矩阵，这样得到 $A=LDU$，其中 L 为单位下三角矩阵，D 为对角矩阵，U 为单位上三角矩阵，称其为 A 的 LDU 分解。

【定理 5.3】 设非奇异矩阵 $A\in \mathbf{R}^{n\times n}$，若其顺序主子式 $\Delta_i(i=1,\cdots,n-1)$ 都不等于 0，则存在唯一的单位下三角矩阵 L 和上三角矩阵 U，使 $A=LU$。

【证明】 上面的分析过程已经说明了非奇异矩阵 A 可作 LU 分解，以下只需证明分解的唯一性。

设 A 有两个分解式 $A=L_1U_1$ 和 $A=L_2U_2$，其中 L_1，L_2 都是单位下三角矩阵，U_1，U_2 都是上三角矩阵，则有 $L_1U_1=L_2U_2$。因为 A 是非奇异矩阵，从而 L_1，L_2，U_1，U_2 都可逆。故在 $L_1U_1=L_2U_2$ 两边同时左乘 L_1^{-1} 和右乘 U_2^{-1}，这样得到 $U_1U_2^{-1}=L_1^{-1}L_2$。因为 U_2^{-1} 仍为上三角矩阵，故 $U_1U_2^{-1}$ 也是上三角矩阵，同理可得 $L_1^{-1}L_2$ 是单位下三角矩阵，结合 $U_1U_2^{-1}=L_1^{-1}L_2$ 知只可能 $U_1U_2^{-1}=L_1^{-1}L_2=I$，即有 $L_1=L_2$，$U_1=U_2$。

证毕。

定理 5.3 得到了 A 存在唯一的 LU 分解，如何快速有效地实现分解？实际上并不用高斯消元法来实现 LU 分解，以下介绍一种更有效的紧凑算法。

设

$$A = \begin{pmatrix} 1 & & & & \\ l_{21} & 1 & & & \\ l_{31} & l_{32} & 1 & & \\ \vdots & \vdots & \ddots & \ddots & \\ l_{n1} & l_{n2} & \cdots & l_{n,n-1} & 1 \end{pmatrix} \begin{pmatrix} u_{11} & u_{12} & \cdots & u_{1,n-1} & u_{1,n} \\ & u_{22} & \cdots & u_{2,n-1} & u_{2,n} \\ & & \ddots & \vdots & \vdots \\ & & & u_{n-1,n-1} & u_{n-1,n} \\ & & & & u_{nn} \end{pmatrix}$$

由矩阵乘法法则，L 的单位下三角结构和 U 的上三角结构易知杜里克尔分解公式为

$$u_{ij} = a_{ij} - \sum_{k=1}^{i-1} l_{ik} u_{kj} \quad (j=i, i+1, \cdots, n)$$

$$l_{ij} = \frac{a_{ij} - \sum_{k=1}^{j-1} l_{ik} u_{kj}}{u_{jj}} \quad (i=j+1, \cdots, n)$$

由上两式交替使用可逐步求出 U 和 L 的元素，所以矩阵 A 的 LU 分解的计算步骤如图 5-1 所示。

由此可见，计算是按一框一框地做下去的（这里一框包括 U 的一行和 L 的一列）；即先算 U 的第一行，L 的第一列；然后再算 U 的第二行，L 的第二列；依此类推。然后注意：上面的计算是通过已知的 A 的元素和已经求出的 U 和 L 的元素来求得 u_{ij} 和 l_{ij}，而且一旦计算出 u_{ij} 和 l_{ij}，a_{ij} 便不再使用，因此计算过程中不需记录中间结果，而且 U 可以存放在 A 的上三角，L 可以存放在 A 的下三角，因此这种算法称为紧凑格式。

有了 A 的三角分解，那么求解 $AX=b$ 等价于求解两个三角形矩阵方程组，即：

1）在方程组 $Ly=b$ 中求 y。
2）在方程组 $Ux=y$ 中求 x。

求 $Ly=b$ 的递推公式为

$$\begin{cases} y_1 = b_1 \\ y_i = b_i - \sum_{k=1}^{i-1} l_{ik} y_k \quad (i=2,3,\cdots,n) \end{cases}$$

求 $Ux=y$ 的递推公式为

$$\begin{cases} x_n = \dfrac{y_n}{u_{nn}} \\ x_i = \dfrac{y_i - \sum_{k=i+1}^{n} u_{ik} x_k}{u_{ii}} \quad (i=n-1,\cdots,2,1) \end{cases}$$

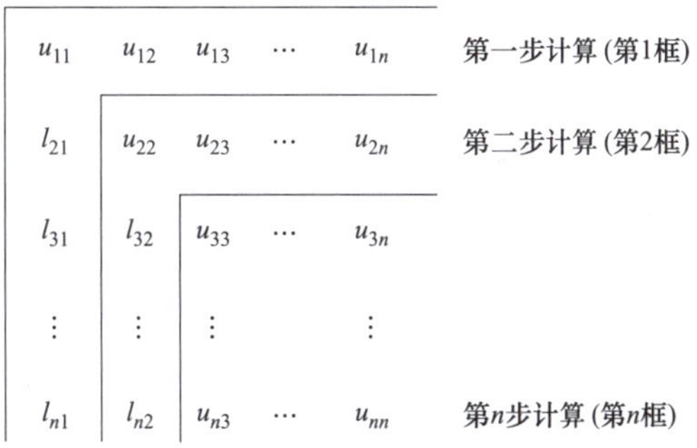

图 5-1　矩阵 LU 分解计算步骤

【例 5.3】　用 LU 三角分解法解方程为

$$\begin{pmatrix} 1 & 2 & 3 \\ 2 & 5 & 2 \\ 3 & 1 & 5 \end{pmatrix} \begin{pmatrix} x_1 \\ x_2 \\ x_3 \end{pmatrix} = \begin{pmatrix} 14 \\ 18 \\ 20 \end{pmatrix}$$

【解】　设系数矩阵做三角分解为

$$\begin{pmatrix} 1 & 2 & 3 \\ 2 & 5 & 2 \\ 3 & 1 & 5 \end{pmatrix} = \begin{pmatrix} 1 & 0 & 0 \\ l_{21} & 1 & 0 \\ l_{31} & l_{32} & 1 \end{pmatrix} \begin{pmatrix} u_{11} & u_{12} & u_{13} \\ 0 & u_{22} & u_{23} \\ 0 & 0 & u_{33} \end{pmatrix}$$

根据矩阵乘法可得

$1 \times u_{11} = 1 \Rightarrow u_{11} = 1$，$l_{21} u_{11} = 2 \Rightarrow l_{21} = 2$

$1 \times u_{12} = 2 \Rightarrow u_{12} = 2$，$l_{31} u_{11} = 3 \Rightarrow l_{31} = 3$

$1 \times u_{13} = 3 \Rightarrow u_{13} = 3$，$l_{21} u_{12} + u_{22} = 5 \Rightarrow u_{22} = 1$

$$l_{31}u_{12}+l_{32}u_{22}=1 \Rightarrow l_{32}=-5, \quad l_{21}u_{13}+u_{23}=2 \Rightarrow u_{23}=-4$$
$$l_{31}u_{13}+l_{32}u_{23}+u_{33}=5 \Rightarrow u_{33}=-24$$

于是原方程组可表示为

$$\begin{pmatrix} 1 & 0 & 0 \\ 2 & 1 & 0 \\ 3 & -5 & 1 \end{pmatrix} \begin{pmatrix} 1 & 2 & 3 \\ 0 & 1 & -4 \\ 0 & 0 & -24 \end{pmatrix} \begin{pmatrix} x_1 \\ x_2 \\ x_3 \end{pmatrix} = \begin{pmatrix} 14 \\ 18 \\ 20 \end{pmatrix}$$

求解

$$\begin{pmatrix} 1 & 0 & 0 \\ 2 & 1 & 0 \\ 3 & -5 & 1 \end{pmatrix} \begin{pmatrix} y_1 \\ y_2 \\ y_3 \end{pmatrix} = \begin{pmatrix} 14 \\ 18 \\ 20 \end{pmatrix}$$

可得 $y=(14,-10,-72)^{\mathrm{T}}$。

求解

$$\begin{pmatrix} 1 & 2 & 3 \\ 0 & 1 & -4 \\ 0 & 0 & -24 \end{pmatrix} \begin{pmatrix} x_1 \\ x_2 \\ x_3 \end{pmatrix} = \begin{pmatrix} 14 \\ -10 \\ -72 \end{pmatrix}$$

可得 $x=(1,2,3)^{\mathrm{T}}$。

5.3.2 追赶法

在许多科学计算问题中，所要求解的方程组常常为三对角方程组，即 $Ax=f$，其中

$$A = \begin{bmatrix} b_1 & c_1 & & & \\ a_2 & b_2 & c_2 & & \\ & \ddots & \ddots & \ddots & \\ & & \ddots & \ddots & c_{n-1} \\ & & & a_n & b_n \end{bmatrix}, \quad f = \begin{bmatrix} f_1 \\ f_2 \\ \vdots \\ f_n \end{bmatrix}$$

并满足条件 $\begin{cases} |b_1|>|c_1|>0 \\ |b_i| \geq |a_i|+|c_i|, \ a_ic_i \neq 0, \ i=2,3,\cdots,n-1, \\ |b_n|>|a_n|>0 \end{cases}$ 称 A 为对角占优的三对角矩阵，

对这种简单方程可通过对 A 的三角分解建立计算量更少的求解公式。现将 A 分解为下三角矩阵 L 及单位上三角矩阵 U 的乘积，即 $A=LU$（将三对角方程组化成两个两对角方程组的求解），其中

$$L = \begin{bmatrix} \alpha_1 & & & \\ \gamma_2 & \alpha_2 & & \\ & \ddots & \ddots & \\ & & \gamma_n & \alpha_n \end{bmatrix}, \quad U = \begin{bmatrix} 1 & \beta_1 & & \\ & 1 & \ddots & \\ & & \ddots & \beta_{n-1} \\ & & & 1 \end{bmatrix}$$

直接用矩阵乘法公式可得

$$b_1=\alpha_1, c_1=\alpha_1\beta_1 \Rightarrow \beta_1=\frac{c_1}{b_1}$$

$$\begin{cases} \gamma_i = a_i, \ i=2,3,\cdots,n \\ b_1 = \alpha_1, b_i = \alpha_i + \gamma_i \beta_{i-1}, \ i=2,3,\cdots,n \\ c_i = \alpha_i \beta_i, \ i=1,2,\cdots,n-1 \end{cases}$$

于是有

$$\begin{cases} \gamma_i = a_i, \ i=2,3,\cdots,n \\ \alpha_1 = b_1, \alpha_i = b_i - a_i \beta_{i-1}, \ i=2,3,\cdots,n \\ \beta_i = \dfrac{c_i}{\alpha_i}, \ i=1,2,\cdots,n-1 \end{cases} \quad \text{或} \begin{cases} \gamma_i = a_i, \ i=2,3,\cdots,n \\ \beta_1 = \dfrac{c_1}{b_1}, \beta_i = \dfrac{c_i}{b_i - a_i \beta_{i-1}}, \ i=2,3,\cdots,n \\ \alpha_1 = b_1, \alpha_i = b_i - a_i \beta_{i-1}, \ i=2,3,\cdots,n \end{cases}$$

综上，可见将 **A** 分解为 **L** 及 **U**，只需计算 $\{\alpha_i\}$ 及 $\{\beta_i\}$ 两组数，然后解 **Ly**=**f**(二对角方程组)，计算公式为

$$y_1 = \dfrac{f_1}{\alpha_1}, y_i = \dfrac{f_i - \alpha_i y_{i-1}}{\alpha_i}, \ i=2,3,\cdots,n$$

再解 **Ux**=**y**，可得

$$x_n = y_n, x_i = y_i - \beta_i x_{i+1}, \ i=n-1,n-2,\cdots,1$$

整个求解过程：先求 $\{\alpha_i\}$，$\{\beta_i\}$ 及 $\{y_i\}$，这时 $i=1,2,\cdots,n$，是"追"的过程；再求出 $\{x_i\}$，这时 $i=n, n-1, \cdots, 1$，是往回"赶"的过程，故求解方程组的整个过程称为追赶法。它只用 $5n-4$ 次乘除法运算，计算量只是 $O(n)$，而通常方程组求解计算量为 $O(n^3)$。追赶法是一种计算量少、数值稳定的好算法。

【例 5.4】 用追赶法求解线性方程组 **Ax**=**f**，其中

$$A = \begin{pmatrix} 1 & 1 & & \\ 1 & 2 & 1 & \\ & 1 & 3 & 2 \\ & & 2 & 1 \end{pmatrix}, \ x = \begin{pmatrix} x_1 \\ x_2 \\ x_3 \\ x_4 \end{pmatrix}, \ f = \begin{pmatrix} 1 \\ 2 \\ 3 \\ 2 \end{pmatrix}$$

【解】
$$\begin{pmatrix} 1 & 1 & & \\ 1 & 2 & 1 & \\ & 1 & 3 & 2 \\ & & 2 & 1 \end{pmatrix} = \begin{pmatrix} \alpha_1 & & & \\ \gamma_2 & \alpha_2 & & \\ & \gamma_3 & \alpha_3 & \\ & & \gamma_4 & \alpha_4 \end{pmatrix} \begin{pmatrix} 1 & \beta_1 & & \\ & 1 & \beta_2 & \\ & & 1 & \beta_3 \\ & & & 1 \end{pmatrix}$$

直接得：$\alpha_1=1$，$\beta_1=1$，$\gamma_2=1$，$\gamma_3=1$，$\gamma_4=2$。

由 $\alpha_2+\beta_1\gamma_2=2$，$\alpha_2\beta_2=1$，得 $\alpha_2=1$，$\beta_2=1$。

由 $\alpha_3+\beta_2\gamma_3=3$，$\alpha_3\beta_3=2$，得 $\alpha_3=2$，$\beta_3=1$。

由 $\alpha_4+\beta_3\gamma_4=1$，得 $\alpha_4=-1$。

所以 $\begin{pmatrix} 1 & 1 & & \\ 1 & 2 & 1 & \\ & 1 & 3 & 2 \\ & & 2 & 1 \end{pmatrix} = \begin{pmatrix} 1 & & & \\ 1 & 1 & & \\ & 1 & 2 & \\ & & 2 & -1 \end{pmatrix} \begin{pmatrix} 1 & 1 & & \\ & 1 & 1 & \\ & & 1 & 1 \\ & & & 1 \end{pmatrix}$。

由 $\begin{pmatrix} 1 & & & \\ 1 & 1 & & \\ & 1 & 2 & \\ & & 2 & -1 \end{pmatrix} \begin{pmatrix} y_1 \\ y_2 \\ y_3 \\ y_4 \end{pmatrix} = \begin{pmatrix} 1 \\ 2 \\ 3 \\ 2 \end{pmatrix}$，得 $\begin{pmatrix} y_1 \\ y_2 \\ y_3 \\ y_4 \end{pmatrix} = \begin{pmatrix} 1 \\ 1 \\ 1 \\ 0 \end{pmatrix}$。

由 $\begin{pmatrix} 1 & 1 & & \\ & 1 & 1 & \\ & & 1 & 1 \\ & & & 1 \end{pmatrix} \begin{pmatrix} x_1 \\ x_2 \\ x_3 \\ x_4 \end{pmatrix} = \begin{pmatrix} 1 \\ 1 \\ 1 \\ 0 \end{pmatrix}$，得 $\begin{pmatrix} x_1 \\ x_2 \\ x_3 \\ x_4 \end{pmatrix} = \begin{pmatrix} 1 \\ 0 \\ 1 \\ 0 \end{pmatrix}$。

5.3.3 平方根法和改进的平方根法

在科学研究和工程技术的实际计算中遇到的线性代数方程组，其系数矩阵往往具有对称正定性。对于系数矩阵具有这种特殊性质的方程组，前述的直接三角分解法还可以简化为平方根法。以下讨论对称正定矩阵的三角分解。

【**定理 5.4**】 如果 A 为对称正定矩阵，则存在一个实的非奇异下三角矩阵 L_1，使 $A = L_1 L_1^T$，且当限定 L_1 的对角元素为正时，这种分解是唯一的。这种分解称为对称正定矩阵的三角分解或楚列斯基(Cholesky)分解。

【**证明**】 由 A 的对称正定性，则 A 的顺序主子式 $\Delta_k \neq 0 (k=1,2,\cdots,n)$，总存在唯一的 LU 分解，即 $A = LU$。为了利用 A 的对称性，将 U 再分解，即

$$U = \begin{pmatrix} u_{11} & & & \\ & u_{22} & & \\ & & \ddots & \\ & & & u_{nn} \end{pmatrix} \begin{pmatrix} 1 & \dfrac{u_{12}}{u_{11}} & \cdots & \dfrac{u_{1n}}{u_{11}} \\ & \ddots & \ddots & \vdots \\ & & \ddots & \dfrac{u_{n-1,n}}{u_{n-1,n-1}} \\ & & & 1 \end{pmatrix} = DU_0$$

即 $A = LU = LDU_0$。又 $A = A^T = U_0^T(DL^T)$，由分解的唯一性即得 $U_0^T = L$，从而

$$A = LDL^T \tag{5-3}$$

设 $D = \mathrm{diag}(d_1, d_2, \cdots, d_n)$，因为是正定矩阵，所以 $d_j > 0$（其中 $j = 1, 2, \cdots, n$）。现设 $D^{\frac{1}{2}} = \mathrm{diag}(\sqrt{d_1}, \sqrt{d_2}, \cdots, \sqrt{d_n})$。注意，在这里 $D^{\frac{1}{2}}$ 的对角元素全取为正数，即

$$D = \begin{pmatrix} d_1 & & & \\ & d_2 & & \\ & & \ddots & \\ & & & d_n \end{pmatrix} = \begin{pmatrix} \sqrt{d_1} & & & \\ & \sqrt{d_2} & & \\ & & \ddots & \\ & & & \sqrt{d_n} \end{pmatrix} \begin{pmatrix} \sqrt{d_1} & & & \\ & \sqrt{d_2} & & \\ & & \ddots & \\ & & & \sqrt{d_n} \end{pmatrix}$$

则

$$A = LDL^T = LD^{\frac{1}{2}}D^{\frac{1}{2}}L^T = (LD^{\frac{1}{2}})(LD^{\frac{1}{2}})^T = L_1 L_1^T$$

其中，$L_1 = LD^{\frac{1}{2}}$，显然是对角元全为正数的非奇异的下三角矩阵。

由于分解式 $A = LDL^T$ 是唯一的，又限定 $D^{\frac{1}{2}}$ 的对角元素为正数，从而分解 $D = D^{\frac{1}{2}}D^{\frac{1}{2}}$ 是唯一的，所以说在限定 L 的对角线元素皆为正数时，三角分解是唯一的。

对称正定矩阵 A 的三角分解 $A = L_1 L_1^T$，又称为 LL^T 分解。那么解线性代数方程组 $Ax = b$ 等价于解 $Ly = b$，$L^T x = y$。

以下给出用平方根法解线性代数方程组的公式。

1) 对矩阵 A 进行楚列斯基分解,即 $A = LL^T$,由矩阵乘法可知,对于 $i = 1, 2, \cdots, n$ 的计算公式为

$$l_{ii} = \left(a_{ii} - \sum_{k=1}^{i-1} l_{ik}^2 \right)^{\frac{1}{2}} \tag{5-4}$$

$$l_{ij} = \frac{a_{ij} - \sum_{k=1}^{j-1} l_{ik} l_{jk}}{l_{jj}} \quad (j = 1, 2, \cdots, i-1) \tag{5-5}$$

2) 求解下三角方程组 $Ly = b$ 的公式为

$$y_i = \frac{b_i - \sum_{k=1}^{i-1} l_{ik} y_k}{l_{ii}} \quad (i = 1, 2, \cdots, n)$$

3) 求解 $L^T x = y$ 的公式为

$$x_i = \frac{y_i - \sum_{k=i+1}^{n} l_{ki} x_k}{l_{ii}} \quad (i = n, n-1, \cdots, 1)$$

由于此法要将矩阵 A 做 LL^T 三角分解,且在分解过程中含有开方运算,故称为 LL^T 分解法或平方根法。

由于 L^T 是 L 的转置矩阵,所以计算量只是一般直接三角分解的一半多一点。另外,由于 A 的对称性,计算过程只用到矩阵 A 的下三角部分的元素,而且一旦求出 l_{ij} 后,a_{ij} 就不需要了,所以 L 的元素可以存贮在 A 的下三角部分相应元素的位置,这样存贮量就大大节省了。在计算机上进行计算时,只需用一维数组对应存放 A 的对角线以下部分 $\frac{n(n+1)}{2}$ 个元素即可,且

$$a_{ii} = \sum_{k=1}^{i} l_{ik}^2$$

可知 $|l_{ik}| \leq \sqrt{a_{ii}}$ ($k = 1, 2, \cdots, n$ 且 $i = 1, 2, \cdots, n$)。

这表明 L 中元素的绝对值一般不会很大,所以计算是稳定的,这是楚列斯基分解的另一个优点;其缺点是需要做一些开方运算。

【例 5.5】 用平方根法求解 $\begin{pmatrix} 4 & -1 & 1 \\ -1 & 4.25 & 2.75 \\ 1 & 2.75 & 3.5 \end{pmatrix} \begin{pmatrix} x_1 \\ x_2 \\ x_3 \end{pmatrix} = \begin{pmatrix} 6 \\ -0.5 \\ 1.25 \end{pmatrix}$。

【解】 系数矩阵是对称正定的,利用式(5-4)和式(5-5)依次计算得

$$L = \begin{pmatrix} 2 & & \\ -0.5 & 2 & \\ 0.5 & 1.5 & 1 \end{pmatrix}$$

解 $Ly = b$,可得 $y = (3, 0.5, -1)^T$,再解 $L^T x = y$,可以得到 $x = (2, 1, -1)^T$。

如果对矩阵 A 采用分解式(5-3)，即

$$A = \begin{pmatrix} 1 & & & & & \\ l_{21} & 1 & & & & \\ l_{31} & l_{32} & 1 & & & \\ \vdots & \vdots & & \ddots & & \\ & & & & 1 & \\ l_{n1} & l_{n2} & \cdots & & l_{n,n-1} & 1 \end{pmatrix} \begin{pmatrix} d_1 & & & & \\ & d_2 & & & \\ & & \ddots & & \\ & & & d_{n-1} & \\ & & & & d_n \end{pmatrix} \begin{pmatrix} 1 & l_{21} & l_{31} & \cdots & l_{n1} \\ & 1 & l_{32} & \cdots & l_{n2} \\ & & 1 & \ddots & \vdots \\ & & & \ddots & l_{n,n-1} \\ & & & & 1 \end{pmatrix}$$

则可避免开平方根运算，称为改进的平方根法。它既适用于求解对称正定方程组，也适用于求解 A 对称且其顺序主子式全不为零的方程组。分解式的计算公式为

$$\begin{cases} d_j = a_{jj} - \sum_{k=1}^{j-1} l_{jk}^2 d_k \\ l_{ij} = \dfrac{a_{ij} - \sum_{k=1}^{j-1} d_k l_{ik} l_{jk}}{d_j} \quad (i=j+1, j+2, \cdots, n) \end{cases}$$

其中，当 $j=1$ 时，求和部分为零。则求解方程组 $Ax=b$ 化为求解 $Ly=b$ 和 $L^Tx=D^{-1}y$。

对于例 5.5，用改进的平方根法有

$$L = \begin{pmatrix} 1 & & \\ -0.25 & 1 & \\ 0.25 & 0.75 & 1 \end{pmatrix}, \quad D = \begin{pmatrix} 4 & & \\ & 4 & \\ & & 1 \end{pmatrix}$$

解 $Ly=b$，可得 $y=(8,1,-1)^T$，再解 $L^Tx=D^{-1}y$，可得 $x=(2,1,-1)^T$。

5.4 线性方程组的可靠性

当通过某种算法得到了方程组 $Ax=b$ 的解，就应判断一下得到的解的可靠程度，或者是得到的解与原方程组的准确解的误差。

对于线性方程组 $\begin{pmatrix} 1 & -1 \\ 1 & 1 \end{pmatrix} \begin{pmatrix} x_1 \\ x_2 \end{pmatrix} = \begin{pmatrix} 0 \\ 2 \end{pmatrix}$，其解为 $x_1=x_2=1$。若系数略有误差，成为

$$\begin{pmatrix} 1 & -1 \\ 1 & 1.0005 \end{pmatrix} \begin{pmatrix} \tilde{x}_1 \\ \tilde{x}_2 \end{pmatrix} = \begin{pmatrix} 0 \\ 2 \end{pmatrix}$$

则其解为 $\tilde{x}_1 = \tilde{x}_2 = \dfrac{2}{2.0005} = 0.99975006$。可见系数矩阵误差对解的影响不大。

对于线性方程组 $\begin{pmatrix} 10 & -10 \\ -1 & 1.001 \end{pmatrix} \begin{pmatrix} x_1 \\ x_2 \end{pmatrix} = \begin{pmatrix} 0 \\ 0.001 \end{pmatrix}$，其解为 $x_1=x_2=1$。若系数略有误差，成为 $\begin{pmatrix} 10 & -10 \\ -1 & 1.0015 \end{pmatrix} \begin{pmatrix} \tilde{x}_1 \\ \tilde{x}_2 \end{pmatrix} = \begin{pmatrix} 0 \\ 0.001 \end{pmatrix}$，则其解为 $\tilde{x}_1 = \tilde{x}_2 = \dfrac{2}{3} = 0.66666667$。本例中系数矩阵误差对解的准确性有很大影响。

从而，对于不同方程组，系数矩阵带有相同的误差，使用同一种解法却得到不同精度的

近似解。所以需要对方程组本身所具有的形态进行讨论。为描述方程组的形态及进行误差分析，需要使用范数工具。

5.4.1 向量的范数

以下给出 n 维空间中向量范数的概念：

【定义 5.3】 设 $X=(x_1,x_2,\cdots,x_n)^T \in \mathbf{R}^n$，$\|X\|$ 表示定义在 $\mathbf{R}^n$ 上的一个实值函数，称之为 X 的范数，它具有以下性质：

1) 非负性：即对一切 $X \in \mathbf{R}^n$，$X \neq \mathbf{0}$，$\|X\| > 0$。
2) 齐次性：即对任何实数 $\alpha \in \mathbf{R}$，$X \in \mathbf{R}^n$，有 $\|\alpha X\| = |\alpha| \|X\|$。
3) 三角不等式：即对任意两个向量 $X, Y \in \mathbf{R}^n$，恒有 $\|X+Y\| \leq \|X\| + \|Y\|$。

以下给出 3 个常用的范数。设 $X=(x_1,x_2,\cdots,x_n)^T$，则有

1) 向量的 1-范数：$\|X\|_1 = |x_1| + |x_2| + \cdots + |x_n|$。
2) 向量的 2-范数：$\|X\|_2 = \sqrt{X^T X} = \sqrt{x_1^2 + x_2^2 + \cdots + x_n^2}$。
3) 向量的无穷-范数：$\|X\|_\infty = \max_{1 \leq i \leq n} |x_i|$。

可以验证，上述 3 种范数都满足定义的条件，因此它们都是向量范数。

【例 5.6】 计算向量 $x=(3,1,-2)$ 的各种范数。

【解】 $\|x\|_1 = 6$，$\|x\|_2 = \sqrt{14}$，$\|x\|_\infty = 3$。

很显然，不同向量范数的数值是不一样的，但并不影响评价向量的大小，因为不同向量的不同范数之间都有一定的关系。以下给出范数等价的定义。

【定义 5.4】 $\|\cdot\|_p$ 和 $\|\cdot\|_q$ 是 $\mathbf{R}^n$ 上的两个向量范数，如果存在两个正常数 M 与 $m(M>m)$ 对一切 $X \in \mathbf{R}^n$，不等式，即

$$m\|X\|_p \leq \|X\|_q \leq M\|X\|_p$$

成立，则称 $\|\cdot\|_p$ 和 $\|\cdot\|_q$ 是等价的。

【定理 5.5】（向量范数的等价性） 在 $\mathbf{R}^n$ 上定义的任一向量范数 $\|X\|$ 都与范数 $\|X\|_1$ 等价。

【证明】 设 $\xi \in \mathbf{R}^n$，则 ξ 的连续函数 $\|\xi\|$ 在有界闭区域 $G=\{\xi \mid \|\xi\|_1=1\}$（单位球面）上有界，且一定能达到最大值及最小值。设其最大值为 M，最小值为 m，则有

$$m \leq \|\xi\| \leq M, \xi \in \mathbf{R}^n \tag{5-6}$$

考虑到 $\|\xi\|$ 在 G 上大于 0，故 $m>0$。

设 $X \in \mathbf{R}^n$ 为任意非零向量，则

$$\frac{X}{\|X\|_1} \in G$$

将上式代入式(5-6)得

$$m \leq \left\|\frac{X}{\|X\|_1}\right\| \leq M$$

所以 $m\|X\|_1 \leq \|X\| \leq M\|X\|_1$。

证毕。

定理 5.5 说明向量范数间具有等价性，因此只需就一种范数进行讨论。

后续研究迭代法解线性方程组时，需要讨论算法的收敛性。为此，先给出算法产生的迭代点列收敛的概念。

【定义 5.5】 设 $\boldsymbol{x}^{(k)} = (x_1^{(k)}, \cdots, x_n^{(k)}) \in \mathbf{R}^n$，$\boldsymbol{x}^* = (x_1^*, \cdots, x_n^*) \in \mathbf{R}^n$，若 $\lim\limits_{k \to \infty} x_i^{(k)} = x_i^*$，$i = 1$, 2, $\cdots$, n，则称点列 $\{\boldsymbol{x}^{(k)}\}$ 收敛于 $\boldsymbol{x}^*$，并记作 $\lim\limits_{k \to \infty} \boldsymbol{x}^{(k)} = \boldsymbol{x}^*$。

【定理 5.6】 向量序列 $\{\boldsymbol{x}^{(k)}\}$ 收敛于 $\boldsymbol{x}^*$ 的充分条件是
$$\lim_{k \to \infty} \|\boldsymbol{x}^{(k)} - \boldsymbol{x}^*\| = 0$$

即如果一个向量序列 $\{\boldsymbol{x}^{(k)}\}$ 与向量 $\boldsymbol{x}^*$ 满足上式，也可以说向量序列 $\{\boldsymbol{x}^{(k)}\}$ 依范数收敛于 $\boldsymbol{x}^*$。

由向量范数的等价性知上述定义的向量序列的收敛性与具体取何种范数无关，因此后续只需就一种范数进行讨论。

5.4.2 矩阵的范数

为了用范数来表示线性方程组解的准确度，还需要对矩阵定义类似的数量表征。

【定义 5.6】 如果矩阵空间 $\mathbf{R}^{n \times n}$ 上的某个非负实值函数 $N(\boldsymbol{A}) = \|\boldsymbol{A}\|$ 满足以下条件：

1) 正定性：$\|\boldsymbol{A}\| \geqslant 0$，且 $\|\boldsymbol{A}\| = 0$ 等价于 $\boldsymbol{A} = \boldsymbol{O}$。
2) 齐次性：$\|c\boldsymbol{A}\| = |c| \|\boldsymbol{A}\|$，$c$ 为任意实数。
3) 三角不等式：$\|\boldsymbol{A} + \boldsymbol{B}\| \leqslant \|\boldsymbol{A}\| + \|\boldsymbol{B}\|$。

则称 $N(\boldsymbol{A})$ 为 $\mathbf{R}^{n \times n}$ 上的一个矩阵范数。

由于线性代数中经常需要做矩阵与向量的乘法运算以及矩阵与矩阵的乘法运算，为此引入矩阵的算子范数。

【定义 5.7】 设 $\boldsymbol{A}$ 为 n 阶矩阵，在 $\mathbf{R}^n$ 中已定义了向量范数 $\|\cdot\|$，则称
$$\|\boldsymbol{A}\| = \max_{\substack{\boldsymbol{x} \in \mathbf{R}^n \\ \boldsymbol{x} \neq \boldsymbol{0}}} \frac{\|\boldsymbol{A}\boldsymbol{x}\|}{\|\boldsymbol{x}\|}$$

为矩阵 $\boldsymbol{A}$ 的算子范数或模，记为 $\|\boldsymbol{A}\|$。

可以证明定义 5.7 的矩阵算子范数不但满足矩阵范数的 3 个必要条件，还满足：

4) 对任意向量 $\boldsymbol{x} \in \mathbf{R}^n$ 和任意矩阵 $\boldsymbol{A} \in \mathbf{R}^{n \times n}$，有
$$\|\boldsymbol{A}\boldsymbol{x}\| \leqslant \|\boldsymbol{A}\| \|\boldsymbol{x}\| \tag{5-7}$$

5) 对任意矩阵 $\boldsymbol{A} \in \mathbf{R}^{n \times n}$ 和 $\boldsymbol{B} \in \mathbf{R}^{n \times n}$，有 $\|\boldsymbol{A}\boldsymbol{B}\| \leqslant \|\boldsymbol{A}\| \|\boldsymbol{B}\|$。

将式(5-7)称为矩阵范数和向量范数相容。本书讨论的矩阵范数均为矩阵算子范数，简称为矩阵范数。

由定义直接求矩阵范数 $\|\boldsymbol{A}\|$ 是很复杂的，以下给出几个常用矩阵范数的具体计算公式。

1) 行范数：$\|\boldsymbol{A}\|_\infty = \max\limits_{\substack{\boldsymbol{x} \in \mathbf{R}^n \\ \boldsymbol{x} \neq \boldsymbol{0}}} \dfrac{\|\boldsymbol{A}\boldsymbol{x}\|_\infty}{\|\boldsymbol{x}\|_\infty} = \max\limits_{1 \leqslant i \leqslant n} \sum\limits_{j=1}^n |a_{ij}|$。

2) 列范数：$\|\boldsymbol{A}\|_1 = \max\limits_{\substack{\boldsymbol{x} \in \mathbf{R}^n \\ \boldsymbol{x} \neq \boldsymbol{0}}} \dfrac{\|\boldsymbol{A}\boldsymbol{x}\|_1}{\|\boldsymbol{x}\|_1} = \max\limits_{1 \leqslant j \leqslant n} \sum\limits_{i=1}^n |a_{ij}|$。

3) 谱范数：$\|\boldsymbol{A}\|_2 = \max\limits_{\substack{\boldsymbol{x} \in \mathbf{R}^n \\ \boldsymbol{x} \neq \boldsymbol{0}}} \dfrac{\|\boldsymbol{A}\boldsymbol{x}\|_2}{\|\boldsymbol{x}\|_2} = \sqrt{\lambda_{\max}(\boldsymbol{A}^\mathrm{T}\boldsymbol{A})}$，其中 $\lambda_{\max}(\boldsymbol{A}^\mathrm{T}\boldsymbol{A})$ 表示 $\boldsymbol{A}^\mathrm{T}\boldsymbol{A}$ 的最大特征值。

以下证明这三个范数都是矩阵范数。

【证明】 1) 记 $u = \max\limits_{1 \leqslant i \leqslant n} \sum\limits_{j=1}^{n} |a_{ij}|$，对任意 $\boldsymbol{x} \in \mathbf{R}^n$，有

$$\|\boldsymbol{A}\boldsymbol{x}\|_\infty = \max\limits_{1 \leqslant i \leqslant n} \left|\sum\limits_{j=1}^{n} a_{ij}x_j\right| \leqslant \max\limits_{1 \leqslant i \leqslant n} \sum\limits_{j=1}^{n} |a_{ij}||x_j| \leqslant \left(\max\limits_{1 \leqslant i \leqslant n} \sum\limits_{j=1}^{n} |a_{ij}|\right) \max\limits_{1 \leqslant j \leqslant n} |x_j| \leqslant u \|\boldsymbol{x}\|_\infty$$

于是当 $\boldsymbol{x} \neq \boldsymbol{0}$ 时，有

$$\frac{\|\boldsymbol{A}\boldsymbol{x}\|_\infty}{\|\boldsymbol{x}\|_\infty} \leqslant u$$

另一方面，设 $u = \sum\limits_{j=1}^{n} |a_{kj}|$，取 $\tilde{\boldsymbol{x}} = (\xi_1, \xi_2, \cdots, \xi_n)$，其中

$$\xi_j = \begin{cases} \dfrac{|a_{kj}|}{a_{kj}} & a_{kj} \neq 0, \\ 1, & a_{kj} = 0, \end{cases} \quad j = 1, 2, \cdots, n$$

显然 $\|\tilde{\boldsymbol{x}}\|_\infty = 1$ 且 $\boldsymbol{A}\tilde{\boldsymbol{x}}$ 的第 k 个分量为 $\sum\limits_{j=1}^{n} a_{kj}\xi_j = \sum\limits_{j=1}^{n} |a_{kj}| = u$。计算可知 $\|\boldsymbol{A}\tilde{\boldsymbol{x}}\|_\infty = u$，因此

$$\frac{\|\boldsymbol{A}\boldsymbol{x}\|_\infty}{\|\boldsymbol{x}\|_\infty} = u$$

2) 记 $v = \max\limits_{1 \leqslant j \leqslant n} \sum\limits_{i=1}^{n} |a_{ij}|$，对任意 $\boldsymbol{x} \in \mathbf{R}^n$，有

$$\|\boldsymbol{A}\boldsymbol{x}\|_1 = \sum\limits_{i=1}^{n} \left|\sum\limits_{j=1}^{n} a_{ij}x_j\right| \leqslant \sum\limits_{i=1}^{n} \sum\limits_{j=1}^{n} |a_{ij}||x_j| = \sum\limits_{j=1}^{n} \left(\sum\limits_{i=1}^{n} |a_{ij}|\right) |x_j| \leqslant v \sum\limits_{j=1}^{n} |x_j| \leqslant v \|\boldsymbol{x}\|_1$$

于是，当 $\boldsymbol{x} \neq \boldsymbol{0}$ 时，

$$\frac{\|\boldsymbol{A}\boldsymbol{x}\|_1}{\|\boldsymbol{x}\|_1} \leqslant v$$

另一方面，设 $v = \sum\limits_{i=1}^{n} |a_{ik}|$，取 $\tilde{\boldsymbol{x}} = (0, \cdots, 0, 1, 0, \cdots, 0)^{\mathrm{T}}$（其中第 k 个分量为 1），则

$$\|\tilde{\boldsymbol{x}}\|_1 = 1, \quad \|\boldsymbol{A}\tilde{\boldsymbol{x}}\|_1 = \left\|\begin{pmatrix} a_{1k} \\ a_{2k} \\ \vdots \\ a_{nk} \end{pmatrix}\right\|_1 = v$$

于是

$$\frac{\|\boldsymbol{A}\boldsymbol{x}\|_1}{\|\boldsymbol{x}\|_1} = v$$

3) 对任意 $\boldsymbol{x} \in \mathbf{R}^n$，有

$$\|\boldsymbol{A}\boldsymbol{x}\|_2^2 = (\boldsymbol{A}\boldsymbol{x})^{\mathrm{T}}\boldsymbol{A}\boldsymbol{x} = \boldsymbol{x}^{\mathrm{T}}\boldsymbol{A}^{\mathrm{T}}\boldsymbol{A}\boldsymbol{x} \geqslant 0$$

故 $\boldsymbol{A}^{\mathrm{T}}\boldsymbol{A}$ 是对称正定矩阵，容易知道 $\boldsymbol{A}^{\mathrm{T}}\boldsymbol{A}$ 有 n 个非负的实特征值 $\lambda_1 \geqslant \lambda_2 \geqslant \cdots \geqslant \lambda_n \geqslant 0$ 及相应的标准正交特征向量系 $\boldsymbol{\mu}_1, \boldsymbol{\mu}_2, \cdots, \boldsymbol{\mu}_n$，满足

$$\boldsymbol{A}^{\mathrm{T}}\boldsymbol{A}\boldsymbol{\mu}_i = \lambda_i \boldsymbol{\mu}_i, \quad i = 1, 2, \cdots, n$$

同时任一向量 $x \in \mathbf{R}^n$ 可表示为 $x = c_1\mu_1 + c_2\mu_2 + \cdots + c_n\mu_n$，易知 $\|x\|_2 = \sqrt{\sum_{i=1}^{n} c_i^2}$，且

$$\|Ax\|_2^2 = (Ax)^\mathrm{T} Ax = x^\mathrm{T} A^\mathrm{T} Ax = \left(\sum_{i=1}^{n} c_i\mu_i\right)^\mathrm{T} A^\mathrm{T} A \left(\sum_{i=1}^{n} c_i\mu_i\right)$$

$$= \left(\sum_{i=1}^{n} c_i\mu_i\right)^\mathrm{T} \sum_{i=1}^{n} c_i A^\mathrm{T} A\mu_i = \left(\sum_{i=1}^{n} c_i\mu_i\right)^\mathrm{T} \sum_{i=1}^{n} c_i \lambda_i \mu_i = \sum_{i=1}^{n} \lambda_i c_i^2$$

$$\leqslant \lambda_1 \sum_{i=1}^{n} c_i^2 = \lambda_1 \|x\|_2^2$$

因而当 $\|x\|_2 \neq 0$ 时，$\dfrac{\|A\tilde{x}\|_2}{\|\tilde{x}\|_2} \leqslant \sqrt{\lambda_1}$。

另一方面，取 $\tilde{x} = \mu_1$，则 $\|\tilde{x}\|_2 = 1$ 且计算得

$$\|A\mu_1\|_2^2 = \mu_1^\mathrm{T} A^\mathrm{T} A\mu_1 = \lambda_1 \mu_1^\mathrm{T} \mu_1 = \lambda_1$$

因而 $\dfrac{\|A\tilde{x}\|_2}{\|\tilde{x}\|_2} = \sqrt{\lambda_1}$。

综上，$\max\limits_{\substack{x \in \mathbf{R}^n \\ x \neq 0}} \dfrac{\|Ax\|_2}{\|x\|_2} = \sqrt{\lambda_2}$。

证毕。

【例 5.7】 已知矩阵 $A = \begin{pmatrix} 2 & -1 \\ 2 & 2 \end{pmatrix}$，求矩阵 A 的 3 种常用范数。

【解】 依题意可得

$$\|A\|_\infty = \max_i \sum_{j=1}^{2} |a_{ij}| = 4, \quad \|A\|_1 = \max_j \sum_{i=1}^{2} |a_{ij}| = 4$$

$$A^\mathrm{T} A = \begin{pmatrix} 2 & 2 \\ -1 & 2 \end{pmatrix} \begin{pmatrix} 2 & -1 \\ 2 & 2 \end{pmatrix} = \begin{pmatrix} 8 & 2 \\ 2 & 5 \end{pmatrix}$$

$$|A^\mathrm{T} A - \lambda I| = \begin{vmatrix} 8-\lambda & 2 \\ 2 & 5-\lambda \end{vmatrix} = \lambda^2 - 13\lambda + 36 = (\lambda - 4)(\lambda - 9)$$

$$\|A\|_2 = \sqrt{\lambda_1} = \sqrt{9} = 3$$

矩阵范数同特征值之间有密切关系，先给出矩阵谱半径的定义。

【定义 5.8】 设 $A \in \mathbf{R}^{n \times n}$ 的特征值为 $\lambda_i(i=1,2,\cdots,n)$，称 $\rho(A) = \max\limits_{1 \leqslant i \leqslant n} |\lambda_i|$ 为 A 的谱半径。

【定理 5.7】 设 $A \in \mathbf{R}^{n \times n}$，则 $\rho(A) \leqslant \|A\|$，即 A 的谱半径不超过 A 的任何一种范数。

【证明】 设 λ 是 A 的任一特征值，x 为相应的特征向量，则 $Ax = \lambda x$，则 $|\lambda|\|x\| = \|\lambda x\| = \|Ax\| \leqslant \|A\|\|x\|$，即 $|\lambda| \leqslant \|A\|$。

【定理 5.8】 如果 $A \in \mathbf{R}^{n \times n}$ 为对称矩阵，则 $\|A\|_2 = \rho(A)$。

【证明】 由于 $A^\mathrm{T} = A$，所以 $A^\mathrm{T} A = A^2$，因此

$$\|A\|_2 = \sqrt{\rho(A^\mathrm{T} A)} = \sqrt{\rho(A^2)} = \rho(A)$$

证毕。

【定理 5.9】 设 $B \in \mathbf{R}^{n \times n}$，则 $\lim\limits_{k \to \infty} B^k = O$ 的充要条件是 $\rho(B) < 1$。

【证明】 由高等代数知识，存在非奇异矩阵 P 使

$$P^{-1}BP = \begin{pmatrix} J_1 & & & \\ & J_2 & & \\ & & \ddots & \\ & & & J_r \end{pmatrix} \equiv J$$

其中，若尔当块为

$$J_i = \begin{pmatrix} \lambda_i & 1 & & \\ & \lambda_i & \ddots & \\ & & \ddots & 1 \\ & & & \lambda_i \end{pmatrix}_{n_i \times n_i}, \quad i = 1, 2, \cdots, r$$

且 $\sum\limits_{i=1}^{n} n_i = n$，显然有

$$B = PJP^{-1}, \quad B^k = PJ^kP^{-1}$$

其中，

$$J^k = \begin{pmatrix} J_1^k & & & \\ & J_2^k & & \\ & & \ddots & \\ & & & J_r^k \end{pmatrix}$$

于是 $\lim\limits_{k \to \infty} B^k = O$ 等价于 $\lim\limits_{k \to \infty} J^k = O$ 等价于 $\lim\limits_{k \to \infty} J_i^k = O (i = 1, 2, \cdots, r)$，因此 $\lim\limits_{k \to \infty} J_i^k = O$ 的充要条件是 $|\lambda_i| < 1 (i = 1, 2, \cdots, r)$，故 $\lim\limits_{k \to \infty} J^k = O$ 的充要条件是 $\rho(B) < 1$。

证毕。

5.4.3 误差分析及条件数

考虑线性方程组 $Ax = b$，其中 $A \in \mathbf{R}^{n \times n}$ 为非奇异矩阵，$b \neq 0$。

前述在进行误差分析时，研究了近似公式的误差对结果的影响，研究了舍入误差对解的影响。本节不考虑求解过程中的舍入误差，仅考虑当线性方程组的系数矩阵或右端项有舍入误差时，这些误差对方程组解的影响。

1）假设系数矩阵 A 精确，讨论右端项 b 的误差对方程组解的影响。

设 δb 为 b 的误差，而相应的解的误差是 δx，则有

$$A(x + \delta x) = b + \delta b$$

所以

$$\delta x = A^{-1} \delta b, \quad \|\delta x\| \leq \|A^{-1}\| \|\delta b\|$$

但 $\|b\| = \|Ax\| \leq \|A\| \|x\|$，所以 $\|\delta x\| \|b\| \leq \|A^{-1}\| \|\delta b\| \|A\| \|x\| = \|A\| \|A^{-1}\| \|x\| \|\delta b\|$。

当 $b \neq 0$，$x \neq 0$ 时，有

$$\frac{\|\delta x\|}{\|x\|} \leq \|A\| \|A^{-1}\| \frac{\|\delta b\|}{\|b\|}$$

即解 x 的相对误差是初始数据 b 的相对误差的 $\|A\|\|A^{-1}\|$ 倍。

2) 假设右端 b 精确，系数矩阵 A 有误差，讨论 A 的误差对解的影响。

设矩阵 A 的误差为 δA，而相应的解的误差为 δx，则有

$$(A+\delta A)(x+\delta x)=b$$

设 A 及 $(A+\delta A)$ 为非奇异矩阵（当 $\|A^{-1}\delta A\|<1$ 时即可），则

$$Ax+(\delta A)x+A\delta x+\delta A\delta x=b$$
$$A\delta x=-(\delta A)x-\delta A\delta x$$
$$\delta x=-A^{-1}(\delta A)x-A^{-1}\delta A\delta x$$

根据范数性质 $\|\delta x\|\leq\|A^{-1}\|\|\delta A\|\|x\|+\|A^{-1}\|\|\delta A\|\|\delta x\|$，$(1-\|A^{-1}\|\|\delta A\|)\|\delta x\|\leq\|A^{-1}\|\|\delta A\|\|x\|$，于是有

$$\frac{\|\delta x\|}{\|x\|}\leq\frac{\|A^{-1}\|\|\delta A\|}{1-\|A^{-1}\|\|\delta A\|}=\frac{\|A^{-1}\|\|A\|\frac{\|\delta A\|}{\|A\|}}{1-\|A^{-1}\|\|A\|\frac{\|\delta A\|}{\|A\|}}$$

若 $\frac{\|\delta A\|}{\|A\|}$ 很小，则 $\|A^{-1}\|\|A\|$ 表示相对误差的近似放大率。

【定理 5.10】 设 $Ax=b$，A 为非奇异矩阵，$b\neq 0$，且 A 和 b 分别有误差 δA 和 δb。若 A 的误差 δA 很小，使 $\|A^{-1}\|\|\delta A\|<1$，则

$$\frac{\|\delta x\|}{\|x\|}\leq\frac{\|A^{-1}\|\|A\|}{1-\|A^{-1}\|\|A\|\frac{\|\delta A\|}{\|A\|}}\left(\frac{\|\delta b\|}{\|b\|}+\frac{\|\delta A\|}{\|A\|}\right)$$

【证明】 考察产生误差后的方程组为 $(A+\delta A)(x+\delta x)=b+\delta b$，将 $Ax=b$ 代入上式，整理后有

$$\delta x=A^{-1}(\delta b)-A^{-1}(\delta A)x-A^{-1}(\delta A)(\delta x)$$

将上式两端取范数，应用向量范数的三角不等式及矩阵和向量范数的相容性，有

$$\|\delta x\|\leq\|A^{-1}\|\|\delta b\|+\|A^{-1}\|\|\delta A\|\|x\|+\|A^{-1}\|\|\delta A\|\|\delta x\|$$

整理后，得

$$(1-\|A^{-1}\|\|\delta A\|)\|\delta x\|\leq\|A^{-1}\|(\|\delta b\|+\|\delta A\|\|x\|)$$

由于 δA 足够小，使得 $\|A^{-1}\|\|\delta A\|<1$，所以 $\|\delta x\|\leq\dfrac{\|A^{-1}\|}{1-\|A^{-1}\|\|\delta A\|}(\|\delta b\|+\|\delta A\|\|x\|)$。利用 $\dfrac{1}{\|x\|}\leq\dfrac{\|A\|}{\|b\|}$，得

$$\frac{\|\delta x\|}{\|x\|}\leq\frac{\|A^{-1}\|\|A\|}{1-\|A^{-1}\|\|A\|\frac{\|\delta A\|}{\|A\|}}\left(\frac{\|\delta b\|}{\|b\|}+\frac{\|\delta A\|}{\|A\|}\right)$$

由定理 5.10 可知，b 及 A 有微小改动时，数 $\|A^{-1}\|\|A\|$ 可标志着方程组解 x 的敏感程度。解 x 的相对误差可能随 $\|A^{-1}\|\|A\|$ 的增大而增大。该数的大小对估算计算解的误差是十分重要的。

【定义 5.9】 设 A 为 n 阶非奇异矩阵，则称数 $\|A^{-1}\|\|A\|$ 为矩阵 A 的条件数，记为 $\operatorname{cond}(A)$。

如果矩阵范数取 2 范数，则记 $\operatorname{cond}_2(A) = \|A^{-1}\|_2 \|A\|_2$，同样可以定义 $\operatorname{cond}_\infty(A)$，$\operatorname{cond}_1(A)$。条件数的以下性质是很容易证明的。

1) $\operatorname{cond}(A) \geq 1$，$\operatorname{cond}(A) = \operatorname{cond}(A^{-1})$，$\operatorname{cond}(kA) = \operatorname{cond}(A)$，$k$ 为非零常数。

2) 若 U 为正交矩阵，则 $\operatorname{cond}_2(U) = 1$，$\operatorname{cond}_2(A) = \operatorname{cond}_2(AU) = \operatorname{cond}_2(UA)$。

3) 设 λ_1 与 λ_n 为 A 按绝对值最大和最小的特征值，则 $\operatorname{cond}(A) \geq \dfrac{|\lambda_1|}{|\lambda_n|}$。若 A 为对称矩阵，则 $\operatorname{cond}(A) = \dfrac{|\lambda_1|}{|\lambda_n|}$。

矩阵的条件数刻画了方程组的性态，条件数大的矩阵称为病态矩阵，相应的方程组称为病态方程组，条件数小的的矩阵称为良态矩阵，相应的方程组称为良态方程组。

若方程组的系数矩阵为 n 阶希尔伯特矩阵，即

$$H_n = \begin{pmatrix} 1 & \dfrac{1}{2} & \cdots & \dfrac{1}{n} \\ \dfrac{1}{2} & \dfrac{1}{3} & \cdots & \dfrac{1}{n+1} \\ \vdots & \vdots & & \vdots \\ \dfrac{1}{n} & \dfrac{1}{n+1} & \cdots & \dfrac{1}{2n-1} \end{pmatrix}$$

可以证明该矩阵为对称正定矩阵。计算条件数为

$$\operatorname{cond}_2(H_4) = 1.5514 \times 10^4, \quad \operatorname{cond}_2(H_8) = 1.525 \times 10^{10}$$

由此可见，随着 n 的增大，H_n 的条件数急剧增大，因此，以 H_n 为系数矩阵的方程组是病态方程组。H_n 常常在数据拟合和函数逼近中出现。

对于实际问题，判断矩阵是否病态是很重要的，若从定义出发，则需计算逆矩阵的范数，这比较复杂，所以条件数一般是很难计算的。以下现象可以作为判断方程组 $Ax = b$ 是病态的参考。

1) 如果系数矩阵 A 的按绝对值最大特征值与最小特征值之比很大，则 A 是病态的。

2) 如果系数矩阵 A 的元素间数量级相差很大，并且无一定规则，则 A 可能病态。

3) 如果系数矩阵 A 的某些行或列是近似线性相关的，或系数矩阵 A 的行列式值相对来说很小，则 A 可能病态。

4) 如果在 A 的三角化过程中出现小主元，或采用选主元技术时，主元素数量级相差悬殊，则 A 可能病态。

对于病态方程组的求解需十分小心，一般可采用以下方法：

1) 用双精度进行计算，以便改善和减少病态矩阵的影响。

2) 对方程组做预处理，以降低系数矩阵的条件数。即选择非奇异对角矩阵 P 和 Q，使求解 $Ax = b$ 转化成求解等价方程组 $PAQ(Q^{-1}x) = Pb$，同时 $\operatorname{cond}(PAQ) < \operatorname{cond}(A)$。

例如，对方程组

$$\begin{pmatrix} 1 & 10^5 \\ 1 & 1 \end{pmatrix} \begin{pmatrix} x_1 \\ x_2 \end{pmatrix} = \begin{pmatrix} 10^5 \\ 1 \end{pmatrix}$$

记为 $Ax=b$。

计算 $A^{-1} = \dfrac{1}{10^5-1}\begin{pmatrix} -1 & 10^5 \\ 1 & -1 \end{pmatrix}$，于是

$$\mathrm{cond}(A)_\infty = \frac{(1+10^5)^2}{10^5-1} \approx 10^5$$

取 $P = \begin{pmatrix} 10^{-5} & 0 \\ 0 & 1 \end{pmatrix}$，则 $PA = \begin{pmatrix} 10^{-5} & 1 \\ 1 & 1 \end{pmatrix}$，$(PA)^{-1} = \dfrac{1}{1-10^{-5}}\begin{pmatrix} -1 & 1 \\ 1 & -10^{-5} \end{pmatrix}$，则

$$\mathrm{cond}(PA)_\infty = \frac{4}{1-10^{-5}} \approx 4$$

可见所做变换大大改善了系数矩阵的条件数，再用列主元高斯消元法求解可得数值解 $x = \begin{pmatrix} 1 \\ 1 \end{pmatrix}$，这是一个近似解。

5.4.4　方程组解的误差分析

线性方程组解的误差的产生原因包括：一是输入数据的误差；二是计算过程中的舍入误差。以下的定理给出了解的误差的一种度量。

【定理5.11】 设 $Ax=b$，A 非奇异，$b \neq 0$，x 为方程组的精确解，$\bar{x}$ 为求得的近似解，其剩余向量为 $r=b-A\bar{x}$，则有误差估计，即

$$\frac{\|x-\bar{x}\|}{\|x\|} \leqslant \mathrm{cond}(A) \frac{\|r\|}{\|b\|}$$

【证明】 由 $Ax=b$，得 $\|b\| \leqslant \|A\|\|x\|$，即 $\dfrac{1}{\|x\|} \leqslant \dfrac{\|A\|}{\|b\|}$，则有

$$A(x-\bar{x}) = Ax - A\bar{x} = b - A\bar{x} = r$$
$$x - \bar{x} = A^{-1} r$$
$$\|x-\bar{x}\| \leqslant \|A^{-1}\|\|r\|$$

所以

$$\frac{\|x-\bar{x}\|}{\|x\|} \leqslant \frac{\|A^{-1}\|\|A\|\|r\|}{\|b\|} = \mathrm{cond}(A)\frac{\|r\|}{\|b\|}$$

由上述误差估计式可见，当系数矩阵的条件数很大时，即使剩余向量 r 的范数很小，也不能保证解的相对误差很小。因此用剩余向量 r 的大小来检验近似解精确程度的办法仅对良态方程组适用，对于病态方程组是不可靠的。

例如，$A = \begin{pmatrix} 1 & 1.001 \\ 1 & 1 \end{pmatrix}$，其逆矩阵 $A^{-1} = 10^3\begin{pmatrix} -1 & 1.001 \\ 1 & -1 \end{pmatrix}$，则 $\mathrm{cond}(A)_\infty = 4004.001$。此条件数很大，从而 A 是病态矩阵。对于方程组

$$\begin{pmatrix} 1 & 1.001 \\ 1 & 1 \end{pmatrix}\begin{pmatrix} x_1 \\ x_2 \end{pmatrix} = \begin{pmatrix} 2.001 \\ 2 \end{pmatrix}$$

其准确解为 $x^* = \begin{pmatrix} 1 \\ 1 \end{pmatrix}$。若设近似解为 $\tilde{x} = \begin{pmatrix} 2 \\ 0 \end{pmatrix}$，虽然剩余向量为 $r = \begin{pmatrix} 0.001 \\ 0 \end{pmatrix}$，但其解与 x^* 相差很大。

如果用直接解法得到的近似解误差较大，可以用迭代改善的办法对近似解进行修正。设 $\tilde{x}$ 是方程组 $Ax=b$ 的近似解，剩余向量 $r = b - A\tilde{x}$，解方程组 $A\Delta x = r$ 得解 $\bar{x}$。则

$$A\bar{x} = A(\tilde{x} + \Delta x) = b - r + r = b$$

这说明 $\bar{x}$ 是原方程组的精确解。但由于 $A\Delta x = r$ 难以精确求解，所以 Δx 也不精确，$\bar{x}$ 是 $\tilde{x}$ 的改进。将 $\bar{x}$ 作为 $\tilde{x}$ 继续上述步骤，不断对所得的近似解进行改进，即为迭代改善法。

具体算法步骤如下：对 A 进行 LU 分解。解 $Ly=b$，$Ux=y$ 得 $x^{(k)}$。计算残差 $r^{(k)} = b - Ax^{(k)}$。解 $Ly = r^{(k)}$，$Ux = y$ 得 $\bar{x}$，并修正解 $x^{(k+1)} = x^{(k)} + \bar{x}$。如果 $\dfrac{\|\bar{x}\|}{\|x^{(k+1)}\|} < \varepsilon$，结束，输出解 $x^{(k+1)}$；否则，继续修正。

5.5 Python 程序

【例 5.8】用高斯消元法求解线性方程组 $Ax=b$。

```python
# 高斯消元法求解线性方程组
import numpy as np
##高斯消元法解线性方程组的解
def gaussian_elimination(A,b):
    n=len(b)
    AugmentedMatrix=np.hstack([A,b.reshape(-1,1)])
    for col in range(n):
        pivot=AugmentedMatrix[col,col]
        AugmentedMatrix[col]=AugmentedMatrix[col] / pivot
        for row in range(col+1,n):
            factor=AugmentedMatrix[row,col]
            AugmentedMatrix[row]-=factor * AugmentedMatrix[col]
    x=np.zeros(n)
    for i in range(n-1,-1,-1):
        x[i]=AugmentedMatrix[i,-1]-np.dot(AugmentedMatrix[i,i+1:n],x[i+1:])
    return x
##根据矩阵的秩判断解的个数
def gaus(A,b):
    n=A.shape[1]
    rank_A=np.linalg.matrix_rank(A)
    augmented_matrix=np.column_stack((A,b))
    rank_augmented=np.linalg.matrix_rank(augmented_matrix)
```

```python
        if rank_A!=rank_augmented:
            return "No Solution",rank_A,rank_augmented,n,None
        elif rank_A==rank_augmented and rank_A==n:
            x=gaussian_elimination(A,b)
            return "Unique Solution",rank_A,rank_augmented,n,x
        else:
            return "Infinite Solutions",rank_A,rank_augmented,n,None
#测试
A=np.array([[0.101,2.304,3.555],
            [-1.347,3.712,4.623],
            [-2.835,1.072,5.643]])
b=np.array([1.183,2.137,3.035])
solution_type,rank_a,rank_ab,n,X=gaus(A,b)
print(f"Solution Type:{solution_type}")
print(f"Rank of A:{rank_a}")
print(f"Rank of Augmented Matrix:{rank_ab}")
print(f"Number of Unknowns:{n}")
if X is not None:
    print(f"Solution:{X}")
```

输出结果：

Solution Type：Unique Solution。

Rank of A：3。

Rank of Augmented Matrix：3。

Number of Unknowns：3。

Solution：[-0.39823377 0.01379507 0.33514424]。

【例5.9】 用列主元高斯消元法求解线性方程组 $Ax=b$。

```python
import numpy as np
# 列主元高斯消元法求解线性方程组
def gaussian_elimination(A,b):
    n=len(b)
    AugmentedMatrix=np.hstack([A,b.reshape(-1,1)])
    x=np.zeros(n)
    for i in range(n):
        # 列主元消去:寻找主元
        max_row=np.argmax(np.abs(AugmentedMatrix[i:,i]))+i
        AugmentedMatrix[[i,max_row]]=AugmentedMatrix[[max_row,i]]
        # 主元化:将主元变为1
```

```
            AugmentedMatrix[i]=AugmentedMatrix[i]/AugmentedMatrix[i,i]
            # 将当前列其他元素消为 0
            for j in range(i+1,n):
                    factor=AugmentedMatrix[j,i]
                    AugmentedMatrix[j]-=factor*AugmentedMatrix[i]
        # 回代
        for i in range(n-1,-1,-1):
                x[i]=AugmentedMatrix[i,-1]-np.dot(AugmentedMatrix[i,i+1:n],x[i+1:])
        return x
# 例子:解线性方程组 AX=b
A=np.array([[0.101,2.304,3.555],
            [-1.347,3.712,4.623],
            [-2.835,1.072,5.643]])
b=np.array([1.183,2.137,3.035])
# 求解
solution=gaussian_elimination(A,b)
print("Solution:",solution)
```

运行结果:
Solution:[-0.39823377 0.01379507 0.33514424]。

【例 5.10】 对矩阵 *A* 进行 LU 分解。

```
import numpy as np
#进行 LU 分解
def LU_decomposition(A):
    n=A.shape[0]
    L=np.eye(n)
    U=np.copy(A)
    for k in range(n-1):
        for i in range(k+1,n):
            factor=U[i,k] / U[k,k]
            L[i,k]=factor
            U[i,k:]-=factor*U[k,k:]
    return L,U#返回值分别对应下三角和上三角矩阵
#例子:进行 LU 分解
A=np.array([[2,2,2],
            [4,7,7],
            [6,18,22.0]])
```

```
L,U=lu_decomposition(A)
print("矩阵 A:")
print(A)
print("\n 下三角矩阵 L:")
print(L)
print("\n 上三角矩阵 U:")
print(U)
```

代码运行结果：

矩阵 A：
[[2. 2. 2.]
 [4. 7. 7.]
 [6. 18. 22.]]。

下三角矩阵 L：
[[1. 0. 0.]
 [2. 1. 0.]
 [3. 4. 1.]]。

上三角矩阵 U：
[[2. 2. 2.]
 [0. 3. 3.]
 [0. 0. 4.]]。

【例 5.11】 用 LU 分解法求解线性方程组 $Ax=b$。

```
import numpy as np
#进行 LU 分解
def lu_decomposition(A):
    n=A.shape[0]
    L=np.eye(n)
    U=np.copy(A)
    for k in range(n-1):
        for i in range(k+1,n):
            factor=U[i,k] / U[k,k]
            L[i,k]=factor
            U[i,k:]-=factor*U[k,k:]
    return L,U#返回值分别对应下三角和上三角矩阵

# 例子:进行 LU 分解
A=np.array([[2,2,2],
            [4,7,7],
            [6,18,22.0]])
```

```
b=np.array([1,2,3])
L,U=lu_decomposition(A)
#利用 Numpy 库中的 linalg.solve 求解
y=np.linalg.solve(L,b)
x=np.linalg.solve(U,y)
#打印输出结果
print("下三角矩阵 L=")
print(L)
print("上三角矩阵 U=")
print(U)
print("方程组的解为:")
print(x)
```

输出结果:

下三角矩阵 L=

[[1. 0. 0.]

 [2. 1. 0.]

 [3. 4. 1.]]。

上三角矩阵 U=

[[2. 2. 2.]

 [0. 3. 3.]

 [0. 0. 4.]]。

方程组的解为:

[0.5 -0. 0.]。

【例 5.12】 用追赶法求解线性方程组 $Ax=b$。

```
#追赶法解三对角线性方程组
def chase(a,b,c,f):
    N=len(f)
    x=[0]*N
    y=[0]*N
    d=[0]*N
    u=[0]*N
    d[0]=b[0]
    # 追的过程
    for i in range(N-1):
        u[i]=c[i] / d[i]
        d[i+1]=b[i+1]-a[i+1]*u[i]
    y[0]=f[0] / d[0]
```

```
        for i in range(1,N):
            y[i]=(f[i]-a[i]*y[i-1])/d[i]
    # 赶的过程
    x[N-1]=y[N-1]
    for i in range(N-2,-1,-1):
        x[i]=y[i]-u[i]*x[i+1]
    return x
#测试
a=[0,-1,-1,-3]
b=[2,3,2,5]
c=[-1,-2,-1,0]
f=[6,1,0,1]
x=chase(a,b,c,f)
print(x)
```

运行结果：
$[5.0, 4.0, 3.0, 2.0]$。

习 题 5

1. 用高斯消元法求解方程组

$$\begin{cases} 2x_1+3x_2+4x_3=6 \\ 3x_1+5x_2+2x_3=5 \\ 4x_1+3x_2+30x_3=32 \end{cases}$$

2. 用列主元高斯消元法求解方程组

$$\begin{pmatrix} 1 & -1 & 1 \\ 5 & -4 & 3 \\ 2 & 1 & 1 \end{pmatrix} \begin{pmatrix} x_1 \\ x_2 \\ x_3 \end{pmatrix} = \begin{pmatrix} -4 \\ -12 \\ 11 \end{pmatrix}$$

3. 用高斯-若尔当列主元消去法求 A 的逆矩阵。

$$A = \begin{pmatrix} 1 & 2 & 3 \\ 2 & 1 & 2 \\ 1 & 3 & 4 \end{pmatrix}$$

4. 利用矩阵的 LU 分解法求解方程组 $Ax=b$。

$$A = \begin{pmatrix} 2 & 1 & & \\ 1 & 3 & 1 & \\ & 1 & 1 & 1 \\ & & 2 & 1 \end{pmatrix}, \quad x = \begin{pmatrix} x_1 \\ x_2 \\ x_3 \\ x_4 \end{pmatrix}, \quad b = \begin{pmatrix} 1 \\ 2 \\ 2 \\ 0 \end{pmatrix}$$

5. 设线性方程组为 $\begin{cases} 7x_1 + 10x_2 = 1, \\ 5x_1 + 7x_2 = 0.7, \end{cases}$

1）试求系数矩阵 A 的条件数 $\mathrm{cond}_\infty(A)$。

2）若右端向量有扰动 $\delta b = (0.01, -0.01)^{\mathrm{T}}$，试估计解的相对误差。

6. 用平方根法求解方程组

$$\begin{pmatrix} 1 & 1 & 2 \\ 1 & 2 & 0 \\ 2 & 0 & 11 \end{pmatrix} \begin{pmatrix} x_1 \\ x_2 \\ x_3 \end{pmatrix} = \begin{pmatrix} 5 \\ 8 \\ 7 \end{pmatrix}$$

7. 用改进的平方根法求解方程组

$$\begin{pmatrix} 2 & -1 & 1 \\ -1 & -2 & 3 \\ 1 & 3 & 1 \end{pmatrix} \begin{pmatrix} x_1 \\ x_2 \\ x_3 \end{pmatrix} = \begin{pmatrix} 4 \\ 5 \\ 6 \end{pmatrix}$$

8. 用追赶法求解线性方程组 $Ax = f$，其中

$$A = \begin{pmatrix} 1 & 1 & & \\ 1 & 2 & 1 & \\ & 1 & 3 & 2 \\ & & 2 & 1 \end{pmatrix}, \quad x = \begin{pmatrix} x_1 \\ x_2 \\ x_3 \\ x_4 \end{pmatrix}, \quad f = \begin{pmatrix} 1 \\ 2 \\ 3 \\ 2 \end{pmatrix}$$

9. 设 $x \in \mathbf{R}^n$，试证明：

$$\|x\|_\infty \leqslant \|x\|_1 \leqslant n\|x\|_\infty$$
$$\|x\|_\infty \leqslant \|x\|_2 \leqslant \sqrt{n}\|x\|_\infty$$
$$\|x\|_2 \leqslant \|x\|_1 \leqslant \sqrt{n}\|x\|_2$$

10. 已知 $A = \begin{pmatrix} -0.6 & 0.5 \\ 0.1 & -0.3 \end{pmatrix}$，求 $\|A\|_1$，$\|A\|_\infty$。

11. 设

$$A = \begin{pmatrix} 100 & 99 \\ 99 & 98 \end{pmatrix}$$

计算 A 的条件数 $\mathrm{cond}(A)_2$ 和 $\mathrm{cond}(A)_\infty$。

12. 程序设计：分别设计用高斯消元法和列主元高斯消元法求解以下线性方程组的 Python 程序。

$$\begin{pmatrix} 0.3 \times 10^{-15} & 59.14 & 3 & 1 \\ 5.291 & -6.13 & -1 & 2 \\ 11.2 & 9 & 5 & 2 \\ 1 & 2 & 1 & 1 \end{pmatrix} \begin{pmatrix} x_1 \\ x_2 \\ x_3 \\ x_4 \end{pmatrix} = \begin{pmatrix} 59.17 \\ 46.78 \\ 1 \\ 2 \end{pmatrix}$$

13. 程序设计：设计用 LU 分解法求解以下线性方程组的 Python 程序。

$$\begin{pmatrix} 0.001 & 2 & 3 \\ -1 & 3.712 & 4.623 \\ -2 & 1.072 & 5.643 \end{pmatrix} \begin{pmatrix} x_1 \\ x_2 \\ x_3 \end{pmatrix} = \begin{pmatrix} 1 \\ 2 \\ 3 \end{pmatrix}$$

14. 程序设计：设计用追赶法求解以下方程组的 Python 程序。

$$\begin{pmatrix} 2 & -1 & 0 & 0 \\ -1 & 3 & -2 & 0 \\ 0 & -1 & 2 & -1 \\ 0 & 0 & -3 & 5 \end{pmatrix} \begin{pmatrix} x_1 \\ x_2 \\ x_3 \\ x_4 \end{pmatrix} = \begin{pmatrix} 6 \\ 1 \\ 0 \\ 1 \end{pmatrix}$$

第 6 章

解线性方程组的迭代解法

6.1 引言

本章介绍线性方程组的另一种解法——迭代法。该方法特别适合阶数较大、系数阵为稀疏矩阵的情况。直接方法是在不考虑计算过程中的舍入误差的时候,可以通过有限步消元回代运算求得方程组的准确解。但是实际上,计算机进行计算时,每一步都会有舍入误差的产生。所以,利用迭代法求解方程组也是合适的。

迭代法的思想就是从某一个给定的初始向量 $x^{(0)}$ 出发,按照适当的计算法则,逐次计算出向量 $x^{(1)}$,$x^{(2)}$,$\cdots$,若向量序列 $\{x^{(k)}\}$ 收敛于向量 x^*,就是方程组的解。解线性方程组的迭代解法根据迭代格式的不同分成雅可比(Jacobi)迭代法、高斯-赛德尔(Gauss-Seidel)迭代法和逐次超松弛法(SOR 法)等几种。

6.2 一般迭代法及其收敛性

设方程组 $Ax=b$,找到其等价的线性方程组 $x=Bx+f$,又设 $x^{(0)}$ 为任取的初始向量,按以下公式构造向量序列

$$x^{(k+1)} = Bx^{(k)} + f \quad (k=0,1,2,\cdots)$$

线性方程组的
迭代解法

此种逐步代入求近似解的方法称为迭代法(这里 B,f 与 k 无关)。从 $Ax=b$ 出发,不同的方法可以得到不同的等价方程。以下举例说明迭代法的基本思想。

【例 6.1】 求解方程组

$$\begin{cases} 8x_1 - x_2 + x_3 = 1 \\ 2x_1 + 10x_2 - x_3 = 4 \\ x_1 + x_2 - 5x_3 = 3 \end{cases}$$

记作 $Ax=b$,其中 $A = \begin{pmatrix} 8 & -1 & 1 \\ 2 & 10 & -1 \\ 1 & 1 & -5 \end{pmatrix}$,$x = \begin{pmatrix} x_1 \\ x_2 \\ x_3 \end{pmatrix}$,$b = \begin{pmatrix} 1 \\ 4 \\ 3 \end{pmatrix}$。

【解】 将该方程组写为

$$\begin{cases} x_1 = \dfrac{1}{8}(x_2 - x_3 + 1) \\ x_2 = \dfrac{1}{10}(-2x_1 + x_3 + 4) \\ x_3 = -\dfrac{1}{5}(-x_1 - x_2 + 3) \end{cases} \tag{6-1}$$

其中，$\boldsymbol{B} = \begin{pmatrix} 0 & \dfrac{1}{8} & -\dfrac{1}{8} \\ -\dfrac{2}{10} & 0 & \dfrac{1}{10} \\ \dfrac{1}{5} & \dfrac{1}{5} & 0 \end{pmatrix}, \boldsymbol{f} = \begin{pmatrix} \dfrac{1}{8} \\ \dfrac{4}{10} \\ -\dfrac{3}{5} \end{pmatrix}$。

取初始值 $\boldsymbol{x}^{(0)} = (0, 0, 0)^{\mathrm{T}}$，由式(6-1)得到的逐次近似值见表 6-1。

表 6-1　迭代结果

k	0	1	2	3	4	5
$\boldsymbol{x}^{(k)}$	$\begin{pmatrix} 0 \\ 0 \\ 0 \end{pmatrix}$	$\begin{pmatrix} 0.1250 \\ 0.4000 \\ -0.6000 \end{pmatrix}$	$\begin{pmatrix} 0.2500 \\ 0.3150 \\ -0.4950 \end{pmatrix}$	$\begin{pmatrix} 0.2263 \\ 0.3005 \\ -0.4873 \end{pmatrix}$	$\begin{pmatrix} 0.2235 \\ 0.3060 \\ -0.4946 \end{pmatrix}$	$\begin{pmatrix} 0.2251 \\ 0.3058 \\ -0.4941 \end{pmatrix}$

则得到满足精度要求的近似解 $\boldsymbol{x}^* = (0.2251, 0.3058, -0.4941)$。

并不是所有迭代法得到的向量序列 $\{\boldsymbol{x}^{(k)}\}$ 都收敛。迭代法求方程近似解的关键就是讨论由 $\boldsymbol{x}^* = \boldsymbol{B}\boldsymbol{x}^* + \boldsymbol{f}$ 所构造出来的向量序列 $\{\boldsymbol{x}^{(k)}\}$ 是否收敛。如果 $\lim\limits_{k \to \infty} \boldsymbol{x}^{(k)}$ 存在（记为 $\boldsymbol{x}^*$），称此迭代法收敛，且 $\boldsymbol{x}^* = \boldsymbol{B}\boldsymbol{x}^* + \boldsymbol{f}$。显然 $\boldsymbol{x}^*$ 就是方程组 $\boldsymbol{A}\boldsymbol{x} = \boldsymbol{b}$ 的解，否则称此迭代法发散。

6.2.1　雅可比迭代法

设有 n 阶方程组

$$\begin{cases} a_{11}x_1 + a_{12}x_2 + \cdots + a_{1n}x_n = b_1 \\ a_{21}x_1 + a_{22}x_2 + \cdots + a_{2n}x_n = b_2 \\ \vdots \\ a_{n1}x_1 + a_{n2}x_2 + \cdots + a_{nn}x_n = b_n \end{cases} \tag{6-2}$$

若系数矩阵为非奇异矩阵，且 $a_{ii} \neq 0 (i = 1, 2, \cdots, n)$，将式(6-2)改写为

$$\begin{cases} x_1 = \dfrac{1}{a_{11}}(b_1 - a_{12}x_2 - a_{13}x_3 - \cdots - a_{1n}x_n) \\ x_2 = \dfrac{1}{a_{22}}(b_2 - a_{21}x_1 - a_{23}x_3 - \cdots - a_{2n}x_n) \\ \vdots \\ x_n = \dfrac{1}{a_{nn}}(b_n - a_{n1}x_1 - a_{n2}x_2 - \cdots - a_{n,n-1}x_{n-1}) \end{cases}$$

然后写为迭代格式，即

$$\begin{cases} x_1^{(k+1)} = \dfrac{1}{a_{11}}(b_1 - a_{12}x_2^{(k)} - a_{13}x_3^{(k)} - \cdots - a_{1n}x_n^{(k)}) \\ x_2^{(k+1)} = \dfrac{1}{a_{22}}(b_1 - a_{21}x_1^{(k)} - a_{23}x_3^{(k)} - \cdots - a_{2n}x_n^{(k)}) \\ \quad \vdots \\ x_n^{(k+1)} = \dfrac{1}{a_{nn}}(b_n - a_{n1}x_1^{(k)} - a_{n2}x_2^{(k)} - \cdots - a_{n,n-1}x_{n-1}^{(k)}) \end{cases} \quad (6\text{-}3)$$

式(6-3)也可以简单地写为

$$x_i^{(k+1)} = \frac{1}{a_{ii}}\left(b_i - \sum_{\substack{j=1 \\ j \ne i}}^{n} a_{ij}x_j^{(k)}\right) \quad (i = 1, 2, \cdots, n)$$

以下是雅可比迭代法的矩阵表示形式。考虑非奇异线性方程组

$$Ax = b$$

令

$$A = D - L - U$$

其中

$$A = (a_{ij})_{n \times n}, \quad D = \mathrm{diag}(a_{11}, a_{22}, \cdots, a_{nn})$$

$$L = \begin{pmatrix} 0 & & & & \\ -a_{21} & 0 & & & \\ -a_{31} & -a_{32} & 0 & & \\ \vdots & \vdots & \ddots & \ddots & \\ -a_{n1} & -a_{n2} & \cdots & -a_{n,n-1} & 0 \end{pmatrix}, \quad U = \begin{pmatrix} 0 & -a_{12} & -a_{13} & \cdots & -a_{1n} \\ & 0 & -a_{23} & \cdots & -a_{2n} \\ & & \ddots & \ddots & \vdots \\ & & & 0 & -a_{n-1,n} \\ & & & & 0 \end{pmatrix}$$

则可化为

$$x = D^{-1}(L + U)x + D^{-1}b \quad (6\text{-}4)$$

其中

$$B_J = D^{-1}(L + U), \quad f_J = D^{-1}b$$

若给定初始向量

$$x_0 = (x_1^{(0)}, x_2^{(0)}, \cdots, x_n^{(0)})^{\mathrm{T}}$$

并代入式(6-4)右边，又可得到一个向量 x_1；以此类推，有

$$x^{(k)} = B_J x^{(k-1)} + f_J \quad (k = 1, 2, \cdots)$$

这就是雅可比迭代法。

6.2.2 高斯-赛德尔迭代法

在雅可比迭代格式中，发现 $x^{(k+1)}$ 应该比 $x^{(k)}$ 更接近于原方程的解 x^*（$i = 1, 2, \cdots, n$），在计算 $x_i^{(k+1)}$ 时，可以用已算出的分量 $x_1^{(k+1)}$，$x_2^{(k+1)}$，$\cdots$，$x_{i-1}^{(k+1)}$ 来计算，能收到更好的效果。则式(6-3)写为

高斯-赛德尔迭代法

$$\begin{cases} x_1^{(k+1)} = \dfrac{1}{a_{11}}(b_1 - a_{12}x_2^{(k)} - a_{13}x_3^{(k)} - \cdots - a_{1n}x_n^{(k)}) \\ x_2^{(k+1)} = \dfrac{1}{a_{22}}(b_2 - a_{21}x_1^{(k+1)} - a_{23}x_3^{(k)} - \cdots - a_{2n}x_n^{(k)}) \\ \vdots \\ x_n^{(k+1)} = \dfrac{1}{a_{nn}}(b_n - a_{n1}x_1^{(k+1)} - a_{n2}x_2^{(k+1)} - \cdots - a_{n,n-1}x_{n-1}^{(k+1)}) \end{cases} \quad (6\text{-}5)$$

式(6-5)可简写为

$$x_i^{(k+1)} = \dfrac{1}{a_{ii}}\left(b_i - \sum_{j=1}^{i-1} a_{ij}x_j^{(k+1)} - \sum_{j=i+1}^{n} a_{ij}x_j^{(k)}\right) \quad (i=1,2,\cdots,n)$$

此式为高斯-赛德尔(以下简称为 G-S)迭代格式。

高斯-赛德尔迭代格式的矩阵表示为

$$\boldsymbol{B}_{\text{G-S}} = (\boldsymbol{D}-\boldsymbol{L})^{-1}\boldsymbol{U}$$

如果$(\boldsymbol{D}-\boldsymbol{L})^{-1}$存在，则高斯-赛德尔迭代法可以改写为

$$\boldsymbol{x}^{(k)} = (\boldsymbol{D}-\boldsymbol{L})^{-1}\boldsymbol{U}\boldsymbol{x}^{(k-1)} + (\boldsymbol{D}-\boldsymbol{L})^{-1}\boldsymbol{b}$$

把$\boldsymbol{B}_{\text{G-S}} = (\boldsymbol{D}-\boldsymbol{L})^{-1}\boldsymbol{U}$叫作高斯-赛德尔迭代法的迭代矩阵，而把$\boldsymbol{f}_{\text{G-S}} = (\boldsymbol{D}-\boldsymbol{L})^{-1}\boldsymbol{b}$称为高斯-赛德尔迭代法的常数项。

【例 6.2】 用雅可比迭代法和高斯-赛德尔迭代法解线性方程组

$$\begin{pmatrix} 9 & -1 & -1 \\ -1 & 8 & 0 \\ -1 & 0 & 9 \end{pmatrix}\begin{pmatrix} x_1 \\ x_2 \\ x_3 \end{pmatrix} = \begin{pmatrix} 7 \\ 7 \\ 8 \end{pmatrix}$$

【解】 依题意有雅可比迭代法的迭代公式为

$$\begin{cases} x_1^{(k+1)} = \dfrac{1}{9}(x_2^{(k)} + x_3^{(k)} + 7) \\ x_2^{(k+1)} = \dfrac{1}{8}(x_1^{(k)} + 0 \cdot x_3^{(k)} + 7) \\ x_3^{(k+1)} = \dfrac{1}{9}(x_1^{(k)} + 0 \cdot x_2^{(k)} + 8) \end{cases}$$

取$\boldsymbol{x}^{(0)} = (0,0,0)^{\text{T}}$，由上述公式得到的逐次近似值见表 6-2。

表 6-2 雅可比迭代结果

k	0	1	2	3	4
$\boldsymbol{x}^{(k)}$	$\begin{pmatrix}0\\0\\0\end{pmatrix}$	$\begin{pmatrix}0.7778\\0.8750\\0.8889\end{pmatrix}$	$\begin{pmatrix}0.9738\\0.9722\\0.9753\end{pmatrix}$	$\begin{pmatrix}0.9942\\0.9967\\0.9993\end{pmatrix}$	$\begin{pmatrix}0.9996\\0.9993\\0.9994\end{pmatrix}$

由高斯-赛德尔迭代公式为

$$\begin{cases} x_1^{(k+1)} = \dfrac{1}{9}(x_2^{(k)} + x_3^{(k)} + 7) \\ x_2^{(k+1)} = \dfrac{1}{8}(x_1^{(k+1)} + 0 \cdot x_3^{(k)} + 7) \\ x_3^{(k+1)} = \dfrac{1}{9}(x_1^{(k+1)} + 0 \cdot x_2^{(k+1)} + 8) \end{cases}$$

其迭代结果见表 6-3。

表 6-3　高斯-赛德尔迭代结果

k	0	1	2	3	4
$\mathbf{x}^{(k)}$	$\begin{pmatrix}0\\0\\0\end{pmatrix}$	$\begin{pmatrix}0.7778\\0.9722\\0.9753\end{pmatrix}$	$\begin{pmatrix}0.9942\\0.9993\\0.9993\end{pmatrix}$	$\begin{pmatrix}0.9998\\1.0000\\1.0000\end{pmatrix}$	$\begin{pmatrix}1.000\\1.000\\1.000\end{pmatrix}$

可见，例 6.2 中雅可比迭代法和高斯-赛德尔迭代法都是收敛的，并且高斯-赛德尔迭代法收敛速度快于雅可比迭代法。当然，也有不收敛的迭代格式。例如，方程组

$$\begin{pmatrix} 10 & -7 & 0 \\ 5 & -1 & 5 \\ -3 & 2 & 6 \end{pmatrix} \begin{pmatrix} x_1 \\ x_2 \\ x_3 \end{pmatrix} = \begin{pmatrix} 7 \\ 6 \\ 4 \end{pmatrix}$$

高斯-赛德尔迭代公式为

$$\begin{cases} x_1^{(k+1)} = \dfrac{1}{10}(7 x_2^{(k)} + 7) \\ x_2^{(k+1)} = -(-5 x_1^{(k+1)} - 5 x_3^{(k)} + 6) \\ x_3^{(k+1)} = \dfrac{1}{6}(3 x_1^{(k+1)} - 2 x_2^{(k+1)} + 4) \end{cases}$$

取 $\mathbf{x}^{(0)} = (1, 1, 1)^T$，其迭代结果见表 6-4。

表 6-4　迭代结果

k	0	1	2	3	4
$\mathbf{x}^{(k)}$	$\begin{pmatrix}1\\1\\1\end{pmatrix}$	$\begin{pmatrix}1.4000\\6.0000\\-0.6333\end{pmatrix}$	$\begin{pmatrix}4.9000\\15.3333\\-1.9944\end{pmatrix}$	$\begin{pmatrix}11.4330\\41.1944\\-7.3482\end{pmatrix}$	$\begin{pmatrix}29.5361\\104.9398\\-19.5452\end{pmatrix}$

从结果可见，该高斯-赛德尔迭代格式是不收敛的。但对有些方程组，可能一种方法收敛，一种方法发散。

人 物 介 绍

高斯被认为是世界上最重要的数学家之一，享有"**数学王子**"的美誉。

17 岁的高斯发现了质数分布定理和最小二乘法。在这些基础之上，高斯随后专注于曲面与曲线的计算，并成功得到高斯钟形曲线（正态分布曲线）。其函数被命名为标准正态分

布(或高斯分布)，并在概率计算中大量使用。次年，证明出仅用尺规便可以构造出 17 边形。

高斯总结了复数的应用，并且严格证明了每一个 n 阶的代数方程必有 n 个实数或者复数解。在他的第一本著名的著作《算术研究》中，做出了二次互反律的证明，成为数论继续发展的重要基础。在这部著作的第 1 章，导出了三角形全等定理的概念。

高斯在最小二乘法基础上创立的测量平差理论的帮助下，测算天体的运行轨迹。他用这种方法，测算出了小行星谷神星的运行轨迹。高斯也是微分几何的始祖(高斯、雅诺斯和罗巴切夫斯基)之一。出于对实际应用的兴趣，高斯发明了日光反射仪。

6.3 迭代法的收敛性

【定理 6.1】 $\lim\limits_{k\to\infty} A_k = A$ 等价于 $\lim\limits_{k\to\infty} \|A_k - A\| = 0$，其中 $\|\cdot\|$ 为矩阵的任意一种范数。

【证明】 显然有 $\lim\limits_{k\to\infty} A_k = A$ 等价于 $\lim\limits_{k\to\infty} \|A_k - A\|_\infty = 0$，再利用矩阵范数的等价性，可证明定理对其他矩阵范数也成立。

【定理 6.2】(迭代法基本定理) 设有方程组 $Ax = b$，等价的线性方程组为 $x = Bx + f$，迭代公式为 $x^{(k+1)} = Bx^{(k)} + f$，对任意选取初始向量 $x^{(0)}$，迭代法收敛的充要条件是矩阵 B 的谱半径 $\rho(B) < 1$。

【证明】 必要性：设 $\rho(B) < 1$，则矩阵 $A = E - B$ 的特征值均大于 0，故 A 为非奇异矩阵。$Ax = b$ 有唯一解 x^*，且 $Ax^* = b$，即 $x^* = Bx^* + f$。误差向量为
$$\varepsilon^{(k)} = x^{(k)} - x^* = B(x^{(k-1)} - x^*) = B\varepsilon^{(k-1)} = \cdots = B^k \varepsilon^{(0)}$$
又 $\rho(B) < 1$，应用定理 5.9，有 $\lim\limits_{k\to\infty} B^k = O$。于是，对任意 $x^{(0)}$，有 $\lim\limits_{k\to\infty} \varepsilon^k = 0$，即 $\lim\limits_{k\to\infty} x^{(k)} = x^*$。

充分性：设对任意 $x^{(0)}$ 有
$$\lim\limits_{k\to\infty} x^{(k)} = x^*$$
其中，$x^{(k+1)} = Bx^{(k)} + f$，显然，极限 x^* 是方程组 $x = Bx + f$ 的解，且对任意 $x^{(0)}$ 有
$$\varepsilon^{(k)} = x^{(k)} - x^* = B^k \varepsilon^{(0)} \to 0 \quad (k \to \infty)$$
由定理 5.9 知 $\lim\limits_{k\to\infty} B^k = O$，即得 $\rho(B) < 1$。

【例 6.3】 考察用雅可比迭代法和高斯-赛德尔迭代法求解线性方程组 $Ax = b$ 的收敛性，其中
$$A = \begin{pmatrix} 1 & 2 & -2 \\ 1 & 1 & 1 \\ 2 & 2 & 1 \end{pmatrix}, \quad b = \begin{pmatrix} 1 \\ 1 \\ 1 \end{pmatrix}$$

【解】 雅可比迭代矩阵为
$$B_J = D^{-1}(L + U) = \begin{pmatrix} 0 & -\dfrac{a_{12}}{a_{11}} & -\dfrac{a_{13}}{a_{11}} \\ -\dfrac{a_{21}}{a_{22}} & 0 & -\dfrac{a_{23}}{a_{22}} \\ -\dfrac{a_{31}}{a_{33}} & -\dfrac{a_{32}}{a_{33}} & 0 \end{pmatrix} = \begin{pmatrix} 0 & -2 & 2 \\ -1 & 0 & -1 \\ -2 & -2 & 0 \end{pmatrix}$$

求特征值 $|\lambda E - B| = \begin{vmatrix} \lambda & 2 & -2 \\ 1 & \lambda & 1 \\ 2 & 2 & \lambda \end{vmatrix} = \lambda^3 = 0$，$\lambda_1, \lambda_2, \lambda_3 = 0$，$\rho(B) = 0 < 1$。所以，用雅可比迭代法求解时，迭代过程收敛。

高斯-赛德尔迭代矩阵为

$$B_{G\text{-}S} = (D-L)^{-1}U = \begin{pmatrix} 0 & -2 & 2 \\ 0 & 2 & -3 \\ 0 & 0 & 2 \end{pmatrix}$$

求特征值 $|\lambda E - B_{G\text{-}S}| = \begin{vmatrix} \lambda & 2 & -2 \\ 0 & \lambda-2 & 3 \\ 0 & 0 & \lambda-2 \end{vmatrix} = \lambda(\lambda-2)^2 = 0$，$\lambda_1 = 0$，$\lambda_2 = \lambda_3 = 2$，$\rho(B_{G\text{-}S}) = 2 > 1$。

所以，用高斯-赛德尔迭代法求解时，迭代过程发散。

判断迭代收敛时，需要计算 $\rho(B)$，一般情况下，这不太方便。由于 $\rho(B) \leq \|B\|$，在实际应用中，常常利用矩阵 B 的范数来判别迭代法的收敛性。

【定理6.3】（迭代法收敛的充分条件） 设有方程组
$$x = Bx + f \quad (B \in \mathbf{R}^{n \times n})$$

以及迭代法
$$x^{(k+1)} = Bx^{(k)} + f \quad (k = 0, 1, 2, \cdots)$$

如果有 B 的某种范数 $\|B\| = q < 1$，则有以下情况：

1) 迭代法收敛，即对任取 $x^{(0)}$ 有 $\lim_{k \to \infty} x^{(k)} = x^*$ 且 $x^* = Bx^* + f$。

2) $\|x^{(k+1)} - x^*\| \leq q^{k+1} \|x^{(0)} - x^*\|$。

3) $\|x^{(k+1)} - x^*\| \leq \dfrac{q}{1-q} \|x^{(k+1)} - x^{(k)}\|$。

4) $\|x^{(k+1)} - x^*\| \leq \dfrac{q^{k+1}}{1-q} \|x^{(1)} - x^{(0)}\|$。

【证明】 1) 由定理 6.2 可知，情况 1) 是显然成立的。

2) 由关系式 $x^{(k+1)} - x^* = B(x^{(k)} - x^*)$，有
$$\|x^{(k+1)} - x^*\| \leq q \|x^{(k)} - x^*\| \leq q^2 \|x^{(k-1)} - x^*\| \leq \cdots \leq q^{k+1} \|x^{(0)} - x^*\|$$

3) $\|x^{(k+1)} - x^{(k)}\| = \|x^* - x^{(k)} - (x^* - x^{(k+1)})\| \geq \|x^* - x^{(k)}\| - \|x^* - x^{(k+1)}\|$
$$\geq \|x^* - x^{(k)}\| - q \|x^* - x^{(k)}\| = (1-q) \|x^* - x^{(k)}\|$$

即
$$\|x^* - x^{(k)}\| \leq \frac{1}{1-q} \|x^{(k+1)} - x^{(k)}\| \leq \frac{q}{1-q} \|x^{(k)} - x^{(k-1)}\|$$

显然 $\|x^{(k+1)} - x^*\| \leq \dfrac{q}{1-q} \|x^{(k+1)} - x^{(k)}\|$ 亦成立。

4) $\|x^{(k+1)} - x^*\| \leq \dfrac{q}{1-q} \|x^{(k+1)} - x^{(k)}\| \leq \dfrac{q^2}{1-q} \|x^{(k)} - x^{(k-1)}\| \leq \cdots \leq \dfrac{q^{k+1}}{1-q} \|x^{(1)} - x^{(0)}\|$。

在实际应用中常遇到一些线性代数方程组，其系数矩阵具有某些性质，如系数矩阵的对角元素占优、系数矩阵为对称正定矩阵等。充分利用这些性质通常可使判定迭代法收敛的问题变得简单。

【定义】 设 $A=(a_{ij})_{n\times n}(n\geq 2)$，如果存在置换矩阵 P，使得

$$P^{\mathrm{T}}AP=\begin{pmatrix} A_{11} & A_{12} \\ O & A_{22} \end{pmatrix}$$

其中，A_{11} 为 r 阶方阵，A_{22} 为 $n-r$ 阶方阵（$1\leq r<n$），则称 A 为可约矩阵；否则，称 A 为不可约矩阵。

【定理 6.4】（对角占优定理） 如果 $A=(a_{ij})_{n\times n}$ 为严格对角占优矩阵或 A 为不可约弱对角占优矩阵，则 A 为非奇异矩阵。

【证明】 针对 A 为严格行对角占优矩阵证明此定理。采用反证法，如果 $\det A=0$，则 $Ax=0$ 有非零解，记为 $x=(x_1,x_2,\cdots,x_n)^{\mathrm{T}}$，则 $|x_k|=\max\limits_{1\leq i\leq n}|x_i|\neq 0$。

由齐次方程组第 k 个方程，即

$$\sum_{j=1}^{n}a_{kj}x_j=0$$

则有

$$|a_{kk}x_k|=\left|\sum_{\substack{j=1\\j\neq k}}^{n}a_{kj}x_j\right|\leq \sum_{\substack{j=1\\j\neq k}}^{n}|a_{kj}||x_j|\leq |x_k|\sum_{\substack{j=1\\j\neq k}}^{n}|a_{kj}|$$

即 $|a_{kk}|\leq \sum\limits_{\substack{j=1\\j\neq k}}^{n}|a_{kj}|$，与假设矛盾，故 $\det A\neq 0$，A 为非奇异矩阵。

【定理 6.5】 设 $Ax=b$，如果存在以下情况：

1) A 为严格对角占优矩阵，则解 $Ax=b$ 的雅可比迭代法、高斯-赛德尔迭代法均收敛。

2) A 为弱对角占优矩阵，且 A 为不可约矩阵，则解 $Ax=b$ 的雅可比迭代法、高斯-赛德尔迭代法均收敛。

【证明】 只证明情况 1)，证明过程如下：

A 为严格对角占优矩阵，故

$$|a_{ii}|>\sum_{\substack{j=1\\j\neq i}}^{n}|a_{ij}|,\quad 1>\sum_{\substack{j=1\\j\neq i}}^{n}\left|\frac{a_{ij}}{a_{ii}}\right| \quad (i=1,2,\cdots,n)$$

因此 A 的主对角元素均为非零，可以生成雅可比迭代式，即

$$x^{(k+1)}=B_J x^{(k)}+f_J$$

其中，$B_J=D^{-1}(L+U)$，$f_J=D^{-1}b$，则有

$$\|B_J\|_\infty=\max_{1\leq i\leq n}\left|\frac{1}{a_{ii}}\sum_{\substack{j=1\\j\neq i}}^{n}(-a_{ij})\right|\leq \max_{1\leq i\leq n}\left\{\sum_{\substack{j=1\\j\neq i}}^{n}\left|\frac{a_{ij}}{a_{ii}}\right|\right\}<\max_{1\leq i\leq n}\{1\}=1$$

从而 $\rho(B_J)\leq \|B_J\|_\infty<1$，雅可比迭代法收敛。

同样，也可以生成高斯-赛德尔迭代式，即

$$x^{(k+1)}=B_{\text{G-S}} x^{(k)}+f_{\text{G-S}}$$

其中，$B_{\text{G-S}}=(D-L)^{-1}U$，$f_{\text{G-S}}=(D-L)^{-1}b$。

以下考察 $B_{\text{G-S}}$ 的特征值情况。设 λ 为 $B_{\text{G-S}}$ 的任一特征值，于是有

$$0=\det(\lambda E-B_{\text{G-S}})=\det(\lambda E-(D-L)^{-1}U)=\det((D-L)^{-1})\det(\lambda(D-L)-U)$$

由于 $\det((D-L)^{-1})\neq 0$，因此 $\det(\lambda(D-L)-U)=0$。记

$$\lambda(D-L)-U = \begin{pmatrix} \lambda a_{11} & a_{12} & \cdots & a_{1n} \\ \lambda a_{21} & \lambda a_{22} & \cdots & a_{2n} \\ \vdots & \vdots & & \vdots \\ \lambda a_{n1} & \lambda a_{n2} & \cdots & \lambda a_{nn} \end{pmatrix} \triangleq C$$

以下证明当 $|\lambda| \geq 1$ 时，则 $\det C \neq 0$，从而得到 B_{G-S} 的任一特征值 λ 均满足 $|\lambda|<1$，从而 $\rho(B_{G-S})<1$，高斯-赛德尔迭代法收敛。

事实上，当 $|\lambda| \geq 1$ 时，由 A 为严格对角占优矩阵，则有

$$|c_{ii}| = |\lambda a_{ii}| > |\lambda| \left(\sum_{j=1}^{i-1} |a_{ij}| + \sum_{j=i+1}^{n} |a_{ij}| \right)$$

$$> \sum_{j=1}^{i-1} |\lambda a_{ij}| + \sum_{j=i+1}^{n} |a_{ij}| = \sum_{\substack{j=1 \\ j \neq i}}^{n} |c_{ij}|$$

即 C 矩阵为严格对角占优矩阵，故 $\det C \neq 0$。

证毕。

【定理 6.6】 设 $Ax = b$，当 A 对称正定时，雅可比迭代法收敛的充要条件是 $2D-A$（D 是 A 的对角元素构成的对角矩阵）对称正定。

【证明】 先证充分性：雅可比迭代法的迭代矩阵为

$$B_J = D^{-1}(L+U) = D^{-1}(D-A) = E - D^{-1}A$$

因为 A 为对称正定矩阵，所以 D 可以分解为 $D = D^{1/2}D^{1/2}$，故

$$B_J = E - D^{-1}A = D^{-1/2}(E - D^{-1/2}AD^{-1/2})D^{1/2}$$

从而 B_J 和 $E - D^{-1/2}AD^{-1/2}$ 相似，具有相同的特征值。

由于 A 为对称正定矩阵，$D^{-1/2}AD^{-1/2}$ 也为实对称正定矩阵，其特征值均为正实数，从而 $E - D^{-1/2}AD^{-1/2}$ 的特征值都小于 1，故 B_J 的特征值都小于 1。

另一方面，

$$B_J = D^{-1}(L+U) = D^{-1}(D-A) = D^{-1}(2D-A-D) = D^{-1/2}[D^{-1/2}(2D-A)D^{-1/2} - E]D^{1/2}$$

类似可以证明，由于 $2D-A$ 为对称正定矩阵，$D^{-1/2}(2D-A)D^{-1/2}$ 也为实对称正定矩阵，其特征值均为正实数，从而 $D^{-1/2}(2D-A)D^{-1/2} - E$ 的特征值都大于 -1，故 B_J 的特征值都大于 -1。

综上，B_J 的谱半径满足 $\rho(B_J)<1$，从而雅可比迭代法收敛。

证必要性反推即可。

6.4 逐次超松弛法

逐次超松弛法（SOR 法）是一种线性加速方法，可以看作高斯-赛德尔迭代法的加速。该方法将前一步的结果 $x_i^{(k)}$ 与高斯-赛德尔迭代值 $\tilde{x}_i^{(k+1)}$ 适当进行线性组合，以构成一个收敛速度较快的近似解序列。改进后的迭代方案如下。

高斯-赛德尔迭代值为

$$\tilde{x}_i^{(k+1)} = \frac{1}{a_{ii}} \left(b_i - \sum_{j=1}^{i-1} a_{ij} x_j^{(k+1)} - \sum_{j=i+1}^{n} a_{ij} x_j^{(k)} \right)$$

加速方程为
$$x_i^{(k+1)} = (1-\omega)x_i^{(k)} + \omega \tilde{x}_i^{k+1} \quad (i=1,2,\cdots,n)$$
所以
$$x_i^{(k+1)} = (1-\omega)x_i^{(k)} + \frac{\omega}{a_{ii}}\left(b_i - \sum_{j=1}^{i-1} a_{ij}x_j^{(k+1)} - \sum_{j=i+1}^{n} a_{ij}x_j^{(k)}\right) \tag{6-6}$$

这种加速方法就是逐次超松弛法。其中系数 ω 称松弛因子。当 $\omega=1$ 时，式(6-6)即为高斯-赛德尔迭代法。

将式(6-6)写成矩阵形式，则得
$$\boldsymbol{Dx}^{(k+1)} = (1-\omega)\boldsymbol{Dx}^{(k)} + \omega(\boldsymbol{b} + \boldsymbol{Lx}^{(k+1)} + \boldsymbol{Ux}^{(k)})$$

即 $(\boldsymbol{D}-\omega\boldsymbol{L})\boldsymbol{x}^{(k+1)} = [(1-\omega)\boldsymbol{D}+\omega\boldsymbol{U}]\boldsymbol{x}^{(k)} + \omega\boldsymbol{b}$，逐次超松弛法矩阵形式的迭代格式为
$$\boldsymbol{x}^{(k+1)} = \boldsymbol{B}_\omega \boldsymbol{x}^{(k)} + \boldsymbol{F}_\omega$$

其中，$\boldsymbol{B}_\omega = (\boldsymbol{D}-\omega\boldsymbol{L})^{-1}((1-\omega)\boldsymbol{D}+\omega\boldsymbol{U})$，$\boldsymbol{F}_\omega = \omega(\boldsymbol{D}-\omega\boldsymbol{L})^{-1}\boldsymbol{b}$。

【例 6.4】 考察用逐次超松弛法解线性方程组 $\boldsymbol{Ax}=\boldsymbol{b}$ 的收敛性，其中
$$\boldsymbol{A} = \begin{pmatrix} 4 & 3 & 0 \\ 3 & 4 & -1 \\ 0 & -1 & 4 \end{pmatrix}, \quad \boldsymbol{b} = \begin{pmatrix} 24 \\ 30 \\ -24 \end{pmatrix}$$

分别取 $\omega=1$ 及 $\omega=1.25$，方程组的精确解为 $\boldsymbol{x}^* = (3,4,-5)^T$。

【解】 由式(6-6)可得
$$\begin{cases} x_1^{(k+1)} = (1-\omega)x_1^{(k)} + \frac{\omega}{4}(24 - 3x_2^{(k)}) \\ x_2^{(k+1)} = (1-\omega)x_2^{(k)} + \frac{\omega}{4}(30 - 3x_1^{(k+1)} + x_3^{(k)}) \\ x_3^{(k+1)} = (1-\omega)x_3^{(k)} + \frac{\omega}{4}(-24 + x_2^{(k+1)}) \end{cases}$$

取 $\boldsymbol{x}^{(0)} = (1,1,1)^T$，迭代 7 次后分别为
$$\omega=1, \boldsymbol{x}^{(7)} = (3.0134, 3.9888, -5.0028)$$
$$\omega=1.25, \boldsymbol{x}^{(7)} = (3.0000, 4.0003, -5.0003)$$

若要精确到小数后 7 位，对 $\omega=1$ 需迭代 34 次，而对 $\omega=1.25$ 的 SOR 法，只需迭代 14 次。它表明松弛因子 ω 选择的好坏，对收敛速度影响很大。

【定理 6.7】 如果线性方程组 $\boldsymbol{Ax}=\boldsymbol{b}$，$a_{ii} \neq 0 (i=1,2,\cdots,n)$ 的 SOR 法收敛，则有 $0 < \omega < 2$。

【证明】 由 SOR 迭代矩阵 $\boldsymbol{B}_\omega = (\boldsymbol{D}-\omega\boldsymbol{L})^{-1}((1-\omega)\boldsymbol{D}+\omega\boldsymbol{U})$，于是
$$\det(\boldsymbol{B}_\omega) = \det(\boldsymbol{D}-\omega\boldsymbol{L})^{-1} \det((1-\omega)\boldsymbol{D}+\omega\boldsymbol{U})$$
$$= (a_{11}a_{22}\cdots a_{nn})^{-1}(1-\omega)^n(a_{11}a_{22}\cdots a_{nn}) = (1-\omega)^n$$

另一方面，设 $\boldsymbol{B}_\omega$ 的全部特征值为 $\lambda_1, \lambda_2, \cdots, \lambda_n$，从而 $\det(\boldsymbol{B}_\omega) = |\lambda_1\lambda_2\cdots\lambda_n| \leq \rho(\boldsymbol{B}_\omega)^n$。若 SOR 法收敛，则 $\rho(\boldsymbol{B}_\omega) < 1$，因此 $|(1-\omega)^n| < 1$，即 $|1-\omega| < 1$，从而有 $0 < \omega < 2$。

证毕。

【定理 6.8】 若线性方程组 $\boldsymbol{Ax}=\boldsymbol{b}$ 的系数矩阵 $\boldsymbol{A}$ 为对称正定矩阵，且 $0 < \omega < 2$，则 $\boldsymbol{Ax}=\boldsymbol{b}$ 的 SOR 法收敛。

【证明】 设 B_ω 的特征值为 λ（可能是复数），对应特征向量为 x，即
$$(D-\omega L)^{-1}((1-\omega)D+\omega U)x = \lambda x$$
于是
$$((1-\omega)D+\omega U)x = \lambda(D-\omega L)x$$
两边与 x 作内积，有
$$(((1-\omega)D+\omega U)x, x) = \lambda((D-\omega L)x, x)$$
因此
$$\lambda = \frac{(((1-\omega)D+\omega U)x, x)}{((D-\omega L)x, x)}$$

因 A 正定，故 D 也正定，设 $(Dx, x) = d > 0$。令 $(Lx, x) = \alpha + i\beta$，又 A 为对称矩阵，故 $U = L^T$，故有
$$(Ux, x) = (L^T x, x) = x^T L^T x = (x^T L x)^T = \alpha - i\beta$$
$$(Ax, x) = ((D-L-U)x, x) = (Dx, x) - (Lx, x) - (Ux, x) = d - 2\alpha$$
$$\lambda = \frac{(((1-\omega)D+\omega U)x, x)}{((D-\omega L)x, x)} = \frac{(Dx, x) - \omega(Dx, x) + \omega(Ux, x)}{(Dx, x) - \omega(Lx, x)}$$
$$= \frac{d - \omega d + \omega(\alpha - i\beta)}{d - \omega(\alpha + i\beta)} = \frac{(d - \omega d + \omega\alpha) - i\omega\beta}{(d - \omega\alpha) - i\omega\beta}$$

因此
$$|\lambda|^2 = \frac{(d - \omega d + \omega\alpha)^2 + (\omega\beta)^2}{(d - \omega\alpha)^2 + (\omega\beta)^2}$$

由于 A 正定及 $0 < \omega < 2$，故
$$(d - \omega d + \omega\alpha)^2 - (d - \omega\alpha)^2 = -\omega(2-\omega)d(d-2\alpha) < 0$$

所以 $|\lambda| < 1$，也即 SOR 迭代矩阵的所有特征值的模都小于 1，故收敛。

证毕。

注：当 $\omega = 1$ 时，SOR 法即为高斯-赛德尔迭代法，故当系数矩阵 A 为对称正定时，高斯-赛德尔迭代法也收敛。

对于 SOR 法，松弛因子的选择对收敛速度影响较大。能否适当选取 ω 使收敛速度最快？这就是选择最佳松弛因子的问题。然而遗憾的是，目前尚未确定最佳松弛因子 ω_{opt} 的一般理论结果。Young 在 1950 年给出了系数矩阵 A 为对称正定的三对角矩阵时的最佳松弛因子公式，为

$$\omega_{opt} = \frac{2}{1+\sqrt{1-\rho(J)^2}} \quad (J \text{ 为雅可比迭代矩阵})$$

但是计算 $\rho(J)$ 也很困难，因此实际使用时，大都由计算经验或通过试算来确定 ω_{opt} 的近似值。

【例 6.5】 对例 6.4 中的方程组，用 SOR 法求最优松弛因子 ω，并研究其收敛速度。

【解】 由于
$$A = \begin{pmatrix} 4 & 3 & 0 \\ 3 & 4 & -1 \\ 0 & -1 & 4 \end{pmatrix}$$

是对称正定的三对角矩阵，SOR 迭代收敛。

$$J = \begin{pmatrix} 0 & -0.75 & 0 \\ -0.75 & 0 & 0.25 \\ 0 & 0.25 & 0 \end{pmatrix}, \det(\lambda E - J) = \lambda^3 - \frac{5}{8}\lambda = 0$$

故 $\rho(J) = \sqrt{\frac{5}{8}} \approx 0.790$，而 SOR 最佳松弛因子 $\omega_{opt} = \dfrac{2}{1+\sqrt{1-\rho(J)^2}} \approx 1.24$。取 $\omega = 1.25$，其收敛很快，实际计算时迭代 14 次可达到小数后 7 位精度。对 $\omega = 1$ 的高斯-赛德尔迭代法，达到与 SOR 法的同样精度需要迭代 34 次。

6.5　Python 程序

【例 6.6】　用雅可比迭代法求解方程组。

```
import numpy as np
def jacobi(A,b,x0,eps=10-8,t=1):
    D=np.diag(np.diag(A))
    L=-np.tril(A,-1)
    U=-np.triu(A,1)
    B=np.linalg.inv(D).dot(L+U)
    f=np.linalg.inv(D).dot(b)
    x=B.dot(x0)+f
    n=1
    while np.linalg.norm(x-x0)>=eps:
        x0=x
        x=B.dot(x0)+f
        n+=1
        if n>=t:
            print("可能不收敛")
            return x,n
    return x,n
# 示例
A=np.array([[10,-1,-2],
            [-1,10,-2],
            [-1,-1,5]])
b=np.array([72,83,42])   # 你提供的 b 向量
x0=np.array([0,0,0])     # 初始猜测
solution,iterations=jacobi(A,b,x0)
print("Solution:",solution)
print("Iterations:",iterations)
```

输出结果：

可能不收敛。

Solution：[9.71 10.7 11.5]。

Iterations：2。

【例6.7】 用高斯-赛德尔迭代法求解方程组。

```python
import numpy as np
def gauss_seidel(A,b,x0,tol=10,max_iter=1000):
    n=len(b)
    x=np.copy(x0)
    for k in range(max_iter):
        x_old=np.copy(x)
        for i in range(n):
            sum1=np.dot(A[i,:i],x[:i])
            sum2=np.dot(A[i,i+1:],x_old[i+1:])
            x[i]=(b[i]-sum1-sum2)/A[i,i]
        if np.linalg.norm(x-x_old,np.inf)<tol:
            return x,k+1
    return x,max_iter
# 定义系数矩阵 A 和向量 b
# 示例
A=np.array([[10,-1,-2],
            [-1,10,-2],
            [-1,-1,5]],dtype=float)
b=np.array([72,83,42.0],dtype=float)
x0=np.array([0,0,0],dtype=float)    # 初始猜测
# 执行高斯—赛德尔迭代
x,iterations=gauss_seidel(A,b,x0)
print(f"解:{x}")
print(f"迭代次数:{iterations}")
```

输出结果：

解：[10.4308 11.67188 12.820536]。

迭代次数：2。

【例6.8】 用逐次超松弛迭代法求解方程组。

```python
import numpy as np
# 逐次超松弛迭代法求解线性方程组
def sor_iteration(A,b,x0,omega,tolerance,max_iterations):
    n=len(b)
```

```
            x=np.copy(x0)
            for i in range(max_iterations):
                x_new=np.copy(x)
                for j in range(n):
                    x_new[j]=(1-omega)*x[j]+omega*(
                        b[j]-np.dot(A[j,:j],x_new[:j])-np.dot(A[j,j+1:],x[j+1:]))/A[j,j]
                if np.linalg.norm(x_new-x)<tolerance:
                    return x_new
                x=x_new
        raise ValueError("SOR iteration did not converge within the specified iterations.")
        # 例子:解线性方程组 AX=b
        A=np.array([[10,-1,-2],
                    [-1,10,-2],
                    [-1,-1,5]],dtype=float)
        b=np.array([72,83,42.0],dtype=float)
        x0=np.array([0,0,0],dtype=float)    # 初始猜测
        omega=1.5    # 松弛因子
        tolerance=1
        max_iterations=1000
        # 使用超松弛迭代法求解
        solution=sor_iteration(A,b,x0,omega,tolerance,max_iterations)
        print("Solution:",solution)
```

代码运行结果:
Solution:[10.86862222 12.06459414 13.15051187]。

习 题 6

1. 用雅可比迭代法求解以下方程组,要求 $\|x^{(k+1)}-x^{(k)}\|_\infty < 0.005$。

$$\begin{cases} 10x_1-2x_2-x_3=3 \\ -2x_1+10x_2-x_3=15 \\ -x_1-2x_2+5x_3=10 \end{cases}$$

2. 给定方程组

$$\begin{pmatrix} 2 & -1 & 1 \\ 1 & 1 & 1 \\ 1 & 1 & -2 \end{pmatrix} \begin{pmatrix} x_1 \\ x_2 \\ x_3 \end{pmatrix} = \begin{pmatrix} 1 \\ 1 \\ 1 \end{pmatrix}$$

试考察用雅可比迭代法和高斯-赛德尔迭代法求解的收敛性。

3. 对于 $\begin{pmatrix} 3 & 1 \\ 2 & 1 \end{pmatrix} \begin{pmatrix} x_1 \\ x_2 \end{pmatrix} = \begin{pmatrix} 3 \\ -1 \end{pmatrix}$，若用迭代公式

$$\boldsymbol{x}^{(k+1)} = \boldsymbol{x}^{(k)} + \alpha(\boldsymbol{A}\boldsymbol{x}^{(k)} - \boldsymbol{b}), \quad k = 0, 1, \cdots, n$$

取什么实数范围内的 α 可使迭代收敛？

4. 设线性方程组 $\begin{pmatrix} a_{11} & a_{12} \\ a_{21} & a_{22} \end{pmatrix} \begin{pmatrix} x_1 \\ x_2 \end{pmatrix} = \begin{pmatrix} b_1 \\ b_2 \end{pmatrix}$，$a_{11}a_{22} \neq 0$，$a_{11}a_{22} - a_{21}a_{12} \neq 0$。试证明：解线性方程组的雅可比迭代法和高斯-赛德尔迭代法同时收敛或不收敛。

5. 设有一方程组

$$\begin{cases} x_1 - \dfrac{1}{4}x_3 - \dfrac{1}{4}x_4 = \dfrac{1}{2} \\ x_2 - \dfrac{1}{4}x_3 - \dfrac{1}{4}x_4 = \dfrac{1}{2} \\ -\dfrac{1}{4}x_1 - \dfrac{1}{4}x_2 + x_3 = \dfrac{1}{2} \\ -\dfrac{1}{4}x_1 - \dfrac{1}{4}x_2 + x_4 = \dfrac{1}{2} \end{cases}$$

1）求解此方程组的雅可比迭代法的迭代矩阵 $\boldsymbol{B}$ 的谱半径。
2）求解此方程组的高斯-赛德尔迭代法的迭代矩阵的谱半径。
3）考察解此方程组的雅可比迭代法及高斯-赛德尔迭代法的收敛性。

6. 用逐次超松弛法解以下方程组（分别取松弛因子 $\omega = 1.03, 1, 1.1$），精确解 $\boldsymbol{x}^* = \left(\dfrac{1}{2}, 1, \dfrac{1}{2}\right)^{\mathrm{T}}$，要求当 $\|\boldsymbol{x}^* - \boldsymbol{x}^{(k)}\|_\infty < 5 \times 10^{-6}$ 时迭代终止，并且对每一个 ω 值确定迭代次数。

$$\begin{cases} 4x_1 - x_2 = 1 \\ -x_1 + 4x_2 - x_3 = 4 \\ -x_2 + 4x_3 = -3 \end{cases}$$

7. 给定线性方程组 $\begin{cases} 3x_1 + \dfrac{3}{2}x_2 = 5, \\ \dfrac{3}{2}x_1 + 2x_2 = -5, \end{cases}$

1）写出 SOR 迭代格式。
2）试求出最佳松弛因子。

8. 设有方程组 $\boldsymbol{A}\boldsymbol{x} = \boldsymbol{b}$，其中，$\boldsymbol{A}$ 为对称正定矩阵，迭代公式为

$$\boldsymbol{x}^{(k+1)} = \boldsymbol{x}^{(k)} + \omega(\boldsymbol{b} - \boldsymbol{A}\boldsymbol{x}^{(k)}) \quad (k = 0, 1, 2, \cdots)$$

试证明：当 $0 < \omega < \dfrac{2}{\beta}$ 时，上述迭代法收敛（其中 $0 < \alpha \leq \lambda(\boldsymbol{A}) \leq \beta$）。

9. 程序设计：用雅可比迭代法求解以下线性方程组的根，精确到 0.0001。

$$\begin{cases} 27x_1 + 6x_2 - x_3 = 85 \\ 6x_1 + 15x_2 + 2x_3 = 72 \\ x_1 + x_2 + 54x_3 = 110 \end{cases}$$

10. 程序设计：用高斯-赛德尔迭代法求解以下线性方程组的根，精确到 0.0001。

$$\begin{cases} 10x_1 - x_2 + 2x_3 = 6 \\ -x_1 + 11x_2 - x_3 + 3x_4 = 25 \\ 2x_1 - x_2 + 10x_3 - x_4 = 11 \\ 3x_2 - x_3 + 8x_4 = 15 \end{cases}$$

11. 程序设计：用逐次超松弛法求解以下方程组（取 $\omega = 0.9, 1, 1.1$），要求当 $\|x^{(k+1)} - x^{(k)}\|_\infty < 10^{-4}$ 时迭代终止。

$$\begin{cases} 5x_1 + 2x_2 + x_3 = -12 \\ -x_1 + 4x_2 + 2x_3 = 20 \\ 2x_1 - 3x_2 + 10x_3 = 3 \end{cases}$$

第 7 章

数值积分与数值微分

7.1 引言

7.1.1 数值积分的基本思想

数值积分的
基本思想

在很多实际问题中,经常需要计算积分才可以解决。根据积分基本理论,牛顿-莱布尼茨(Newton-Leibniz)公式是一个非常有效的工具。对于积分问题 $I=\int_a^b f(x)\mathrm{d}x$,只要找到原函数 $F(x)$,就可以使用牛顿-莱布尼茨公式 $\int_a^b f(x)\mathrm{d}x = F(b)-F(a)$。

但是,在很多实际问题的求解过程中,遇到的很多被积函数 $f(x)$ 是找不到原函数 $F(x)$ 的,例如,

$$f(x)=\frac{\sin x}{x}, \quad \mathrm{e}^{-x^2}, \quad \cos x^2$$

即使有些被积函数可以找到原函数(形式复杂),再利用牛顿-莱布尼茨公式计算时,仍需要大量的数值计算,不如直接应用数值积分计算方便。例如:

$$I=\int \frac{1}{1+x^4}\mathrm{d}x = \frac{1}{2\sqrt{2}}[\arctan(\sqrt{2}x-1)+\arctan(\sqrt{2}x+1)] + \frac{1}{4\sqrt{2}}\ln\frac{x^2+\sqrt{2}x+1}{x^2+\sqrt{2}x-1}+C$$

另外,当 $f(x)$ 仅仅是由工程中测量或者是数值计算给出的离散数据时,牛顿-莱布尼茨公式不可以直接使用。因此,研究积分的数值计算方法是一个非常重要并且有用的课题。

根据上述的思路,数值积分问题应该尽量避免寻找原函数,也就是能否使用被积函数来求出积分的近似值。由积分中值定理,对于 $f(x) \in C[a,b]$,存在一点 $\xi \in [a,b]$,使得

$$\int_a^b f(x)\mathrm{d}x = f(\xi)(b-a)$$

即,$\int_a^b f(x)\mathrm{d}x$ 定积分所表示的曲边梯形面积可以变成计算底为 $b-a$ 而高为 $f(\xi)$ 的矩形面积。在这里 $f(\xi)$ 可以称为 $f(x)$ 在区间 $[a,b]$ 上的平均高度。但是,一般情况下 ξ 的位置是找不到的,即 $f(\xi)$ 的值很难找到。这种情况下,构造一种特别的算法,能够将平均高度 $f(\xi)$ 的值表示出来,从而得到积分的值。

如果将两端点函数值的算术平均取作平均高度 $f(\xi)$ 的近似值，可以得到以下求积公式，即

$$T = \int_a^b f(x)\,\mathrm{d}x = (b-a)\frac{f(b)+f(a)}{2} \tag{7-1}$$

式(7-1)是梯形公式。而如果改用中点 $c=(a+b)/2$ 的高度 $f(c)$ 的值来取代平均高度 $f(\xi)$ 的值，则可以得到中矩形求积公式（简称为矩形公式）为

$$R = \int_a^b f(x)\,\mathrm{d}x = (b-a)f\left(\frac{a+b}{2}\right)$$

如果取左端点和右端点的函数值近似平均高度 $f(\xi)$，得到的公式 $\int_a^b f(x)\,\mathrm{d}x \approx (b-a)f(a)$ 和 $\int_a^b f(x)\,\mathrm{d}x \approx (b-a)f(b)$ 分别称为左矩形公式和右矩形公式。

更一般地，还可以在区间 $[a,b]$ 上适当选取一些节点 x_k，然后利用 $f(x_k)$ 加权平均来表示平均高度 $f(\xi)$ 的近似值，可以构造出以下求积公式，即

$$\int_a^b f(x)\,\mathrm{d}x \approx \sum_{k=0}^n A_k f(x_k) \tag{7-2}$$

其中，x_k 称为求积节点；A_k 称为求积系数，也称为伴随节点 x_k 的权值，A_k 的取值不依赖于被积函数 $f(x)$ 的具体形式，仅仅与节点 x_k 的选取有关。这类以某些点处的函数值的线性组合来近似定积分的求积公式称为机械求积公式，其特点是避免了牛顿-莱布尼茨公式寻求原函数的困难，将积分求值问题归结为确定节点以及相应点权值的计算。

【定义 7.1】 对任意 $\varepsilon>0$，若存在 $\delta>0$，只要 $|f(x_k)-\tilde{f}_k|\leqslant\delta\,(k=0,1,\cdots,n)$（$\tilde{f}_k$ 为 f_k 的近似值），则

$$|I_n(f)-I_n(\tilde{f})| = \left|\sum_{k=0}^n A_k[f(x_k)-\tilde{f}_k]\right| \leqslant \varepsilon$$

成立，则称求积公式(7-2)是稳定的。

【定理 7.1】 若求积公式(7-2)中系数 $A_k>0\,(k=0,1,\cdots,n)$，则求积公式是稳定的。

【证明】 对任意的 $\varepsilon>0$，若取 $\delta=\dfrac{\varepsilon}{b-a}$，对 $k=0,1,\cdots,n$ 都有 $|f(x_k)-\tilde{f}_k|\leqslant\delta$，则有

$$|I_n(f)-I_n(\tilde{f})| = \left|\sum_{k=0}^n A_k[f(x_k)-\tilde{f}_k]\right| \leqslant \sum_{k=0}^n |A_k|\,|f(x_k)-\tilde{f}_k| \leqslant \delta\sum_{k=0}^n |A_k|$$

那么，对 $f(x)=1$，有以下公式成立，即

$$\sum_{k=0}^n A_k = I_n(1) = \int_a^b 1\,\mathrm{d}x = b-a$$

可见 $A_k>0$ 时，有

$$|I_n(f)-I_n(\tilde{f})| \leqslant \delta\sum_{k=0}^n |A_k| = \delta\sum_{k=0}^n A_k = \delta(b-a) = \varepsilon$$

根据定义 7.1，可知求积公式(7-2)是稳定的。

7.1.2 代数精度的概念

由魏尔斯特拉斯(Weierstrass)定理可知，对闭区间上任意的连续函数，都可用多项式一

致逼近。通常，多项式的次数越高，逼近程度越好。因此，根据该结论引入代数精度的概念。

【定义 7.2】 对于给定的求积公式，对次数不超过 m 次的代数多项式 $f(x)$ 都精确成立，而对于 $f(x)=x^{m+1}$ 不精确成立，称该求积公式具有 m 次代数精度。

通常，如果求积公式(7-2)具有 m 次代数精度，要求求积公式对于 $f(x)=1,x,\cdots,x^m$ 都准确成立，也就是 $\sum_{k=0}^{n}A_k=b-a$，$\sum_{k=0}^{n}A_kx_k=\frac{1}{2}(b^2-a^2)$，$\cdots$，$\sum_{k=0}^{n}A_kx_k^m=\frac{1}{m+1}(b^{m+1}-a^{m+1})$ 都精确相等，但是当 $f(x)=x^{m+1}$ 时不精确成立。

【例 7.1】 梯形求积公式(7-1)具有 1 次代数精度。

【证明】 梯形公式为 $\int_a^b f(x)\mathrm{d}x \approx (b-a)\frac{f(b)+f(a)}{2}$，当 $f(x)=1$ 时，左式 $=\int_a^b f(x)\mathrm{d}x=\int_a^b 1\mathrm{d}x=b-a$，右式 $=(b-a)\frac{1+1}{2}=b-a$，故左式 $=$ 右式。

当 $f(x)=x$ 时，左式 $=\int_a^b f(x)\mathrm{d}x=\int_a^b x\mathrm{d}x=\frac{1}{2}(b^2-a^2)$，右式 $=(b-a)\frac{a+b}{2}=\frac{1}{2}(b^2-a^2)$，故左式 $=$ 右式。

当 $f(x)=x^2$ 时，左式 $=\int_a^b f(x)\mathrm{d}x=\int_a^b x^2\mathrm{d}x=\frac{1}{3}(b^3-a^3)$，右式 $=(b-a)\frac{a^2+b^2}{2}$，故左式 $\neq$ 右式。所以公式具有 1 次代数精度。

【例 7.2】 已知函数 $f\in C^3[0,2]$，给定求积公式 $\int_0^2 f(x)\mathrm{d}x \approx Af(0)+Bf(x_0)$，确定参数 A,B,x_0 使该求积公式代数精度尽可能高，并指出代数精度的次数。

【解】 当 $f(x)=1$ 时，左式 $=\int_0^2 1\mathrm{d}x=2$，右式 $=A+B$。

当 $f(x)=x$ 时，左式 $=\int_0^2 x\mathrm{d}x=2$，右式 $=Bx_0$。

当 $f(x)=x^2$ 时，左式 $=\int_0^2 x^2\mathrm{d}x=\frac{8}{3}$，右式 $=Bx_0^2$。

求积公式至少具有 2 次代数精度的充分必要条件为

$$\begin{cases} A+B=2 \\ Bx_0=2 \\ Bx_0^2=\dfrac{8}{3} \end{cases}$$

求解得 $A=\frac{1}{2}$，$B=\frac{3}{2}$，$x_0=\frac{4}{3}$。

当 $f(x)=x^3$ 时，左式 $=\int_0^2 x^3\mathrm{d}x=4$，右式 $=\frac{32}{9}$，左式 $\neq$ 右式，所以该求积公式的代数精度为 2。

7.1.3 求积公式的收敛性和稳定性

【定义 7.3】 求积公式(7-2)的截断误差为

$$E_n(f) = \int_a^b f(x)\,\mathrm{d}x - \sum_{k=0}^n A_k f(x_k) \tag{7-3}$$

当代数精度为 m 时，显然会有 $E_n(x^k) = 0\,(k=0,1,2,\cdots,m)$。

【定义 7.4】 当 $\max\limits_{1 \leqslant k \leqslant n} |x_k - x_{k-1}| \to 0$ 时，对任意连续的被积函数 $f(x)$ 都有 $E_n(f) \to 0$，则称数值求积公式 (7-2) 收敛。

在使用数值求积公式进行计算时，函数 $f(x_k)$ 的计算可能有误差 $e_k = f^*(x_k) - f(x_k)$，由此带来的积分值误差可以表示为

$$e(I_n) = \sum_{k=0}^n A_k f^*(x_k) - \sum_{k=0}^n A_k f(x_k) = \sum_{k=0}^n A_k e_k \tag{7-4}$$

7.2 插值型的求积公式

7.2.1 插值型的求积公式介绍

对 $[a,b]$ 给定划分 $a \leqslant x_0 < x_1 < x_2 < \cdots < x_n \leqslant b$，且已知被积函数 $f(x)$ 在这些节点上的函数值，利用拉格朗日插值函数替代被积函数，做拉格朗日插值函数 $L_n(x)$。插值多项式函数 $L_n(x)$ 的原函数很容易直接求出，因此取 $I_n = \int_a^b L_n(x)\,\mathrm{d}x$ 近似 $I = \int_a^b f(x)\,\mathrm{d}x$ 值，这样可以直接得到求积公式

$$I_n = \sum_{k=0}^n A_k f(x_k) \tag{7-5}$$

式 (7-5) 类型的求积公式称为插值型求积公式，公式中的求积系数 A_k 是通过插值基函数 $l_k(x)$ 积分求出的

$$A_k = \int_a^b l_k(x)\,\mathrm{d}x \tag{7-6}$$

根据插值余项，对于插值型的求积公式 (7-2)，公式的余项为

$$R[f] = I - I_n = \int_a^b \frac{f^{(n+1)}(\xi)}{(n+1)!} \omega_{n+1}(x)\,\mathrm{d}x$$

其中，ξ 的选取跟变量 x 有关，

$$\omega_{n+1}(x) = (x-x_0)(x-x_1)\cdots(x-x_n)$$

如果求积公式 (7-2) 是插值型的，按式 (7-4) 可以得到对于次数不大于 n 的多项式函数 $f(x)$，余项 $R[f]$ 都等于零，也就是对于次数不大于 n 的多项式函数，求积公式精确成立，也就是求积公式的代数精度至少为 n。反之，若求积公式 (7-2) 至少具有 n 次代数精度，那么它必定是插值型求积公式。

事实上，式 (7-2) 对于插值基函数 $l_k(x)$ 是准确成立的，即

$$\int_a^b l_k(x)\,\mathrm{d}x = \sum_{j=0}^n A_j l_k(x_j)$$

可知，$l_k(x_j) = \delta_{kj} = \begin{cases} 1, & k=j, \\ 0, & k \neq j, \end{cases}$ 上式右式等于 A_k，因此式(7-6)成立。

7.2.2 牛顿-科茨公式

将积分区间等分，并取等距点为求积公式节点，这样构造出来的插值型求积公式就是本节要研究的牛顿-科茨(Newton-Cotes)公式。以下将区间$[a,b]$等分，取步长 $h = \dfrac{b-a}{n}$，利用等分节点构造插值型求积公式为

$$I_n = (b-a) \sum_{k=0}^{n} C_k^{(n)} f(x_k) \tag{7-7}$$

称为牛顿-科茨公式，其中 $C_k^{(n)}$ 称为科茨系数，引进变换 $x = a+th$，则有

$$\begin{aligned}
\int_a^b f(x)\,\mathrm{d}x &\approx \int_a^b L_n(x)\,\mathrm{d}x = \int_a^b \sum_{k=0}^{n} l_k(x) f_k \,\mathrm{d}x \\
&= \sum_{k=0}^{n} \left(\int_a^b l_k(x)\,\mathrm{d}x \right) f_k = \sum_{k=0}^{n} \left(\int_a^b \prod_{j=0, j \neq k}^{n} \frac{x-x_j}{x_k-x_j} \,\mathrm{d}x \right) f_k \\
&= h \sum_{k=0}^{n} \left(\int_0^n \prod_{j=0, j \neq k}^{n} \frac{t-j}{k-j} \,\mathrm{d}t \right) f_k \\
&= \frac{b-a}{n} \sum_{k=0}^{n} \frac{(-1)^{n-k}}{k!(n-k)!} \left(\int_0^n \prod_{j=0, j \neq k}^{n} (t-j) \,\mathrm{d}t \right) f_k \\
&= (b-a) \sum_{k=0}^{n} \frac{(-1)^{n-k}}{nk!(n-k)!} \left(\int_0^n \prod_{j=0, j \neq k}^{n} (t-j) \,\mathrm{d}t \right) f_k
\end{aligned}$$

对比式(7-7)，有

$$C_k^{(n)} = \frac{h}{b-a} \int_0^n \prod_{j=0, j \neq k}^{n} \frac{t-j}{k-j} \,\mathrm{d}t = \frac{(-1)^{n-k}}{nk!(n-k)!} \int_0^n \prod_{j=0, j \neq k}^{n} (t-j) \,\mathrm{d}t \tag{7-8}$$

由于是多项式的积分，科茨系数的计算不会遇到实质性的困难。当 $n=1$ 时，

$$C_0^{(1)} = -\int_0^1 (t-1)\,\mathrm{d}t = \frac{1}{2}, \quad C_1^{(1)} = \int_0^1 t\,\mathrm{d}t = \frac{1}{2}$$

这时求积公式 $I = \int_a^b f(x)\,\mathrm{d}x = (b-a) \dfrac{f(b)+f(a)}{2}$，这就是梯形公式(7-1)。

当 $n=2$ 时，由式(7-8)可求科茨系数为

$$C_0^{(2)} = \frac{1}{4}\int_0^2 (t-1)(t-2)\,\mathrm{d}t = \frac{1}{6}, \quad C_1^{(2)} = -\frac{1}{2}\int_0^2 t(t-2)\,\mathrm{d}t = \frac{4}{6}, \quad C_2^{(2)} = \frac{1}{4}\int_0^2 t(t-1)\,\mathrm{d}t = \frac{1}{6}$$

得到求积公式

$$I = \int_a^b f(x)\,\mathrm{d}x = \frac{b-a}{6}\left[f(a) + 4f\left(\frac{a+b}{2}\right) + f(b) \right] \tag{7-9}$$

该式称为辛普森(Simpson)公式。

当 $n=4$，利用式(7-8)求科茨系数为

$$C_0^{(4)} = \frac{7}{90}, \quad C_1^{(4)} = \frac{32}{90}, \quad C_2^{(4)} = \frac{12}{90}, \quad C_3^{(4)} = \frac{32}{90}, \quad C_4^{(4)} = \frac{7}{90}$$

$$I = \int_a^b f(x)\,dx = \frac{b-a}{90}[7f(x_0) + 32f(x_1) + 12f(x_2) + 32f(x_3) + 7f(x_4)] \quad (7\text{-}10)$$

称式(7-10)为科茨公式。

需要指出:当 $n \geq 8$ 时,牛顿-科茨公式的稳定性得不到保证(证明略),因此在实际计算中不使用高阶的牛顿-科茨公式。

7.2.3 偶数阶求积公式的代数精度

由 7.2.1 节知,插值型的求积公式、n 阶的牛顿-科茨公式至少具有 n 次的代数精度。插值型求积公式的代数精度能否可以更高呢?

考察辛普森公式(7-9),它是二阶牛顿-科茨公式,至少具有二次代数精度,那么紧接着,用 $f(x) = x^3$ 代入辛普森公式,得

$$S = \frac{b-a}{6}\left[a^3 + 4\left(\frac{a+b}{2}\right)^3 + b^3\right] = \frac{b^4 - a^4}{4}$$

另外,直接求积得 $I = \int_a^b x^3\,dx = \frac{b^4 - a^4}{4}$。这时有 $S = I$,即辛普林公式至少对 3 次以内的多项式都准确成立。

$$\int_a^b x^4\,dx = \frac{b^5 - a^5}{5} \neq \frac{b-a}{6}\left(a^4 + \frac{1}{4}(a+b)^4 + b^4\right)$$

也就是对于 $f(x) = x^4$ 是不精确的,因此,辛普森公式具有三次代数精度。

一般地,有以下定理:

【定理 7.2】 当阶数 n 为偶数时,牛顿-科茨公式(7-7)至少具有 $n+1$ 次代数精度。

以下讨论牛顿-科茨公式求积公式余项问题,会用到下面的积分中值定理。

【定理 7.3】(积分中值定理) 如果 $f(x) \in C[a,b]$,且 $g(x)$ 在区间 $[a,b]$ 上保号、可积,则存在 $\xi \in [a,b]$ 使得 $\int_a^b f(x)g(x)\,dx = f(\xi)\int_a^b g(x)\,dx$。特别的,如果有 $g(x) = 1$,则有 $\int_a^b f(x)\,dx = f(\xi)(b-a)$。

考察梯形公式,按余项公式(7-3),余项为

$$R(T) = I - T = \int_a^b \frac{f''(\xi)}{2}(x-a)(x-b)\,dx$$

函数 $(x-a)(x-b)$ 在区间 $[a,b]$ 上保号,应用定理 7.3,在区间 (a,b) 内存在一点 ξ,使得

$$R(T) = \frac{f''(\xi)}{2}\int_a^b (x-a)(x-b)\,dx = \frac{f''(\xi)}{2}\left(\frac{1}{3}x^3 - \frac{a+b}{2}x^2 + abx\right)\bigg|_a^b = -\frac{f''(\xi)}{12}(b-a)^3 \quad (7\text{-}11)$$

以下研究辛普森公式的余项 $R(S) = I - S$。辛普森公式只有 3 个节点,但是代数精度是 3 次,设一个次数不大于 3 次的插值多项式 $P(x)$,满足

$$P(a) = f(a), \quad P(b) = f(b), \quad P\left(\frac{a+b}{2}\right) = f\left(\frac{a+b}{2}\right), \quad P'\left(\frac{a+b}{2}\right) = f'\left(\frac{a+b}{2}\right) \quad (7\text{-}12)$$

并且对于辛普森公式，多项式 $P(x)$ 精确满足

$$\int_a^b P(x)\,\mathrm{d}x = \frac{b-a}{6}\left[P(a)+4P\left(\frac{a+b}{2}\right)+P(b)\right]$$

积分余项为

$$R(S)=I-S=\int_a^b \left[f(x)-P(x)\right]\mathrm{d}x$$

对于满足插值条件式(7-12)的多项式 $P(x)$，其插值余项为

$$f(x)-P(x)=\frac{f^{(4)}(\xi)}{4!}(x-a)(x-c)^2(x-b)$$

其中 $c=\dfrac{a+b}{2}$，故有

$$R(S)=\int_a^b \frac{f^{(4)}(\xi)}{4!}(x-a)(x-c)^2(x-b)\,\mathrm{d}x$$

函数 $(x-a)(x-c)^2(x-b)$ 在区间 $[a,b]$ 上保号，利用积分中值定理 7.3 有

$$R(S)=\frac{f^{(4)}(\xi)}{4!}\int_a^b (x-a)(x-c)^2(x-b)\,\mathrm{d}x = -\frac{(b-a)^5}{2880}f^{(4)}(\xi) \tag{7-13}$$

利用同样的方法以及积分中值定理，可以得到科茨公式的积分余项为

$$R(C)=I-C=-\frac{(b-a)^7}{1935360}f^{(6)}(\xi) \tag{7-14}$$

人 物 介 绍

辛普森(Simpson)(1710—1761)，著名的数学家、发明家，因定积分近似计算的辛普森公式而流芳百世。辛普森最为人熟悉的是他在插值法及数值积分法方面的贡献，事实上他在概率方面也有一定的贡献，在 1740 年出版了 *The Nature and Laws of Chance* 一书，另外当时有一群讲师在伦敦咖啡屋巡回讲学，而辛普森正是当中最突出的一位。他专研有关误差理论，意图证明算术平均值优于单一观测值的结论。

7.3 复化求积法

7.2 节中提到，在使用牛顿-科茨求积公式时，提高求积公式的阶数并不总能改善求积的精度，为了解决这类问题提出了复化求积方法。思路如下，根据前面对于积分公式误差的分析知，积分区间(步长)越小，误差就越小。

基于此，将区间 $[a,b]$ 划分为 n 等份，取步长 $h=\dfrac{b-a}{n}$，节点为 $x_k=a+kh$，$k=0,1,\cdots,n$。在每个划分后的小区间上用低阶牛顿-科茨求积公式求得每个小区间 $[x_k,x_{k+1}]$ 上的积分值 I_k，然后再把每一个区间上的积分结果加起来，用 $\sum\limits_{k=0}^{n-1} I_k$ 的值近似积分 I 的值，这就是复化求

积法。

首先，研究复化梯形公式，在划分后的每个区间$[x_k,x_{k+1}]$上应用梯形公式，有

$$I=\int_a^b f(x)\mathrm{d}x=\sum_{k=0}^{n-1}\int_{x_k}^{x_{k+1}} f(x)\mathrm{d}x$$

$$T_n=\sum_{k=0}^{n-1}\frac{h}{2}[f(x_k)+f(x_{k+1})]=\frac{h}{2}\left[f(a)+2\sum_{k=1}^{n-1}f(x_k)+f(b)\right]$$

根据式(7-11)，积分余项为

$$R(T_n)=I-T_n=\sum_{k=0}^{n-1}\left[-\frac{h^3}{12}f''(\xi_k)\right]$$

$$=-\frac{(b-a)h^2}{12}\frac{1}{n}\sum_{k=0}^{n-1}[f''(\xi_k)]=-\frac{b-a}{12}h^2 f''(\xi) \tag{7-15}$$

其中，$\xi\in[a,b]$。由于$f(x)\in C^2[a,b]$，而且误差阶是h^2阶，所以有

$$\lim_{n\to\infty}T_n=\int_a^b f(x)\mathrm{d}x$$

即，复化梯形公式是收敛的。

以下考察复化辛普森公式，子区间$[x_k,x_{k+1}]$的中点记为$x_{k+\frac{1}{2}}$，在每个子区间上利用辛普森公式，即

$$S_n=\sum_{k=0}^{n-1}\frac{h}{6}[f(x_k)+4f(x_{k+\frac{1}{2}})+f(x_{k+1})]$$

$$=\frac{h}{6}\left[f(a)+4\sum_{k=0}^{n-1}f(x_{k+\frac{1}{2}})+2\sum_{k=1}^{n-1}f(x_k)+f(b)\right]$$

$$R(S_n)=I-S_n=-\frac{(b-a)h^4}{2880}\frac{1}{n}\sum_{k=0}^{n-1}[f^{(4)}(\xi_k)]=-\frac{b-a}{2880}h^4 f^{(4)}(\xi),\xi\in[a,b] \tag{7-16}$$

与复化梯形公式类似，可见复化辛普森公式的误差阶是h^4，显然复化辛普森公式是收敛的。

最后，如果每个子区间$[x_k,x_{k+1}]$再分成4等份，内分点依次记为$x_{k+\frac{1}{4}}$, $x_{k+\frac{1}{2}}$, $x_{k+\frac{3}{4}}$，则复化科茨公式具有形式为

$$C_n=\frac{h}{90}\left[7f(a)+32\sum_{k=0}^{n-1}f(x_{k+\frac{1}{4}})+12\sum_{k=0}^{n-1}f(x_{k+\frac{1}{2}})+32\sum_{k=0}^{n-1}f(x_{k+\frac{3}{4}})+14\sum_{k=1}^{n-1}f(x_k)+7f(b)\right]$$

根据式(7-14)以及类似于复化梯形公式的分析，可以得到复化科茨公式的余项为

$$R(C_n)=I-C_n=-\frac{2(b-a)}{945}\left(\frac{h}{4}\right)^6 f^{(6)}(\xi),\quad \xi\in[a,b] \tag{7-17}$$

复化科茨公式的误差阶是h^6，复化科茨公式也是收敛的。对于其他的牛顿-科茨求积公式也可以用类似的方法加以复化。

【定义7.5】如果某复化求积公式I_n当$h\to 0$时成立

$$\lim_{h\to 0}\frac{I-I_n}{h^p}=C \quad (C\neq 0)$$

则称复化求积公式 I_n 是 P 阶收敛的。

【例 7.3】 根据函数表（见表 7-1），利用复化梯形公式和复化辛普森公式计算 $I=\int_0^1 \dfrac{\sin x}{x}\mathrm{d}x$ 的近似值，并分别估计误差。

表 7-1　函数表

k	x_k	$f(x_k)=\dfrac{\sin x_k}{x_k}$	k	x_k	$f(x_k)=\dfrac{\sin x_k}{x_k}$
0	0	1	5	$\dfrac{5}{8}$	0.9361556
1	$\dfrac{1}{8}$	0.9973978	6	$\dfrac{3}{4}$	0.9088516
2	$\dfrac{1}{4}$	0.9896158	7	$\dfrac{7}{8}$	0.8771925
3	$\dfrac{3}{8}$	0.9767267	8	1	0.8414709
4	$\dfrac{1}{2}$	0.9588510			

【解】 复化梯形公式，此时 $h=\dfrac{1}{8}$，

$$I\approx T_n=\dfrac{1}{16}\left[f(0)+f(1)+2\sum_{k=1}^{7}f\left(\dfrac{k}{8}\right)\right]=0.945691$$

由复化辛普森公式，此时 $h=\dfrac{1}{4}$，

$$I\approx S_n=\dfrac{1}{24}\left[f(0)+f(1)+2\sum_{k=1}^{3}f\left(\dfrac{k}{4}\right)+4\sum_{k=1}^{4}f\left(\dfrac{2k-1}{8}\right)\right]=0.946084$$

与准确值 $I=0.9460831\cdots$ 比较，显然用复化辛普森公式计算精度要比复化梯形公式高。

为了利用余项公式估计误差，要求 $f(x)=\dfrac{\sin x}{x}$ 的高阶导数，由于

$$f(x)=\dfrac{\sin x}{x}=\int_0^1 \cos(xt)\mathrm{d}t$$

所以有

$$f^{(k)}(x)=\int_0^1 \dfrac{\mathrm{d}^k}{\mathrm{d}x^k}\cos(xt)\mathrm{d}t=\int_0^1 t^k\cos\left(xt+\dfrac{k\pi}{2}\right)\mathrm{d}t$$

于是

$$\max_{0\leq x\leq 1}|f^{(k)}(x)|=\int_0^1\left|t^k\cos\left(xt+\dfrac{k\pi}{2}\right)\right|\mathrm{d}t\leq\int_0^1 t^k\mathrm{d}t=\dfrac{1}{k+1}$$

由复化梯形误差公式可得

$$|R_8(f)|=|I-T_8|\leq\dfrac{h^2}{12}\max_{0\leq x\leq 1}|f''(x)|\leq\dfrac{1}{12}\times\left(\dfrac{1}{8}\right)^2\times\dfrac{1}{3}=0.000434$$

由复化辛普森误差公式可得

$$|R_4(f)|=|I-S_4|\leq\dfrac{1}{180}\times\left(\dfrac{1}{8}\right)^4\times\dfrac{1}{5}=0.271\times 10^{-6}$$

【例 7.4】 用复化求积公式计算积分

$$I=\int_0^1 e^{-x}dx$$

要求计算结果有 4 位有效数字，n 应取多大？

【解】 当 $0 \leqslant x \leqslant 1$ 时，有 $0.3 \leqslant e^{-1} \leqslant e^{-x} \leqslant 1$，于是 $0.3 < \int_0^1 e^{-x}dx < 1$。要求计算结果有 4 位有效数字，即要求误差不超过 $\frac{1}{2} \times 10^{-4}$。又

$$|f^{(k)}(x)| = e^{-x} \leqslant 1, \quad x \in [0,1]$$

由式(7-15)可得

$$|R(T_n)| = \frac{1}{12}h^2|f''(\xi)| \leqslant \frac{h^2}{12} \leqslant \frac{1}{2} \times 10^{-4}$$

即 $h^2 \leqslant 6 \times 10^{-4}$，又 $h = \frac{1}{n}$，故 $n^2 \geqslant \frac{1}{6} \times 10^4$，对其开方可得 $n \geqslant 40.8$。因此若用复化梯形公式，n 应等于 41 才能达到精度。

若用复化辛普森公式，由式(7-16)，即

$$|R(S_n)| = \frac{1}{180}\left(\frac{h}{2}\right)^4|f^{(4)}(\xi)| \leqslant \frac{h^4}{180 \times 16} = \frac{1}{180 \times 16}\left(\frac{1}{n}\right)^4 \leqslant \frac{1}{2} \times 10^{-4}$$

即得 $n \geqslant 1.62$。故应取 $n = 2$ 可以达到所需要的精度。

7.4 龙贝格算法

7.4.1 梯形法的递推化

7.3 节中介绍，复化求积公式的截断误差随着步长的缩小而减少，若被积函数的高阶导数容易估计时，由事先给定的精度可以提前确定步长，不过这样做一般情况下是很困难的。在实际计算时，通常尝试从某个步长出发计算近似值，如果精度不够就将步长逐次分半来提高近似值，直至所求得的近似值满足精度要求为止。

以下的内容，首先探讨梯形方法的计算规律。将被积区间 $[a,b]$ 分为 n 等份，等分后共有 $n+1$ 个分点。接下来，如果将求积区间再二分一次，则分点将增至 $2n+1$ 个，考虑二分前后两个积分值。观察到每个子区间 $[x_k, x_{k+1}]$ 经过再次二分只增加了一个分点 $x_{k+\frac{1}{2}} = \frac{1}{2}(x_k + x_{k+1})$，使用复化梯形求积公式求得该子区间上的近似值为

$$\frac{h}{4}[f(x_k) + 2f(x_{k+\frac{1}{2}}) + f(x_{k+1})]$$

注意：这里步长 $h = \frac{b-a}{n}$ 是二分前的步长，将每个子区间上所得到的积分值相加得

$$T_{2n} = \frac{h}{4}\sum_{k=0}^{n-1}[f(x_k) + f(x_{k+1})] + \frac{h}{2}\sum_{k=0}^{n-1}f(x_{k+\frac{1}{2}})$$

即

$$T_{2n} = \frac{1}{2}T_n + \frac{h}{2}\sum_{k=0}^{n-1} f(x_{k+\frac{1}{2}}) \tag{7-18}$$

综上，表明，将步长由 h 缩小成 $\frac{h}{2}$ 时，T_{2n} 的值等于 T_n 的一半再加上新增加节点处的函数值乘以二分后步长。

7.4.2 龙贝格公式

从前述分析中，可见复化梯形公式算法简单，但精度较差，收敛的速度慢。那么，如何提高收敛速度，自然成为大家极为关心的问题。

由复化梯形法的误差公式(7-15)可见，T_n 的截断误差大体上与 h^2 成正比，因此进一步将步长二分之后，可得

$$\frac{I-T_{2n}}{I-T_n} \approx \frac{1}{4}$$

将上式移项整理可得

$$I - T_{2n} \approx \frac{1}{3}(T_{2n} - T_n)$$

即，二分后的误差大致等于二分前后误差的 1/3。还可以得到

$$\begin{aligned}
I &= \frac{4}{3}T_{2n} - \frac{1}{3}T_n \\
&= \frac{4}{3}\left(\frac{1}{2}T_n + \frac{h}{2}\sum_{k=0}^{n-1} f(x_{k+\frac{1}{2}})\right) - \frac{1}{3}T_n = \frac{1}{3}T_n + \frac{2h}{3}\sum_{k=0}^{n-1} f(x_{k+\frac{1}{2}}) \\
&= \frac{1}{3}\sum_{k=0}^{n-1} \frac{h}{2}[f(x_k) + f(x_{k+1})] + \frac{2h}{3}\sum_{k=0}^{n-1} f(x_{k+\frac{1}{2}}) \\
&= \sum_{k=0}^{n-1} \frac{h}{6}[f(x_k) + 4f(x_{k+\frac{1}{2}}) + f(x_{k+1})]
\end{aligned}$$

即

$$S_n = \frac{4}{3}T_{2n} - \frac{1}{3}T_n \tag{7-19}$$

再考察辛普森积分法，按误差公式(7-16)，若将步长折半，其误差将减至原来的 1/16，即

$$\frac{I-S_{2n}}{I-S_n} \approx \frac{1}{16}, \quad I \approx \frac{16}{15}S_{2n} - \frac{1}{15}S_n \tag{7-20}$$

不难验证，上式右式其实是复化科茨公式 C_n，也就是说，用辛普森方法二分前的 S_n 与二分后的 S_{2n}，按式(7-20)进行组合，可以得到复化科茨公式 C_n，即

$$C_n = \frac{16}{15}S_{2n} - \frac{1}{15}S_n \tag{7-21}$$

重复同样的方法，利用复化科茨公式的误差公式可以导出龙贝格(Romberg)积分公式为

$$R_n = \frac{64}{63}C_{2n} - \frac{1}{63}C_n \tag{7-22}$$

在二分步长的过程中利用式(7-19)、式(7-21)和式(7-22)，可以将误差较大的梯形求积公式的近似值 T_n 逐步变换成精度较高的积分值(辛普森值 S_n、科茨值 C_n 以及龙贝格积分值 R_n)。

【例 7.5】 利用龙贝格算法计算积分值 $I=\int_0^1 \frac{\sin x}{x}dx$($I$ 的精确值为 0.9460831)。

【解】 先对区间 $[0,1]$ 使用梯形公式，计算得

$$T_1 = \frac{1}{2}[f(0)+f(1)] = 0.9207355$$

将区间二等分，之后利用递推公式(7-18)，可得

$$T_2 = \frac{1}{2}T_1 + \frac{1}{2}f\left(\frac{1}{2}\right) = 0.9397933$$

一直不断二分，计算结果见表 7-2(k 表示二分次数，$n=2^k$ 是区间等份数，$k=0,1,2,3$)。

表 7-2 计算结果

k	T_2^k	S_2^{k-1}	C_2^{k-2}	R_2^{k-2}
0	0.9207355			
1	0.9397933	0.9461459		
2	0.9445135	0.9460869	0.9460830	
3	0.9456909	0.9460833	0.9460831	0.9460831

7.4.3 外推技巧

假设一个量 Q 与步长 h 无关，可以用步长 h 的量 $Q^*(h)$ 作为 Q 的近似，并且假设有渐近展开式，即

$$Q^*(h) = Q + a_1 h^{b_1} + a_2 h^{b_2} + \cdots + a_k h^{b_k} + \cdots \tag{7-23}$$

其中，系数 $\{a_k\}_{k=1}^{\infty}$ 与步长 h 无关，幂次满足 $0<b_1<b_2<\cdots$。显然，用 $Q^*(h)$ 近似 Q 时，误差的量级是 $O(h^{b_1})$。

由式(7-23)可知

$$Q^*\left(\frac{h}{2}\right) = Q + a_1 \left(\frac{h}{2}\right)^{b_1} + a_2 \left(\frac{h}{2}\right)^{b_2} + \cdots + a_k \left(\frac{h}{2}\right)^{b_k} + \cdots \tag{7-24}$$

紧接着由式(7-23)和式(7-24)，可得

$$\frac{Q^*(h) - 2^{b_1} Q^*\left(\frac{h}{2}\right)}{1 - 2^{b_1}} = Q + \overline{a_2} h^{b_2} + \cdots + \overline{a_k} h^{b_k} + \cdots \tag{7-25}$$

其中，系数 $\{\overline{a_k}\}_{k=1}^{\infty}$ 为新的系数，$\overline{a_k} = a_k \frac{1-2^{b_1-b_k}}{1-2^{b_1}}$。观察后，发现新的近似量，即

$$Q_1^*(h) = \frac{Q^*(h)}{1-2^{b_1}} + \frac{-2^{b_1} Q^*(h)}{1-2^{b_1}}$$

$Q_1^*(h)$ 可以作为 Q 的近似，误差和 $O(h^{b_2})$ 同阶。同时注意到，该更高阶的近似 $Q_1^*(h)$ 是由

两个低阶近似的线性组合得到的。由于步长 h 和 $\frac{h}{2}$ 的近似值 Q^*，线性组合出 $h\to 0$ 时量 Q 的近似值，但是 $0 \in \left[h, \frac{h}{2}\right]$，故称该算法过程为外推技巧。事实上，根据式(7-25)还可以继续重复外推过程，得到更为高阶的近似。

这一技巧在数值积分、数值微分以及偏微分方程数值解方面都有很广泛的应用。以下介绍其在数值积分方面的应用。

【定理 7.4】 设积分 $I=\int_a^b f(x)\,\mathrm{d}x$ 的被积函数在区间 $[a,b]$ 上无穷次可微，则有复化梯形公式

$$T_n(f)=T(h)=I+a_1 h^2+a_2 h^4+\cdots+a_k h^{2k}+\cdots$$

其中，系数 $\{a_k\}_{k=1}^{\infty}$ 与步长 h 无关。

利用外推技巧，有

$$\frac{T(h)-2^2 T\left(\dfrac{h}{2}\right)}{1-2^2}=I+\overline{a_2}h^4+\cdots+\overline{a_k}h^{2k}+\cdots \tag{7-26}$$

而式(7-26)左边

$$\frac{T(h)-2^2 T\left(\dfrac{h}{2}\right)}{1-2^2}=T\left(\dfrac{h}{2}\right)+\dfrac{1}{3}\left[T\left(\dfrac{h}{2}\right)-T(h)\right]=T_{2n}(f)+\dfrac{1}{3}\left[T_{2n}(f)-T_n(f)\right]=S_n(f)$$

这与式(7-19)是一致的。

人物介绍

龙贝格(Romberg)(1909—2003)，德国数学家和物理学家。1955 年，他发表了《简化数值积分》，这篇论文包含了著名的龙贝格积分，对数值分析领域的发展产生了重要的影响。

7.5 高斯公式

等距节点的插值型求积公式，虽然计算简单，使用方便，但是这种节点等距的限制却产生了不能有效提高求积公式的代数精度的问题。试想如果对划分的节点不加等距地限制，并选择合适的求积系数，很有可能会提高求积公式的精度。本章的高斯型求积公式是针对机械求积公式

$$\int_a^b f(x)\,\mathrm{d}x=\sum_{k=0}^n A_k f(x_k) \tag{7-27}$$

当节点数固定时，适当地选取节点 $\{x_k\}$ 以及求积系数 $\{A_k\}$，使得求积公式具有最高精度。观察机械求积公式，可见公式中含有 $2n+2$ 个待定参数 $x_k, A_k (k=0,1,\cdots,n)$，选择适当的参数，有可能使得求积公式的代数精度提高到 $2n+1$ 次，这种类型的求积公式称为高斯公式。

7.5.1 高斯点

【定义 7.6】 如果求积公式(7-27)具有 $2n+1$ 次代数精度，则称其节点 $x_k(k=0,1,\cdots,n)$ 为高斯点。相应的求积公式称为高斯公式。

【定理 7.5】 插值型求积公式的节点 x_k，$a \leqslant x_0 < x_1 < \cdots < x_n \leqslant b$ 是高斯点的充要条件是：以这些节点为零点的多项式为

$$\omega_{n+1}(x) = (x-x_0)(x-x_1)\cdots(x-x_n)$$

与任何次数不超过 n 次的多项式 $P(x)$ 都正交，即

$$\int_a^b P(x)\omega_{n+1}(x)\,\mathrm{d}x = 0 \tag{7-28}$$

【证明】 以下先证必要性。设存在多项式 $P(x) \in H_n$，则 $P(x)\omega_{n+1}(x) \in H_{2n+1}$。因此，如果 $x_0, x_1, \cdots, x_n$ 是高斯点，则 $f(x) = P(x)\omega_{n+1}(x)$ 对于求积公式(7-27)精确成立，也就是

$$\int_a^b P(x)\omega_{n+1}(x)\,\mathrm{d}x = \sum_{k=0}^n A_k P(x_k)\omega_{n+1}(x_k) = 0$$

故式(7-28)成立。

以下证充分性。对于 $\forall f(x) \in H_{2n+1}$，用 $\omega_{n+1}(x)$ 除 $f(x)$，结果为 $P(x)$，余项为 $q(x)$，即 $f(x) = P(x)\omega_{n+1}(x) + q(x)$，其中 $P(x)$，$q(x) \in H_n$，由式(7-28)可知

$$\int_a^b f(x)\,\mathrm{d}x = \int_a^b q(x)\,\mathrm{d}x \tag{7-29}$$

由于所给求积公式(7-27)是插值型的，前面已经知道对于插值型多项式，$q(x) \in H_n$ 是精确成立的，即

$$\int_a^b f(x)\,\mathrm{d}x = \int_a^b q(x)\,\mathrm{d}x = \sum_{k=0}^n A_k q(x_k)$$

又因为 $\omega_{n+1}(x_k) = 0 (k=0,1,\cdots,n)$，可知 $q(x_k) = f(x_k)(k=0,1,\cdots,n)$，从而由式(7-29)有

$$\int_a^b f(x)\,\mathrm{d}x = \sum_{k=0}^n A_k q(x_k) = \sum_{k=0}^n A_k f(x_k)$$

可见对一切次数不超过 $2n+1$ 的多项式求积公式(7-27)都精确成立，因此 $x_k(k=0,1,\cdots,n)$ 为高斯点。

证毕。

接下来，考虑高斯求积公式的余项。设 $H(x)$ 为在节点 $x_k(k=0,1,\cdots,n)$ 处 $f(x)$ 的 $2n+1$ 次埃尔米特(Hermite)插值多项式，满足以下插值条件，即

$$H_{2n+1}(x_k) = f(x_k), H'_{2n+1}(x_k) = f'(x_k), k=0,1,\cdots,n$$

由埃尔米特余项公式

$$f(x) - H(x) = \frac{f^{(2n+2)}(\xi)}{(2n+2)!}\omega_{n+1}^2(x)$$

有

$$R(f) = \int_a^b f(x)\,\mathrm{d}x - \sum_{k=0}^n A_k f(x_k)$$

$$=\int_a^b f(x)\,\mathrm{d}x - \sum_{k=0}^n A_k H(x_k)$$

$$=\int_a^b f(x)\,\mathrm{d}x - \int_a^b H(x)\,\mathrm{d}x$$

$$=\int_a^b [f(x)-H(x)]\,\mathrm{d}x$$

$$=\int_a^b \frac{f^{(2n+2)}(\xi)}{(2n+2)!}\omega_{n+1}^2(x)\,\mathrm{d}x$$

【定理 7.6】 高斯求积公式的求积系数 $A_k(k=0,1,\cdots,n)$ 全是正的。

【证明】 设高斯节点 $x_k(k=0,1,\cdots,n)$ 构造的高斯求积公式具有 $2n+1$ 次代数精度,因此对于多项式 $l_k(x)=\prod\limits_{\substack{j=0\\j\neq k}}^n \dfrac{x-x_j}{x_k-x_j}(k=0,1,\cdots,n)$,求积公式都准确成立,即

$$\int_a^b l_k^2(x)\,\mathrm{d}x = \sum_{j=0}^n A_j l_k^2(x_j) = A_k \quad (k=0,1,\cdots,n)$$

【推论】 高斯求积公式是稳定的。

7.5.2 高斯公式及高斯-勒让德公式

以下通过高斯点的寻找,来构造高斯型求积公式。对于任意区间 $[a,b]$,取 $x=\dfrac{b-a}{2}t+\dfrac{b+a}{2}$ 时,$\int_a^b f(x)\,\mathrm{d}x = \dfrac{b-a}{2}\int_{-1}^1 f\left(\dfrac{b-a}{2}t+\dfrac{a+b}{2}\right)\mathrm{d}t$。因此,研究区间 $[-1,1]$ 完全不失一般性。

研究区间 $[-1,1]$ 上的高斯公式为

$$\int_{-1}^1 f(x)\,\mathrm{d}x \approx \sum_{k=0}^n A_k f(x_k) \tag{7-30}$$

取区间 $[-1,1]$ 上的正交多项式 $P_{n+1}(x)$,多项式的零点就是式(7-30)的高斯点,构造出来的公式称为高斯公式。

在区间 $[-1,1]$ 上,将 $\{1,x,x^2,\cdots,x^n,\cdots\}$ 正交化得到一组正交多项式就称为勒让德(Legendre)多项式。

$$P_0(x)=1, \quad P_n(x)=\frac{1}{2^n n!}\frac{\mathrm{d}^n}{\mathrm{d}x^n}\{(x^2-1)^n\} \quad (n=1,2,\cdots)$$

为勒让德多项式的一般表达式。以下以勒让德多项式为例构造高斯型求积公式——高斯-勒让德公式。取 $P_1(x)=x$,$x=0$ 为多项式的零点,零点作为高斯点构造求积公式,即

$$\int_{-1}^1 f(x)\,\mathrm{d}x \approx A_0 f(0)$$

令它对 $f(x)=1$ 准确成立,可得 $A_0=2$。这样构造出的求积公式为一点高斯-勒让德公式,也是熟知的中矩形公式。

再取 $P_2(x)=\dfrac{1}{2}(3x^2-1)$,多项式有两个零点 $\pm\dfrac{1}{\sqrt{3}}$,利用这两个点作为高斯点构造求积公式为

$$\int_{-1}^{1} f(x)\,dx \approx A_0 f\left(-\frac{1}{\sqrt{3}}\right) + A_1 f\left(\frac{1}{\sqrt{3}}\right)$$

它对于 $f(x) = 1, x$ 都精确成立，代入可得方程组，即

$$\begin{cases} A_0 + A_1 = 2 \\ A_0\left(-\dfrac{1}{\sqrt{3}}\right) + A_1\left(\dfrac{1}{\sqrt{3}}\right) = 0 \end{cases}$$

解出 $A_0 = A_1 = 1$，故两点高斯-勒让德公式为 $\int_{-1}^{1} f(x)\,dx \approx f\left(-\dfrac{1}{\sqrt{3}}\right) + f\left(\dfrac{1}{\sqrt{3}}\right)$。

7.6 数值微分

7.6.1 中点方法

在微分学中，求函数 $f(x)$ 的导数一般是容易的，但如果所给函数 $f(x)$ 是用表格形式给出，$f'(x)$ 就不那么容易求得了，这种情况下，对表格函数 $f(x)$ 求导数通常使用数值微分。

按照高等数学的定义，导数 $f'(a)$ 是差商 $\dfrac{f(a+h) - f(a)}{h}$ 当 $h \to 0$ 时的极限。如果对精度要求不高，可以用差商近似代替导数就是最简单的数值微分公式。

1）向前差商

$$f'(x_0) \approx \frac{f(x_0 + h) - f(x_0)}{h}$$

2）向后差商

$$f'(x_0) \approx \frac{f(x_0) - f(x_0 - h)}{h}$$

3）中心差商

$$f'(x_0) \approx \frac{f(x_0 + h) - f(x_0 - h)}{2h}$$

如图 7-1 所示，三个差商分别表示弦 AC、AB 和 BC 的斜率，将这三条弦的斜率跟过 A 点的切线斜率比较，可知 BC 的斜率更接近于点 A 的斜率 $f'(x_0)$，

$$G(h) = \frac{f(x_0 + h) - f(x_0 - h)}{2h} \tag{7-31}$$

称为求 $f'(x_0)$ 的中点公式。从精度考虑，求导数中点公式更好一些。

上述三种数值微分方法，全都是将导数的计算变成计算函数 f 在若干点上的函数值的组合。这类求数值微分方法称为机械求导法。

综上分析知，要利用中点公式 (7-31) 计算 $f'(x_0)$ 的近似值，必须选取合适的步长来使得结果更加精确。将 $f(x_0 \pm h)$ 在 $x = x_0$

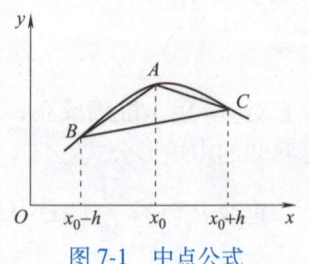

图 7-1 中点公式

处做泰勒展开，可得

$$f(x_0 \pm h) = f(x_0) \pm hf'(x_0) + \frac{h^2}{2!}f''(x_0) \pm \frac{h^3}{3!}f'''(x_0) + \frac{h^4}{4!}f^{(4)}(x_0) \pm \frac{h^5}{5!}f^{(5)}(x_0) + \cdots$$

将其代入式(7-31)，可得

$$G(h) = f'(x_0) + \frac{h^2}{3!}f'''(x_0) + \frac{h^4}{5!}f^{(5)}(x_0) + \cdots$$

从而

$$G(h) - f'(x_0) = \frac{h^2}{3!}f'''(x_0) + \frac{h^4}{5!}f^{(5)}(x_0) + \cdots$$

得截断误差为 $O(h^2)$，步长 h 越小，计算结果越精确。

又考虑到步长 h 很小时，$f(x_0+h)$ 与 $f(x_0-h)$ 很接近，两个值相减可能会造成很大的舍入误差(参见 1.5 节)。从该情况考虑，步长 h 不宜取得太小。

7.6.2　实用的五点公式

对于列表函数 $y=f(x)$（见表 7-3），可以用插值法做插值多项式 $y=P_n(x)$ 来近似列表函数关系 $y=f(x)$。多项式求导是容易的，可以用 $P_n'(x)$ 的值近似 $f'(x)$ 的值，即

$$f'(x) \approx P_n'(x) \tag{7-32}$$

式(7-32)称为插值型的求导公式。

表 7-3　列表函数

x_i	x_0	x_1	x_2	$\cdots$	x_n
$y=f(x)$	y_0	y_1	y_2	$\cdots$	y_n

需要指出：即使 $f(x)$ 与插值函数 $P_n(x)$ 的误差很小，节点处导数的值依然可能差别很大，因此在使用插值型求导公式(7-32)时需要特别注意误差的分析。

根据插值余项，求导公式(7-32)的余项为

$$f'(x) - P_n'(x) = \left(\frac{f^{(n+1)}(\xi)}{(n+1)!} \omega_{n+1}(x) \right)' = \frac{f^{(n+1)}(\xi)}{(n+1)!} \omega_{n+1}'(x) + \frac{\omega_{n+1}(x)}{(n+1)!} \frac{\mathrm{d}}{\mathrm{d}x} f^{(n+1)}(\xi) \tag{7-33}$$

其中，$\omega_{n+1}(x) = \prod_{i=0}^{n}(x-x_i)$。

在式(7-33)中，ξ 是依赖于 x 的未知函数，第二项 $\frac{\omega_{n+1}(x)}{(n+1)!}\frac{\mathrm{d}}{\mathrm{d}x}f^{(n+1)}(\xi)$ 无法做出判定。因此，对于任意点 x，$f'(x) - P_n'(x)$ 的误差是无法估计的。但是，如果限定在节点 x_k 上的导数值，那么式(7-33)第二项中 $\omega_{n+1}(x_k) = 0$，此时有余项公式

$$f'(x_k) - P_n'(x_k) = \frac{f^{(n+1)}(\xi)}{(n+1)!} \omega_{n+1}'(x_k) \tag{7-34}$$

以下介绍的公式都只考虑节点处的导数值，并且假设所给的节点都是等距的。

(1) 两点公式　考虑两个节点 x_0，x_1，步长为 h，做线性插值函数

$$P_1(x) = \frac{x-x_1}{x_0-x_1}f(x_0) + \frac{x-x_0}{x_1-x_0}f(x_1)$$

对上式两端求导，即

$$P_1'(x) = \frac{1}{h}[-f(x_0) + f(x_1)]$$

因此，节点处导数有公式为

$$P_1'(x_0) = \frac{1}{h}[f(x_1) - f(x_0)], \quad P_1'(x_1) = \frac{1}{h}[f(x_1) - f(x_0)]$$

利用余项式(7-34)得带余项的两点公式为

$$f'(x_0) = \frac{1}{h}[f(x_1) - f(x_0)] - \frac{h}{2}f''(\xi)$$

$$f'(x_1) = \frac{1}{h}[f(x_1) - f(x_0)] + \frac{h}{2}f''(\xi)$$

(2) 三点公式 以下考虑三个节点 x_0, $x_1 = x_0 + h$, $x_2 = x_0 + 2h$，做二次插值函数

$$P_2(x) = \frac{(x-x_1)(x-x_2)}{(x_0-x_1)(x_0-x_2)}f(x_0) + \frac{(x-x_0)(x-x_2)}{(x_1-x_0)(x_1-x_2)}f(x_1) + \frac{(x-x_0)(x-x_1)}{(x_2-x_0)(x_2-x_1)}f(x_2)$$

令 $x = x_0 + th$，代入上式可得

$$P_2(x_0 + th) = \frac{1}{2}(t-1)(t-2)f(x_0) - t(t-2)f(x_1) + \frac{1}{2}t(t-1)f(x_2)$$

上式两端对 t 求导，有

$$P_2'(x_0 + th) = \frac{1}{2h}[(2t-3)f(x_0) - (4t-4)f(x_1) + (2t-1)f(x_2)] \tag{7-35}$$

对上式分别取 $t = 0, 1, 2$，得到以下三个三点公式为

$$P_2'(x_0) = \frac{1}{2h}[-3f(x_0) + 4f(x_1) - f(x_2)]$$

$$P_2'(x_1) = \frac{1}{2h}[-f(x_0) + f(x_2)]$$

$$P_2'(x_2) = \frac{1}{2h}[f(x_0) - 4f(x_1) + 3f(x_2)]$$

根据余项公式(7-34)得三点求导公式为

$$f'(x_0) = \frac{1}{2h}[-3f(x_0) + 4f(x_1) - f(x_2)] + \frac{h^2}{3}f'''(\xi_1)$$

$$f'(x_1) = \frac{1}{2h}[-f(x_0) + f(x_2)] - \frac{h^2}{6}f'''(\xi_2)$$

$$f'(x_2) = \frac{1}{2h}[f(x_0) - 4f(x_1) + 3f(x_2)] + \frac{h^2}{3}f'''(\xi_3)$$

另外，用插值多项式函数 $P_n(x)$ 近似函数 $f(x)$，还可以得出高阶数值微分公式为

$$f^{(k)}(x) \approx P_n^{(k)}(x), \quad k = 1, 2, \cdots$$

例如，对式(7-35)再求导一次，有

$$P_2''(x_0 + th) = \frac{1}{h^2}[f(x_0) - 2f(x_1) + f(x_2)]$$

则

$$P''_2(x_1) = \frac{1}{h^2}[f(x_1-h) - 2f(x_1) + f(x_1+h)]$$

带余项的二阶三点公式为

$$f''(x_1) = \frac{1}{h^2}[f(x_1-h) - 2f(x_1) + f(x_1+h)] - \frac{h^2}{12}f^4(\xi)$$

(3) 五点公式 设 $f(x)$ 为区间 $[a,b]$ 上的函数，在等距节点 $a=x_0<x_1<x_2<x_3<x_4=b$ 处的函数值 $f(x_k)$, $k=0$, 1, 2, 3, 4, 且 $x_{k+1}-x_k=h$。在区间 $[a,b]$ 上做 $f(x)$ 的 4 次拉格朗日插值函数 $P_4(x)$，将 $x=x_0+th$ 代入 $P_4(x)$，并将方程两端对 t 求两次导数，分别把 $t=0$, 1, 2, 3, 4 代入求导后的公式，即可得到 $x_k(k=0,1,2,3,4)$ 节点一阶导数和二阶导数的五点数值微分公式。一阶五点公式为

$$P'(x_0) = \frac{1}{12h}[-25f(x_0) + 48f(x_1) - 36f(x_2) + 16f(x_3) - 3f(x_4)]$$

$$P'(x_1) = \frac{1}{12h}[-3f(x_0) - 10f(x_1) + 18f(x_2) - 6f(x_3) + f(x_4)]$$

$$P'(x_2) = \frac{1}{12h}[f(x_0) - 8f(x_1) + 8f(x_3) - f(x_4)]$$

$$P'(x_3) = \frac{1}{12h}[-f(x_0) + 6f(x_1) - 18f(x_2) + 10f(x_3) + 3f(x_4)]$$

$$P'(x_4) = \frac{1}{12h}[3f(x_0) - 16f(x_1) + 36f(x_2) - 48f(x_3) + 25f(x_4)]$$

带余项的五点公式为

$$f'(x_0) = \frac{1}{12h}[-25f(x_0) + 48f(x_1) - 36f(x_2) + 16f(x_3) - 3f(x_4)] + \frac{h^4}{5}f^{(5)}(\xi)$$

$$f'(x_1) = \frac{1}{12h}[-3f(x_0) - 10f(x_1) + 18f(x_2) - 6f(x_3) + f(x_4)] - \frac{h^4}{20}f^{(5)}(\xi)$$

$$f'(x_2) = \frac{1}{12h}[f(x_0) - 8f(x_1) + 8f(x_3) - f(x_4)] + \frac{h^4}{30}f^{(5)}(\xi)$$

$$f'(x_3) = \frac{1}{12h}[-f(x_0) + 6f(x_1) - 18f(x_2) + 10f(x_3) + 3f(x_4)] - \frac{h^4}{20}f^{(5)}(\xi)$$

$$f'(x_4) = \frac{1}{12h}[3f(x_0) - 16f(x_1) + 36f(x_2) - 48f(x_3) + 25f(x_4)] + \frac{h^4}{5}f^{(5)}(\xi)$$

二阶五点公式为

$$P''(x_0) = \frac{1}{12h^2}[35f(x_0) - 104f(x_1) + 114f(x_2) - 56f(x_3) + 11f(x_4)]$$

$$P''(x_1) = \frac{1}{12h^2}[11f(x_0) - 20f(x_1) + 6f(x_2) + 4f(x_3) - f(x_4)]$$

$$P''(x_2) = \frac{1}{12h^2}[-f(x_0) + 16f(x_1) - 30f(x_2) + 16f(x_3) - f(x_4)]$$

$$P''(x_3) = \frac{1}{12h^2}[-f(x_0) + 4f(x_1) + 6f(x_2) - 20f(x_3) + 11f(x_4)]$$

$$P''(x_4) = \frac{1}{12h^2}[11f(x_0) - 56f(x_1) + 114f(x_2) - 104f(x_3) + 35f(x_4)]$$

对于给定的一份数据表格，用五点公式求节点上的一阶导数和二阶导数值一般精度都可以达到要求。五个相邻节点的选择方法，一般是在所求节点的两侧各取两个节点，如果一侧的节点少于两个，则可以取另一侧的节点。

【例 7.6】 用三点公式和五点公式分别求 $f(x) = \frac{1}{(1+x)^2}$ 在 $x = 1.0$，1.1，1.2 处的导数值，并估计误差。$f(x)$ 函数值见表 7-4。

表 7-4 $f(x)$ 函数值

x	1.0	1.1	1.2	1.3	1.4
$f(x)$	0.2500	0.2268	0.2066	0.1890	0.1736

【解】 三点公式为

$$f'(1.0) = \frac{1}{2 \times 0.1}[-3f(1.0) + 4f(1.1) - f(1.2)] = -0.247$$

$$f'(1.1) = \frac{1}{2 \times 0.1}[-f(1.0) + f(1.2)] = -0.217$$

$$f'(1.2) = \frac{1}{2 \times 0.1}[-f(1.1) + f(1.3)] = -0.189$$

$$f'(x) = -2(1+x)^{-3}, \quad f''(x) = 6(1+x)^{-4}, \quad f'''(x) = -24(1+x)^{-5}$$

$f'(1.0)$ 的误差为

$$|R_1| = \left|\frac{h^2}{3}f'''(\xi)\right| \leq \frac{0.1^2}{3} \times 24 \times (1+1.2)^{-5} = 1.55 \times 10^{-3}$$

$f'(1.1)$ 的误差为

$$|R_2| = \left|-\frac{h^2}{6}f'''(\xi)\right| \leq \frac{0.1^2}{6} \times 24 \times (1+1.2)^{-5} = 7.8 \times 10^{-4}$$

$f'(1.2)$ 的误差为

$$|R_3| = \left|\frac{h^2}{3}f'''(\xi)\right| \leq 1.55 \times 10^{-3}$$

五点公式为

$$f'(1.0) = \frac{1}{12 \times 0.1}[-25f(1.0) + 48f(1.1) - 36f(1.2) + 16f(1.3) - 3f(1.4)] = -0.2483$$

$$f'(1.1) = \frac{1}{12 \times 0.1}[-3f(1.0) - 10f(1.1) + 18f(1.2) - 6f(1.3) + f(1.4)] = -0.2163$$

$$f'(1.2) = \frac{1}{12 \times 0.1}[f(1.0) - 8f(1.1) + 8f(1.3) - f(1.4)] = -0.1883$$

误差分别为 $|R_1| \leq 1.7 \times 10^{-3}$，$|R_2| \leq 3.4 \times 10^{-4}$，$|R_3| \leq 4.7 \times 10^{-4}$。

7.7 Python 程序

【例 7.7】 分别利用梯形公式、辛普森公式计算 $\int_0^1 \dfrac{\ln(1+x)}{(2-x)^2}\mathrm{d}x$，并与其精确值比较。

```python
import numpy as np
from scipy.integrate import quad
# 定义函数
def f(x):
    return np.log(1+x)/(2-x)**2
# 精确值的计算
result,error=quad(f,0,1)
print("定积分值:",result)
# 梯形公式数值积分
def trapezoidal_rule(f,a,b,n):
    h=(b-a)/n
    integral=0.5*(f(a)+f(b))
    for i in range(1,n):
        integral+=f(a+i*h)
    integral*=h
    return integral
# Simpson 公式数值积分
def simpson_rule(f,a,b,n):
    h=(b-a)/n
    integral=f(a)+f(b)
    for i in range(1,n,2):
        integral+=4*f(a+i*h)
    for i in range(2,n-1,2):
        integral+=2*f(a+i*h)
    integral*=h/3
    return integral
# 区间和分割数
a=0
b=1
n=100
# 使用梯形公式和 Simpson 公式计算积分
trapezoidal_integral=trapezoidal_rule(f,a,b,n)
simpson_integral=simpson_rule(f,a,b,n)
```

```
# 输出结果
print("梯形公式近似值:",trapezoidal_integral)
print("辛普森公式近似值:",simpson_integral)
```

运行结果:
定积分值: 0.23104906018664845。
梯形公式近似值: 0.23106269564648055。
辛普森公式近似值: 0.23104906149229792。

【例7.8】 使用龙贝格积分，对于 $\int_0^{48}\sqrt{1+(\cos x)^2}\,dx$ 计算以下各近似值。

1) 确定 $R_{1,1}$, $R_{2,1}$, $R_{3,1}$, $R_{4,1}$, $R_{5,1}$。
2) 确定 $R_{2,2}$, $R_{3,3}$, $R_{4,4}$, $R_{5,5}$。
3) 确定 $R_{6,1}$, $R_{6,2}$, $R_{6,3}$, $R_{6,4}$, $R_{6,5}$, $R_{6,6}$。
4) 确定 $R_{7,7}$, $R_{8,8}$, $R_{9,9}$, $R_{10,10}$。

```
import numpy as np
#龙贝格公式
def romberg(f,a,b,n):
    R=np.zeros((n,n))
    h=b-a
    # 第一列的近似值
    R[0,0]=0.5*h*(f(a)+f(b))
    for j in range(1,n):
        h=h/2
        sum=0
        for k in range(1,2**j,2):
            sum=sum+f(a+k*h)
        # 计算R[j,0]
        R[j,0]=0.5*R[j-1,0]+sum*h
        # 计算R[j,k]
        for k in range(1,j+1):
            R[j,k]=R[j,k-1]+(R[j,k-1]-R[j-1,k-1])/(4**k-1)
    return R
# 测试函数
def f(x):
    return np.sqrt(1+np.cos(x)**2)
# 使用龙贝格公式进行积分
result=romberg(f,0,48,10)
print("R1,1:{:.4f}".format(result[0,0]))
```

```
print("R2,1:{:.4f}".format(result[1,0]))
print("R3,1:{:.4f}".format(result[2,0]))
print("R4,1:{:.4f}".format(result[3,0]))
print("R5,1:{:.4f}".format(result[4,0]))
print("R2,2:{:.4f}".format(result[1,1]))
print("R3,3:{:.4f}".format(result[2,2]))
print("R4,4:{:.4f}".format(result[3,3]))
print("R5,5:{:.4f}".format(result[4,4]))
print("R6,1:{:.4f}".format(result[5,0]))
print("R6,2:{:.4f}".format(result[5,1]))
print("R6,3:{:.4f}".format(result[5,2]))
print("R6,4:{:.4f}".format(result[5,3]))
print("R6,5:{:.4f}".format(result[5,4]))
print("R6,6:{:.4f}".format(result[5,5]))
print("R7,7:{:.4f}".format(result[6,6]))
print("R8,8:{:.4f}".format(result[7,7]))
print("R9,9:{:.4f}".format(result[8,8]))
print("R10,10:{:.4f}".format(result[9,9]))
```

代码运行结果:

R1,1:62.4374。

R2,1:57.2886。

R3,1:56.4438。

R4,1:56.2631。

R5,1:56.2188。

R2,2:55.5723。

R3,3:56.2015。

R4,4:56.2056。

R5,5:56.2041。

R6,1:58.3627。

R6,2:59.0773。

R6,3:59.2689。

R6,4:59.3175。

R6,5:59.3297。

R6,6:59.3328。

R7,7:58.4221。

R8,8:58.4707。

R9,9:58.4705。

R10,10:58.4705。

习 题 7

1. 试确定机械求积公式 $\int_{-h}^{h} f(x)\,dx \approx af(-h) + bf(0) + cf(h)$，使它的代数精度尽可能高。

2. 试确定求积公式 $\int_{0}^{1} f(x)\,dx \approx A_0 f(0) + A_1 f(1) + B_0 f'(0)$ 的系数 A_0，A_1 及 B_0，使得求积公式代数精确度尽可能高，并求出代数精确度。

3. 判断数值积分公式 $\int_{0}^{3} f(x)\,dx \approx \frac{3}{2}[f(1) + f(2)]$ 是否为插值型求积公式，并求出该公式的代数精度。

4. 用梯形公式求解 $\int_{0}^{1} \frac{x}{4+x^2}\,dx$，$n=8$。

5. 用辛普森公式求解 $\int_{1}^{9} \sqrt{x}\,dx$，$n=4$。

6. 使用复化梯形公式计算积分 $I = \int_{0}^{1} e^x\,dx$，需要将区间 $[0,1]$ 等分多少份可以使得截断误差不超过 10^{-6}。

7. 用复化梯形公式求解 $\int_{1}^{2} \frac{1}{x}\,dx$，$n=4$，并估计方法的误差。

8. 用龙贝格方法求积分 $\int_{0}^{1} e^{-x}\,dx$，要求计算误差不超过 10^{-5}。

9. 对于函数 $f(x) = e^x$，已知点 2.5，2.6，2.7，2.8，2.9 处的函数值，用两点公式求 $x=2.7$ 处的一阶导数，三点公式求 $x=2.7$ 处的二阶导数。

10. 程序设计：分别利用梯形公式、辛普森公式计算 $\int_{0}^{1} e^{-x^2}\,dx$，并与精确值比较。

11. 程序设计：用龙贝格求积公式计算 $\int_{0}^{1.5} \frac{1}{1+2x}\,dx$，取精度为 10^{-7}，并估计误差。

第8章 常微分方程的数值解法

8.1 引言

在许多科学和工程技术中,常常需要求解常微分方程的定解问题,即求解满足给定初值条件的微分方程。这类问题中最简单的数学形式是求函数满足一阶微分方程的初值问题,即

$$\begin{cases} y'(x)=f(x,y), x_0<x\leqslant a \\ y(x_0)=y_0 \end{cases} \tag{8-1}$$

假定 $f(x,y)$ 满足解的存在唯一性定理的条件,即要求 $f(x,y)$ 适当光滑从而保证初值问题式(8-1)的解 $y=y(x)$ 存在且唯一。

在大多数情况下给实际问题建模的微分方程太复杂,以致不能准确求出解析表达式,即使求出其解,也常常由于计算量太大而不实用。例如,容易求出初值问题

$$\begin{cases} y'=1+2xy, \ 0<x\leqslant 1 \\ y(0)=1 \end{cases}$$

其解为

$$y(x)=e^{x^2}\left(1+\int_0^x e^{-t^2}dt\right)$$

但要计算其在某点 x 处的值,还需应用数值积分。现有两种办法可以逼近原方程的解:第一种办法是将原微分方程化简为可以准确求解的方程,然后使用简化后的方程的解逼近原方程的解;第二种办法,即本章要探讨的办法,使用逼近原问题的解的方法。因为逼近方法可以给出更精确的结果和实际的误差信息,这是最经常采用的办法。

在讨论常微分方程初值问题的数值求解方法之前,先介绍常微分方程理论的一些定义和结果。通过观察自然现象所获得的初值问题一般仅是对实际情况的近似,所以需要知道当初始条件发生小的变化是否对应地引起其解的小变化。这一点很重要,是由于当使用数值方法时,引入了舍入误差。

【定义8.1】 函数 $f(x,y)$ 称为关于集合 $D\subset \mathbf{R}^2$ 上的变量 y 满足利普希茨(Lipschitz)条件,如果存在一个常数 $L>0$ 使得

$$|f(x,y_1)-f(x,y_2)|\leqslant L|y_1-y_2|$$

对所有 $(x,y_1), (x,y_2)\in D$ 都成立。常数 L 称为 f 的 Lipschitz 常数。

【定理8.1】 假设 $D=\{(x,y)\,|\,x_0\leqslant x\leqslant a, -\infty<y<+\infty\}$,且 $f(x,y)$ 在 D 上关于变量 y 满足

Lipschitz 条件，则初值问题式(8-1)有唯一解 $y(x)$。

在某种程度上已经考虑了初值问题何时具有唯一解的问题，现在将转到本节前面提出的另一个问题：如何确定一个特定的问题是否具有在初始条件发生小的变化(或摄动)对应地引起解的小的变化这样的性质。首先需要给出一个切实可行的定义来表达该概念。

【定义 8.2】 初值问题式(8-1)称为一个适定的问题，如果：

1) 问题存在一个唯一的解 $y(x)$。

2) 对任何 $\varepsilon > 0$，存在一个正常数 $k(\varepsilon)$，使得只要当 $|\varepsilon_0| < \varepsilon$，$\delta(x)$ 是连续的且在区间 $[x_0, a]$ 上 $|\delta(x)| < \varepsilon$ 时，就有问题
$$z' = f(x, z) + \delta(x), x_0 \leq x \leq a, z(x_0) = y_0 + \varepsilon_0$$
存在唯一解 $z(x)$，且 $|z(x) - y(x)| < k(\varepsilon)\varepsilon$ 对一切 $x_0 \leq x \leq a$ 成立。

【定理 8.2】 假设 $D = \{(x, y) | x_0 \leq x \leq a, -\infty < y < \infty\}$，且 $f(x, y)$ 在 D 上关于变量 y 满足 Lipschitz 条件，则初值问题式(8-1)是适定的。

所谓数值解法，就是对于适定问题的解 $y(x)$ 存在的区间上一系列的点 x_n，不妨假定
$$x_0 < x_1 < x_2 < \cdots < x_N < \cdots$$
逐个求出 $y(x_n)$ 的近似解 y_n，称 y_n 为给定的微分方程初值问题的数值解。相邻两个节点的间距 $h_n = x_n - x_{n-1}$ 称为步长。通常假定 $h_n = h$，即节点间是等距的。

上述给定的初值问题的数值解法有个基本的特点，称为"步进式"，即求解的过程是按照节点的排列次序一步步地向前推进。描述这类算法，只需在 $y_0, y_1, \cdots, y_n$ 已知的前提下，给出计算 y_{n+1} 的递推公式。如果计算 y_{i+1} 只需要用到前一步的值 y_i，称这类方法为单步方法；如果计算 y_{i+1} 需要用到前 r 步的值 $y_i, y_{i-1}, \cdots, y_{i-r+1}$，称这类方法为 r 步方法。当 $r \geq 2$ 时，统称为多步方法。

构造求解公式的途径有多种，例如，泰勒(Taylor)级数方法、数值微分方法、数值积分方法、平均斜率法、待定系数法和预测校正方法等。

8.2 欧拉方法

8.2.1 欧拉公式

给定初值问题式(8-1)，其中 $f(x, y)$ 为 x, y 的已知函数，y_0 是给定的常数。欧拉(Euler)方法是解初值问题式(8-1)最简单的数值解法。由于它的精确度较低，实际计算中已不被采用，然而它在某种程度上却反映了数值解法构造的基本思想。

该方法是借助几何直观得到的。由于表示解的曲线 $y = y(x)$ 通过点 (x_0, y_0)，并且在该点处以 $f(x_0, y_0)$ 为切线斜率，于是设想在 $x = x_0$ 附近，曲线可以用该点处的切线近似代替，切线方程为
$$y = y_0 + f(x_0, y_0)(x - x_0)$$
即，当 $x = x_1$ 时，$y(x_1)$ 可用 $y_0 + hf(x_0, y_0)$ 近似代替，记该值为 y_1，即
$$y_1 = y_0 + hf(x_0, y_0)$$
于是给出了一种当 $x = x_1$ 时，获得函数值 $y(x_1)$ 的近似值 y_1 的方法。重复上面的做法，在 $x = x_2$ 处，就可以得到 $y(x_2)$ 的近似值，即

$$y_2 = y_1 + hf(x_1, y_1)$$

依次下去，当 y_n 已经得到，则

$$y_{n+1} = y_n + hf(x_n, y_n) \tag{8-2}$$

这就是著名的欧拉公式。

由于欧拉方法是用一条折线近似地代替曲线 $y(x)$，所以欧拉方法也称为欧拉折线法。当计算 y_{n+1} 时，欧拉方法仅仅用到它前一步的信息 y_n，可见，欧拉方法是单步法。

8.2.2 后退欧拉公式

将初值问题式(8-1)在区间 $[x_0, x_1]$ 上积分，可得

$$y(x_1) - y(x_0) = \int_{x_0}^{x_1} f(x, y(x)) dx \tag{8-3}$$

式(8-3)中右式的积分，可以用数值积分法计算它的近似值。例如，使用左矩形公式则有

$$y(x_1) \approx y_0 + hf(x_0, y_0)$$

该式右式就是用欧拉方法得到的 y_1，即

$$y_1 = y_0 + hf(x_0, y_0)$$

一般有

$$y_{n+1} = y_n + hf(x_n, y_n)$$

这就是欧拉公式(8-2)。

将方程式(8-1)的两端在区间 $[x_i, x_{i+1}]$ 上积分，可得

$$\int_{x_i}^{x_{i+1}} y'(x) dx = \int_{x_i}^{x_{i+1}} f(x, y(x)) dx$$

即

$$y(x_{i+1}) = y(x_i) + \int_{x_i}^{x_{i+1}} f(x, y(x)) dx$$

利用右矩形公式可得

$$y(x_{i+1}) = y(x_i) + hf(x_{i+1}, y(x_{i+1})) + R_{i+1}$$

略去 R_{i+1}，并用 y_i 和 y_{i+1} 分别代替 $y(x_i)$ 和 $y(x_{i+1})$，可得

$$y_{i+1} = y_i + hf(x_{i+1}, y_{i+1}), \quad i = 0, 1, 2, \cdots, n-1 \tag{8-4}$$

称式(8-4)为后退欧拉公式。

和欧拉公式(8-2)相比，后退欧拉公式(8-4)在计算 y_{i+1} 时也只用到了前一步值 y_i，但它只给出了 y_i 和 y_{i+1} 之间的隐式依赖关系。此时已知 y_i 通常不能直接得到 y_{i+1}，还需要通过其他方式求解，称后退欧拉公式为单步隐式公式。

8.2.3 梯形公式

欧拉方法可以看为用矩形公式近似计算某个相应的积分而得到的。由此可见，欧拉方法之所以精确度不高，是由于它采用矩形公式来计算定积分。为了构造高精度的求解方法，应用梯形公式来计算式(8-3)中右式的积分，即

$$\int_{x_0}^{x_1} f(x, y(x)) \approx \frac{h}{2} [f(x_0, y_0) + f(x_1, y(x_1))]$$

$$\approx \frac{h}{2}[f(x_0,y_0)+f(x_1,y_1)]$$

将其代入式(8-3)的右式，可得到$y(x_1)$的近似值y_1为

$$y_1 = y_0 + \frac{h}{2}[f(x_0,y_0)+f(x_1,y_1)]$$

用同样的方法可以得到y_2，y_3，…。一般有

$$y_{n+1} = y_n + \frac{h}{2}[f(x_n,y_n)+f(x_{n+1},y_{n+1})] \tag{8-5}$$

式(8-5)是梯形公式。梯形公式中未知数y_{n+1}也隐含在方程右式之中，对于每一个y_{n+1}的值都需要通过解方程才能得到，即该公式也是一个单步隐式公式。

8.2.4 改进的欧拉公式

从后退欧拉公式和梯形公式中可以发现，在多数情况下，要从隐式格式中解出y_{n+1}是很困难的。因此，通常采用如下的迭代方法来求解，即先用欧拉公式算出一个结果，作为式(8-5)的初值，进行迭代，其计算格式为

$$\begin{cases} y_{n+1}^{(0)} = y_n + hf(x_n,y_n) \\ y_{n+1}^{(k+1)} = y_n + \frac{h}{2}[f(x_n,y_n)+f(x_{n+1},y_{n+1}^{(k)})], k=0,1,2\cdots \end{cases}$$

由

$$|y_{n+1}^{(k+1)} - y_{n+1}^{(k)}| = \frac{h}{2}|f(x_{n+1},y_{n+1}^{(k)}) - f(x_{n+1},y_{n+1}^{(k-1)})|$$

$$\leq \frac{h}{2} L |y_{n+1}^{(k+1)} - y_{n+1}^{(k)}|$$

可知，当$\frac{h}{2}L<1$时，迭代格式收敛。表明，只要h取得充分小，就可以保证迭代序列$y_{n+1}^{(0)}$，$y_{n+1}^{(1)}$，…，$y_{n+1}^{(k)}$，…收敛，而且h越小，收敛得越快。

显而易见，改进的欧拉方法虽然提高了精度，然而每一步的计算量却增加很大，每迭代一次，都要重新计算函数值，而且迭代需要反复进行若干次。为了简化算法，通常只迭代一次。具体地讲，先用欧拉公式求得一个初步的近似值$\tilde{y}_{n+1}$为

$$\tilde{y}_{n+1} = y_n + hf(x_n,y_n)$$

称之为预估值，再将其代入式(8-5)中做一次校正，得

$$y_{n+1} = y_n + \frac{h}{2}[f(x_n,y_n)+f(x_{n+1},\tilde{y}_{n+1})]$$

称之为校正值。即

$$\begin{cases} \tilde{y}_{n+1} = y_n + hf(x_n,y_n) \\ y_{n+1} = y_n + \frac{h}{2}[f(x_n,y_n)+f(x_{n+1},\tilde{y}_{n+1})] \end{cases}$$

称之为预估校正格式，也称为改进的欧拉公式。

【例8.1】 用欧拉公式和改进的欧拉公式求解初值问题

$$\begin{cases} \dfrac{\mathrm{d}y}{\mathrm{d}x}=y-\dfrac{2x}{y}, 0<x\leqslant 1 \\ y(0)=1 \end{cases}$$

取步长 $h=0.1$。

【解】 分别使用欧拉公式与改进的欧拉公式计算，欧拉公式为

$$y_{n+1}=y_n+h\left(y_n-\dfrac{2x_n}{y_n}\right)$$

预估校正格式为

$$\tilde{y}_{n+1}=y_n+h\left(y_n-\dfrac{2x_n}{y_n}\right)$$

$$y_{n+1}=y_n+\dfrac{h}{2}\left[\left(y_n-\dfrac{2x_n}{y_n}\right)+\left(\tilde{y}_{n+1}-\dfrac{2x_{n+1}}{\tilde{y}_{n+1}}\right)\right]$$

计算结果见表 8-1。

表 8-1 不同数值格式的计算结果

x_n	欧拉公式 y_n	改进的欧拉公式 y_n	解析解 $y(x_n)$	x_n	欧拉公式 y_n	改进的欧拉公式 y_n	解析解 $y(x_n)$
0.1	1.1000	1.0959	1.0954	0.6	1.5090	1.4860	1.4832
0.2	1.1918	1.1841	1.1832	0.7	1.5803	1.5525	1.5492
0.3	1.2774	1.2662	1.2649	0.8	1.6498	1.6153	1.6125
0.4	1.3582	1.3434	1.3416	0.9	1.7178	1.6782	1.6733
0.5	1.4351	1.4164	1.4142	1.0	1.7848	1.7379	1.7321

上述给出的初值问题有解析解 $y=\sqrt{1+2x}$，按该式算出的准确值 $y(x_n)$ 与近似值一起列在表 8-1 中，通过比较可见欧拉公式的精度是较低的，改进的欧拉公式的精度提高了。

人物介绍

欧拉（Euler，1707—1783），瑞士数学家、自然科学家。1707 年 4 月 15 日，欧拉出生在瑞士巴塞尔一个牧师家庭，自幼受父亲的熏陶，喜爱数学。13 岁入读巴塞尔大学，15 岁大学毕业，16 岁获得硕士学位。欧拉是 18 世纪数学界最杰出的人物之一，他不但为数学界做出贡献，更把整个数学推至物理的领域。他是数学史上最多产的数学家，平均每年写出八百多页的论文，还写了大量的力学、分析学、几何学、变分法等的课本，《无穷小分析引论》《微分学原理》《积分学原理》等都成为数学界中的经典著作。欧拉对数学的研究如此之广泛，因此在许多数学的分支中也可经常见到以他的名字命名的重要常数、公式和定理。此外欧拉还涉及建筑学、弹道学、航海学等领域。瑞士教育与研究国务秘书 Charles Kleiber 曾表示：没有欧拉的众多科学发现，我们将过着完全不一样的生活。法国数学家拉普拉斯认为：读读欧拉，他是所有人的老师。

8.3 泰勒展开法

利用泰勒(Taylor)展开法可以得到初值问题式(8-1)的任意高精度的计算格式。

8.3.1 泰勒展开

设初值问题式(8-1)有解 $y(x)$，且 $y(x)$，$f(x,y)$ 足够光滑，则 $y(x_{n+1}) = y(x_n+h)$ 在点 x_n 处的泰勒展开式为

$$y(x_n+h) = y(x_n) + hy'(x_n) + \frac{h^2}{2}y''(x_n) + \cdots\cdots + \frac{h^m}{m!}y^{(m)}(x_n) + O(h^{m+1}) \tag{8-6}$$

其中，

$$O(h^{m+1}) = \frac{h^{m+1}}{(m+1)!}y^{(m+1)}(\xi), \quad x_n < \xi < x_{n+1}$$

将在式(8-6)右式截取 $m+1$ 项，即舍去余项 $O(h^{m+1})$，则算得 $y(x_n+h)$ 的近似值 y_{n+1}，即

$$y_{n+1} = y_n + hy'_n + \frac{h^2}{2!}y''_n + \cdots + \frac{h^m}{m!}y_n^{(m)} \tag{8-7}$$

此式称为 m 阶的泰勒公式。

由于 $y(x)$ 足够光滑，则当 $h \to 0$ 时，$O(h^{m+1}) \to 0$，式(8-6)中 $y(x)$ 的各阶导数可由初值问题式(8-1)中的函数 $f(x,y)$ 来表达，即

$$y' = f$$

$$y'' = \frac{\partial f}{\partial x} + \frac{\partial f}{\partial y}y' = \frac{\partial f}{\partial x} + f\frac{\partial f}{\partial y}$$

$$y''' = \frac{\partial^2 f}{\partial x^2} + 2f\frac{\partial^2 f}{\partial x \partial y} + \frac{\partial f}{\partial y}\left[\frac{\partial f}{\partial x} + f\frac{\partial f}{\partial y}\right]$$

8.3.2 局部截断误差

应用数值方法的目标是用最少的计算步骤确定精确的近似解，所以需要一个比较不同近似方法的有效性工具。其中一个工具就是方法的局部截断误差。

【定义 8.3】 计算数值方法的精度时，若假定第 n 步的结果是精确的，即 $y_n = y(x_n)$，在该前提下，来估计第 $n+1$ 步计算结果的误差，即 $y(x_{n+1}) - y_{n+1}$，这一误差称为局部截断误差。

例如，m 阶的泰勒公式(8-7)的第 $n+1$ 步的局部截断误差为

$$y(x_{n+1}) - y_{n+1} = O(h^{m+1}) \tag{8-8}$$

该截断误差被称为是 $m+1$ 阶的，即当 $h \to 0$ 时，$O(h^{m+1})$ 是关于 h 的 $m+1$ 阶同阶无穷小。

【定义 8.4】 如果一种方法的局部截断误差是关于 h 的 $m+1$ 阶同阶无穷小，则称该方法是 m 阶的。

根据定义 8.4 可知 m 阶泰勒公式(8-7)是 m 阶方法，当 $m=1$ 时，式(8-7)变为

$$y_{n+1} = y_n + hy'_n = y_n + hf(x_n, y_n)$$

这正是欧拉公式，其局部截断误差为 $O(h^2)$，即为 1 阶的。

【例 8.2】 证明梯形公式

$$y_{n+1} = y_n + \frac{h}{2}[f(x_n, y_n) + f(x_{n+1}, y_{n+1})]$$

为 2 阶方法。

【证明】 设 $y(x)$ 是初值问题式(8-1)的精确解，即有 $y'(x_n) = f(x_n, y_n)$，由梯形公式有

$$y(x_n + h) = y(x_n) + \frac{h}{2}[y'(x_n) + y'(x_n + h)] + R_n \tag{8-9}$$

将其左式的 $y(x_n+h)$ 与右式的 $y'(x_n+h)$ 在 x_n 处做泰勒展开，有

$$y(x_n + h) = y(x_n) + hy'(x_n) + \frac{h^2}{2}y''(x_n) + \frac{h^3}{6}y'''(x_n) + \cdots$$

$$y'(x_n + h) = y'(x_n) + hy''(x_n) + \frac{h^2}{2}y'''(x_n) + \cdots$$

将它们代入式(8-9)，并将右式稍加整理，有

$$y(x_n) + hy'(x_n) + \frac{h^2}{2}y''(x_n) + \frac{h^3}{6}y'''(x_n) + \cdots =$$

$$y(x_n) + hy'(x_n) + \frac{h^2}{2}y''(x_n) + \frac{h^3}{4}y'''(x_n) + \cdots$$

由此可见，该式左、右式分别的前三项，即 h 的次数不超过 2 的项完全重合，而从 h^3 的项开始不重合了。于是，由定义 8.4 可知，梯形公式是 2 阶方法，而其局部截断误差 $R_n = O(h^3)$ 是 3 阶的。

【例 8.3】 用泰勒展开法求解例 8.1 中的初值问题。

【解】 直接求导数，有

$$y' = y - \frac{2x}{y}$$

$$y'' = y' - \frac{2}{y^2}(y - xy')$$

$$y''' = y'' + \frac{2}{y^2}(xy'' + 2y') - \frac{4xy'^2}{y^3}$$

$$y^{(4)} = y''' + \frac{2}{y^2}(xy''' + 3y'') - \frac{12y'}{y^3}(xy'' + y') + \frac{12xy'^3}{y^4}$$

利用 4 阶泰勒公式，取步长 $h = 0.1$，部分计算结果见表 8-2。

表 8-2 泰勒展开法的计算结果

x_n	y_n	$y(x_n)$
0.1	1.0954	1.0954
0.2	1.1832	1.1832
0.3	1.2649	1.2649

表 8-2 中 $y(x_n)$ 表示准确值，与 y_n 比较，可见用 4 阶泰勒公式得到令人非常满意的数值解。

欧拉公式、后退欧拉公式和梯形公式是由数值积分得到的，改进的欧拉公式是由预估校正方法得到的。事实上，这些公式以及一些具有更高精度的求解公式还可以借助其他方法推得，下节将介绍对平均斜率提供更为精确的待定系数法。

8.4 龙格-库塔方法

龙格-库塔(Runge-Kutta)方法(简称为 R-K 方法)是一种构造高精度计算公式的方法。在上一节中，利用泰勒展开方法确实可以得到高精度的计算公式，然而，此方法每提高一阶，都要增加很大的计算导数的工作量，而利用 R-K 方法，则可以有效避开导数的计算，采用另外一种构造格式的途径。

8.4.1 龙格-库塔方法的基本思想

首先，利用微分中值定理以及方程式(8-1)可得

$$\frac{y(x_{n+1})-y(x_n)}{h}=y'(\xi)=f(\xi,y(\xi)),\quad x_n<\xi<x_{n+1}$$

这里 $f(\xi,y(\xi))$ 称为方程式(8-1)的积分曲线 $y(x)$ 在区间 $[x_n,x_{n+1}]$ 上的平均斜率。由此可知，只要对此平均斜率提供一种算法，就可以得到一个相应的计算公式。先观察欧拉公式和梯形公式，将它们分别写为

$$\frac{y_{n+1}-y_n}{h}=f(x_n,y_n)$$

$$\frac{y_{n+1}-y_n}{h}=\frac{1}{2}[f(x_n,y_n)+f(x_{n+1},y_{n+1})]$$

前一式是用点 x_n 处的斜率 $f(x_n,y_n)$ 来代替上面所说的平均斜率，后一式则是用 x_n，x_{n+1} 两点上的斜率的平均值来代替平均斜率。如果在区间 $[x_n,x_{n+1}]$ 内多预报几个点的斜率值，然后将它们加权平均，就可以构造出更高阶的计算公式来。因此，R-K 方法的关键就在于选择哪些点上的斜率值，以及如何构造它们的线性组合。

8.4.2 N 级龙格-库塔公式

欧拉公式与梯形公式可以改写成以下的形式，即

$$\begin{cases}y_{n+1}=y_n+K\\K=hf(x_n,y_n)\end{cases}$$

$$\begin{cases}y_{n+1}=y_n+\dfrac{1}{2}K_1+\dfrac{1}{2}K_2\\K_1=hf(x_n,y_n)\\K_2=hf(x_{n+1},y_{n+1})\end{cases}$$

显然，若在区间$[x_n, x_{n+1}]$内取N个不同的点，记积分曲线$y(x)$在这N个点上的斜率分别为K_1，K_2，$\cdots$，K_N，于是可以设

$$y(x_n+h) = y(x_n) + \sum_{i=1}^{N} C_i K_i + O(h^{m+1}) \tag{8-10}$$

舍去误差项，便得到

$$\begin{cases} y_{n+1} = y_n + \sum_{i=1}^{N} C_i K_i \\ K_1 = hf(x_n, y_n) \\ K_i = hf(x_n + a_i h, y_n + \sum_{j=1}^{i-1} b_{ij} K_j), \quad i=2,3,\cdots,N \end{cases}$$

该式为N级m阶的R-K公式。其中a_i，b_{ij}，C_i都是待定系数，并且有

$$a_i = \sum_{j=1}^{i-1} b_{ij}, \quad i=2,3,\cdots,N$$

系数a_i，b_{ij}，C_i可用比较系数的待定系数方法求得。即将式(8-10)中的$y(x_n)$和各K_i都在x_n处展成泰勒级数，然后令两端关于h的不超过m次的同次项的系数相等，便可求得这些待定系数。

以下以$N=2$为例，说明待定系数的求法。

当$N=2$时，根据式(8-10)有

$$y(x_n+h) = y(x_n) + C_1 K_1 + C_2 K_2 + O(h^{m+1}) \tag{8-11}$$

将式(8-11)中的K_1，K_2和$y(x_n+h)$分别在x_n处做泰勒展开，有

$$y(x_n+h) = y(x_n) + hy'(x_n) + \frac{h^2}{2}y''(x_n) + O(h^3)$$

$$K_1 = hf(x_n, y_n) = hy'(x_n)$$

$$K_2 = hf[x_n + a_2 h, y(x_n) + b_{21} hf(x_n, y(x_n))]$$
$$= h[f(x_n, y(x_n)) + ha_2 f'_x(x_n, y(x_n)) + hb_{21} f(x_n, y(x_n)) \cdot f'_y(x_n, y(x_n)) + O(h^2)]$$

令$a_2 = b_{21}$，则

$$K_2 = hf + h^2 a_2(f'_x + f'_y \cdot f) + O(h^3)$$
$$= hy'(x_n) + h^2 a_2 y''(x_n) + O(h^3)$$

注意：这里用到了二元函数泰勒展开式。将上述的三个展开式代入式(8-11)中，并令其左、右式的h的次数不超过$m=2$的项的系数相等，于是得到

$$\begin{cases} C_1 + C_2 = 1 \\ C_2 a_2 = \frac{1}{2} \end{cases}$$

若取$C_2 = \frac{1}{2}$，则可算得$C_1 = \frac{1}{2}$，$a_2 = b_{21} = 1$，这时，由式(8-11)得

$$y_{n+1} = y_n + \frac{h}{2}[f(x_n, y_n) + f(x_n+h, y_n + hf(x_n, y_n))]$$

称为修正的梯形公式。若取$C_2 = 1$，则可算得$C_1 = 0$，$a_2 = b_{21} = \frac{1}{2}$，由式(8-11)得

$$y_{n+1} = y_n + hf\left(x_n + \frac{h}{2}, y_n + \frac{h}{2}f(x_n, y_n)\right)$$

称为修正的中矩形公式。

上述两个公式，都是在 $N=2$ 及 $m=2$ 的前提下构造出来的。因此，它们都是 2 级 2 阶的 R-K 公式。注意：以上求待定系数的方程组中，有一个自由参数，故 2 级 2 阶的 R-K 公式有无穷多个。但是，在这些 2 级 R-K 公式中，不可能存在高于 2 阶的方法。以下将给出 Butcher 于 1965 年证的关于 N 级 R-K 公式可以达到的最高阶数 $p^*(N)$（见表 8-3）。

表 8-3 N 级 R-K 公式的阶数

N	1, 2, 3, 4	5, 6, 7	8, 9	10, 11, …
$p^*(N)$	N	$N-1$	$N-2$	$\leq N-2$

8.4.3 4 级 4 阶经典龙格-库塔公式

依照 2 级 2 阶 R-K 公式的构造过程，可以得到更高级高阶的 R-K 公式，其中最常见的是 4 级 4 阶经典 R-K 公式，即

$$\begin{cases} y_{n+1} = y_n + \dfrac{1}{6}(K_1 + 2K_2 + 2K_3 + K_4) \\ K_1 = hf(x_n, y_n) \\ K_2 = hf\left(x_n + \dfrac{1}{2}h, y_n + \dfrac{1}{2}K_1\right) \\ K_3 = hf\left(x_n + \dfrac{1}{2}h, y_n + \dfrac{1}{2}K_2\right) \\ K_4 = hf(x_n + h, y_n + K_3) \end{cases} \quad (8\text{-}12)$$

【例 8.4】 用标准 4 级 4 阶 R-K 公式 (8-12) 求解例 8.1 中给出的初值问题，取 $h=0.2$。

【解】 具体的计算公式如下：

$$\begin{cases} y_{n+1} = y_n + \dfrac{1}{6}(K_1 + 2K_2 + 2K_3 + K_4) \\ K_1 = 0.2\left(y_n - \dfrac{2x_n}{y_n}\right) \\ K_2 = 0.2\left(y_n + \dfrac{K_1}{2} - \dfrac{2(x_n + 0.1)}{y_n + \dfrac{K_1}{2}}\right) \\ K_3 = 0.2\left(y_n + \dfrac{K_2}{2} - \dfrac{2(x_n + 0.1)}{y_n + \dfrac{K_2}{2}}\right) \\ K_4 = 0.2\left(y_n + K_3 - \dfrac{2(x_n + 0.1)}{y_n + K_3}\right) \end{cases} \quad (n = 0, 1, \cdots, 5)$$

计算结果见表 8-4。

表 8-4　不同 R-K 方法的计算结果

n	x_n	y_n（2 阶 R-K 方法）	y_n（4 阶 R-K 方法）	$y(x_n)$（精确值）
0	0	1	1	1
1	0.2	1.184096	1.183292	1.183216
2	0.4	1.343360	1.341667	1.34164
3	0.6	1.485965	1.483281	1.483240
4	0.8	1.616474	1.612513	1.612452
5	1.0	1.737869	1.732140	1.732051

将表 8-4 与表 8-1 的结果相比较，尽管此处步长放大了，但计算的精度却很高，可见选择方法的重要意义。

【例 8.5】　导弹跟踪问题。

某军队一导弹基地发现正北方向 120km 处海面上有一艘敌艇以 90km/h 的速度向正东方向行驶。该基地立即发射导弹跟踪追击敌艇，导弹速度为 450km/h。自动导航系统使导弹在任意时刻都能对准敌艇。试问导弹在何时何处击中敌艇？

【解】　微分方程建模的方法主要是依据守恒定律来建立等量关系式。对于该问题，寻求等量关系是比较简单的。设坐标系如图 8-1 所示，取导弹基地为原点 (0,0)，x 轴指向正东方，y 轴指向正北方向。

当 $t=0$ 时，导弹位于原点，敌艇位于点 $A(0,H)$，其中 $H=120\text{km}$。设导弹在 t 时刻的位置为 $p(x(t),y(t))$，由题意，即

$$\left(\frac{dx}{dt}\right)^2+\left(\frac{dy}{dt}\right)^2=v_w^2 \tag{8-13}$$

其中，$v_w=450\text{km/h}$。

图 8-1　导弹追踪模型

另外在 t 时刻，敌艇位置应为 $M(v_e t,H)$，其中 $v_e=90\text{km/h}$。由于导弹轨迹的切线方向必须指向敌舰，即直线 PM 的方向就是导弹轨迹上点 P 的切线方向，故有

$$\frac{dy}{dx}=\frac{H-y}{v_e t-x}$$

或写为

$$\frac{dy}{dt}=\frac{dx}{dt}\left(\frac{H-y}{v_e t-x}\right) \tag{8-14}$$

式 (8-13)、式 (8-14) 连同初值条件 $x(0)=0$，$y(0)=0$，构成了如下关于时间变量 t 的一阶微分方程组的初值问题

$$\begin{cases}\left(\dfrac{dx}{dt}\right)^2+\left(\dfrac{dy}{dt}\right)^2=v_w^2\\ \dfrac{dy}{dt}=\dfrac{dx}{dt}\left(\dfrac{H-y}{v_e t-x}\right)\end{cases} \tag{8-15}$$

经计算，x 与 y 的关系为

$$\frac{d^2 x}{dy^2}\frac{dy}{dt}(H-y)=v_e$$

将其代入式 (8-15)，就得到轨迹方程。这是一个二阶非线性微分方程，加上初值条件，则得

到导弹轨迹的数学模型为

$$\begin{cases} \dfrac{d^2 x}{dy^2} \dfrac{(H-y)}{\sqrt{\left(\dfrac{dx}{dy}\right)^2+1}} = \dfrac{v_e}{v_w} \\ \dfrac{dx}{dy}\bigg|_{y=0} = 0 \\ x\big|_{y=0} = 0 \end{cases} \tag{8-16}$$

先把模型用数值解法进行求解。将初值问题式(8-16)化为一阶微分方程组，令 $\lambda = \dfrac{v_e}{v_w}$，得

$$\begin{cases} \dfrac{dx}{dy} = p \\ \dfrac{dp}{dy} = \dfrac{\lambda \sqrt{p^2+1}}{H-y} \\ x(0)=0, p(0)=0 \end{cases}$$

取自变量 y 的步长为 $h = H/n$，于是得分割点 $y_0 = 0$，$y_1 = h$，$y_2 = 2h$，…，$y_n = nh = H$。
以下用两种算法来进行数值处理。

（1）欧拉方法　欧拉方法十分简单，就是利用数值积分给出计算公式。得到计算的迭代格式为

$$\begin{cases} x_{k+1} = x_k + h p_k \\ p_{k+1} = p_k + h \dfrac{\lambda \sqrt{1+p_k^2}}{H-y_k} \\ x_0 = 0, p_0 = 0 \end{cases}$$

对于不同的 k 值所对应的计算结果见表 8-5。显然，k 越大（即 h 越小），结果越精确。

表 8-5　欧拉方法的计算结果

k	4	8	12	24	48	96	120	240
L	11.52	15.96	17.97	20.25	22.25	23.33	23.58	24.15
T	0.128	0.177	0.200	0.288	0.247	0.259	0.262	0.268

此时的近似解为 $L \approx 24.15\text{km}$，$T = 0.268\text{h}$。

（2）改进的欧拉方法（预估-校正法）　对应的迭代公式为

$$\begin{cases} x_{k+1}^* = x_k + h p \\ x_{k+1} = \dfrac{1}{2}(x_{k+1}^* + x_k + h p_{k+1}^*) \\ p_{k+1}^* = p_k + \dfrac{\lambda \sqrt{p_k^2+1}}{H-y_k} \\ p_{k+1} = \dfrac{1}{2}\left(p_{k+1}^* + p_k + \dfrac{\lambda \sqrt{p_{k+1}^{*2}+1}}{H-y_{k+1}}\right) \end{cases}$$

对于不同的步长 h 值所对应的计算结果见表 8-6。显然，h 越小，结果越精确。

表 8-6 改进欧拉方法的计算结果

h	0.2	0.1	0.05	0.02	0.01
L	29.6606	27.0724	24.2409	24.1265	23.9104
T	0.3296	0.177	0.26930	0.2681	0.2657

此时的近似解为 $L \approx 23.9104 \text{km}$，$T = 0.2657 \text{h}$。

人 物 介 绍

库塔(Kutta)(1867—1944)，德国数学家、工程师，他以研究微分方程的数值解而闻名。库塔幼时失去双亲，由叔叔抚养成人。1900 年，他获得了慕尼黑大学博士学位，他的博士论文包含了著名的求解常微分方程的龙格-库塔方法。库塔是历史上少有的涉及多学科领域的数学家，在大学时就兼修音乐语言和艺术课程，他还痴迷于研究空气动力学，发现了与机翼升力有关的重要公式。库塔对冰川和数学史也十分感兴趣，他根据在东阿尔卑斯上拍摄的照片对冰川进行了测量，还与他人合作绘制了冰川覆盖地区的地图。

8.5 线性多步法

本章中至此所讨论的方法，欧拉方法、R-K 方法均是单步法，即只需知道前面一个值 y_n 的条件下就可以计算出 y_{n+1}。单步法可以自成系统直接进行计算，因为初始条件只有一个已知 y_0，由 y_0 可以计算 y_1，$y_1 \to y_2$，$y_2 \to y_3$，$\cdots$，不必借助其他方法，这种单步法是自开始的。但是，如果格式简单，例如欧拉方法，则只有 1 阶精度。若想提高精度，则公式的构造、推导计算很复杂，如 R-K 方法。

使用以前的节点处的近似值 y_n，y_{n-1}，$\cdots$，y_{n-k+1}（多于一个）来确定下一个点的近似值的方法称为多步法。

【定义 8.5】 由方程

$$y_{n+1} = \sum_{j=0}^{k-1} a_j y_{j+n-k+1} + h \sum_{j=0}^{k} b_j f(x_{j+n-k+1}, y_{j+n-k+1}) \tag{8-17}$$

表示的差分方程($k \geq 1$)，称为初值问题(8-1)的 k 步多步法。其中，a_0，a_1，$\cdots$，a_{k-1} 和 b_0，b_1，$\cdots$，b_k 是常数。当 $b_k = 0$ 时，该方法称为显式，当 $b_k \neq 0$ 时，该方法称为隐式。

因为初始条件仅有一个，运用多步法要借助高阶的单步法来开始。例如，已知 y_0 用单步的四阶 R-K 方法计算 y_1，再计算 y_2，再由 y_2 计算 y_3，用单步法有 y_0，y_1，y_2，y_3 后运用四阶的四步方法，由 y_0，y_1，y_2，y_3 计算 y_4；由 y_1，y_2，y_3，y_4 计算 y_5；由 y_2，y_3，y_4，y_5 计算 y_6；一直下去，可以用多步法，并且始终达到四阶精度。由此可知多步法相对比较简单，只需要在这四个点的函数值的线性组合即可，而且每步中后三个函数值下一步还可使用。以下将重点介绍基于数值积分构造的线性多步法，即亚当斯方法。

8.5.1 显式亚当斯方法

考虑微分方程初值问题式(8-1)，将其在区间$[x_k, x_{k+1}]$上积分，可得

$$y(x_{k+1}) = y(x_k) + \int_{x_k}^{x_{k+1}} f(x, y(x_k)) \, dx \tag{8-18}$$

若已知y_{k-3}，y_{k-2}，y_{k-1}，y_k来计算y_{k+1}，简记$f_k = f(x_k, y_k)$，用x_{k-3}，x_{k-2}，x_{k-1}，x_k的拉格朗日插值多项式为

$$P(x) = l_0 f_k + l_1 f_{k-1} + l_2 f_{k-2} + l_3 f_{k-3}$$

代替f，则式(8-18)变为

$$y(x_{k+1}) = y(x_k) + \int_{x_k}^{x_{k+1}} P(x) \, dx + O(h^5)$$

其中，

$$\int_{x_k}^{x_{k+1}} P(x) \, dx = \left(\int_{x_k}^{x_{k+1}} l_0(x) \, dx \right) f_k + \left(\int_{x_k}^{x_{k+1}} l_1(x) \, dx \right) f_{k-1} + \left(\int_{x_k}^{x_{k+1}} l_2(x) \, dx \right) f_{k-2} + \left(\int_{x_k}^{x_{k+1}} l_3(x) \, dx \right) f_{k-3}$$

截断$O(h^5)$部分，用等距步长h，容易算出上述积分，由此得到的方法就是显式4阶亚当斯(Adams)方法。

$$y_{k+1} = y_k + \frac{h}{24} [-9 f_{k-3} + 37 f_{k-2} - 59 f_{k-1} + 55 f_k]$$

综上，该方法的局部截断误差是$O(h^5)$，因而是4阶精度的。

【例8.6】 利用4阶亚当斯方法计算例8.1，取$h = 0.2$。

【解】 首先用4阶R-K方法起步，计算出$y_1 = 1.1832293$，$y_2 = 1.3416803$，$y_3 = 1.4832838$，接下来不必采用R-K方法，而是开始使用4阶亚当斯方法。

1) 求y_4。

$$f_0 = y_0 - \frac{2x_0}{y_0} = 1, \quad f_1 = y_1 - \frac{2x_1}{y_1} = 0.8451714$$

$$f_2 = y_2 - \frac{2x_2}{y_2} = 0.745413, \quad f_3 = y_3 - \frac{2x_3}{y_3} = 0.674268$$

$$y_4 = y_3 + \frac{h}{24} [-9 f_0 + 37 f_1 - 59 f_2 + 55 f_3] = 1.6114231$$

2) 求y_5。只要补算

$$f_4 = y_4 - \frac{2x_4}{y_4} = 0.6185115$$

$$y_5 = y_4 + \frac{h}{24} [-9 f_1 + 37 f_2 - 59 f_3 + 55 f_4] = 1.7298403$$

3) 求y_6。只要补算

$$f_5 = y_5 - \frac{2x_5}{y_5} = 0.5736642$$

$$y_6 = y_5 + \frac{h}{24}[-9f_2 + 37f_3 - 59f_4 + 55f_5] = 1.8806616$$

用亚当斯方法求出的误差见表 8-7，精确解为 $y = \sqrt{2x+1}$。

表 8-7　亚当斯方法的计算结果误差

x_k	y_k	$y(x_k)$	e_k
0.8	1.6114231	1.6124515	1.02×10^{-3}
1.0	1.7298403	1.7320508	2.21×10^{-3}
1.2	1.8406616	1.8439089	3.24×10^{-3}

8.5.2　隐式亚当斯方法

用 x_{k-2}，x_{k-1}，x_k，x_{k+1} 作为插值结点，由于 x_{k+1} 也是插值结点，必带来 f_{k+1}，从而得到隐式格式。用插值多项式，即

$$P(x) = l_{-2}(x)f_{k-2} + l_{-1}(x)f_{k-1} + l_0(x)f_k + l_1(x)f_{k+1}$$

来代替积分中的 $f(x, y(x))$ 可得

$$y(x_{k+1}) = y(x_k) + \int_{x_k}^{x_{k+1}} P(x) \mathrm{d}x + O(h^5)$$

截掉 $O(h^5)$，得近似公式为

$$y_{k+1} = y_k + A_{-2}f_{k-2} + A_{-1}f_{k-1} + A_0 f_k + A_1 f_{k+1}$$

其中，$A_i = \int_{x_k}^{x_{k+1}} l_i(x) \mathrm{d}x$，简单计算可得

$$A_{-2} = \frac{h}{24}, A_{-1} = -\frac{5}{24}h, A_0 = \frac{19}{24}h, A_1 = \frac{9}{24}h$$

从而得到 4 阶隐式亚当斯方法为

$$y_{k+1} = y_k + \frac{h}{24}(f_{k-2} - 5f_{k-1} + 19f_k + 9f_{k+1})$$

因 $f_{k+1} = f(x_{k+1}, y_{k+1})$，而 y_{k+1} 是未知的，故此为隐式格式。

隐式格式的解法是利用预估-校正法：用显式格式作为预估值，再用隐式格式来校正。其中预估值为

$$\bar{y}_{k+1} = y_k + \frac{h}{24}(-9f_{k-3} + 37f_{k-2} - 59f_{k-1} + 55f_k)$$

校正值为

$$y_{k+1} = y_k + \frac{h}{24}(f_{k-2} - 5f_{k-1} + 19f_k + 9f(x_{k+1}, \bar{y}_{k+1}))$$

8.6　收敛性与稳定性

8.6.1　单步法的收敛性

初值问题式(8-1)的单步法总可写为

$$y_{n+1}=y_n+hf(x_n,y_n,h), y_0=y(x_0) \tag{8-19}$$

注意局部误差

$$H(x,h)=y(x)+hf(x,y(x),h)-y(x+h) \tag{8-20}$$

记

$$d_n(h)=H(x_n,h) \tag{8-21}$$

如果式(8-19)是 p 阶方法，即式(8-20)可以写为 $H(x,h)=O(h^{p+1})$，则存在与 h 和 n 都无关的非负常数 h_0 和正数 E，对所有 $x_0 \leqslant x \leqslant a$，当 $0 \leqslant h \leqslant h_0$ 时，有

$$|d_n(h)| \leqslant Eh^{p+1} \tag{8-22}$$

关于单步法式(8-19)，介绍下述收敛性定义和定理。

【定义 8.6】 如果对于区域 $D=\{(x,y)|x_0 \leqslant x \leqslant a, -\infty<y<+\infty\}$，$f(x,y)$ 对 y 满足 Lipschitz 条件并且对 x 是连续的，对每一个确定 $x \in [x_0,a]$。令 $h=\dfrac{x-x_0}{n}$，且记 $x_i=x_0+ih$，$i=0,1,2,\cdots,n$，相应的序列 y_i 由式(8-19)确定。进而，当 $n \to +\infty$ 时，对 $x_0 \leqslant x \leqslant a$ 的 x，y_n 一致趋于初值问题的解 $y(x)$，则称单步法式(8-19)是收敛的。

【定理 8.3】 如果 $f(x,y,h)$ 在 $x_0 \leqslant x \leqslant a$，$0 \leqslant h \leqslant h_0$，$-\infty<y<+\infty$ 上连续，并且在该区域上关于 y 满足 Lipschitz 条件

$$|f(x,y,h)-f(x,\bar{y},h)| \leqslant L|y-\bar{y}|$$

其中 L 为正常数，且由式(8-21)得到的 $d_n(h)$ 满足不等式(8-22)，则由式(8-19)得到的 y_{k+1} 有估计式，即

$$|y(x_{k+1})-y_{k+1}| \leqslant \dfrac{Eh^p}{L}\{\exp[L(a-x_0)]-1\} \tag{8-23}$$

其中，$h=\dfrac{x_{k+1}-x_0}{k+1} \leqslant h_0$。

【例 8.7】 应用定理 8.3 讨论经典 R-K 方法的收敛性。

【解】 设函数 $f(x,y)$ 在区域 $x_0 \leqslant x \leqslant a$，$-\infty<y<+\infty$ 上关于 y 满足 Lipschitz 条件。记

$$K_1(x,y,h)=f(x,y)$$

$$K_2(x,y,h)=f\left(x+\dfrac{h}{2},y+\dfrac{h}{2}K_1(x,y,h)\right)$$

$$K_3(x,y,h)=f\left(x+\dfrac{h}{2},y+\dfrac{h}{2}K_2(x,y,h)\right)$$

$$K_4(x,y,h)=f(x+h,y+hK_3(x,y,h))$$

则此时与式(8-19)相应的 $f(x,y,h)$ 可以写为

$$f(x,y,h)=\dfrac{1}{6}[K_1(x,y,h)+2K_2(x,y,h)+2K_3(x,y,h)+K_4(x,y,h)]$$

显然，$K_1(x,y,h)=f(x,y)$ 满足不等式，即

$$|K_1(x,y,h)-K_1(x,\bar{y},h)| \leqslant L|y-\bar{y}| \tag{8-24}$$

利用式(8-24)推导可得

$$|K_2(x,y,h)-K_2(x,\bar{y},h)| \leqslant L\left|y-\bar{y}+\dfrac{h}{2}K_1(x,y,h)-\dfrac{h}{2}K_1(x,\bar{y},h)\right| \leqslant L\left(1+\dfrac{1}{2}hL\right)|y-\bar{y}|$$

同理，可得以下不等式，即

$$|K_3(x,y,h)-K_3(x,\bar{y},h)| \leq L\left[\left(1+\frac{1}{2}hL\right)+\frac{1}{4}(hL)^2\right]|y-\bar{y}|$$

$$|K_4(x,y,h)-K_4(x,\bar{y},h)| \leq L\left[1+hL+\frac{1}{2}(hL)^2+\frac{1}{4}(hL)^3\right]|y-\bar{y}|$$

于是，对于函数 $f(x,y,h)$ 有

$$|f(x,y,h)-f(x,\bar{y},h)| \leq L\left[1+\frac{1}{2}h_0L+\frac{1}{6}(h_0L)^2+\frac{1}{24}(h_0L)^3\right]|y-\bar{y}|$$

因此，函数 $f(x,y,h)$ 关于 y 满足 Lipschitz 条件且关于 h 是连续的。根据定理 8.3 可知，经典的 4 阶 R-K 方法是收敛的。

8.6.2 多步法的收敛性

考虑求解初值问题式(8-1)的线性 k 步公式，即

$$y_{n+1}=\sum_{j=0}^{k-1}a_j y_{n-j}+h\sum_{j=-1}^{k-1}b_j f(x_{n-j},y_{n-j}) \tag{8-25}$$

记

$$\rho(\lambda)=\lambda^k-(a_0\lambda^{k-1}+a_1\lambda^{k-2}+\cdots+a_{k-2}\lambda+a_{k-1})$$

$$\delta(\lambda)=b_{-1}\lambda^k+b_0\lambda^{k-1}+b_1\lambda^{k-2}+\cdots+b_{k-2}\lambda+b_{k-1}$$

分别称 $\rho(\lambda)$ 和 $\delta(\lambda)$ 为线性 k 步公式(8-25)的第一特征多项式和第二特征多项式。

【定义 8.7】 如果线性 k 步公式(8-25)的第一特征多项式 $\rho(\lambda)$ 的零点的模均不超过 1，并且模等于 1 的零点为单零点，则称线性 k 步公式满足根条件。

可以验证亚当斯显式公式和亚当斯隐式公式均满足根条件。

用线性 k 步公式(8-25)解初值问题(8-1)需要附以适当的初始条件，即数值解由以下方法给出，即

$$\begin{cases} y_{n+1}=\sum_{j=0}^{k-1}a_j y_{n-j}+h\sum_{j=-1}^{k-1}b_j f(x_{n-j},y_{n-j}) \\ y_\sigma=\eta_\sigma(h), \sigma=0,1,\cdots,k-1 \end{cases} \tag{8-26}$$

【定义 8.8】 设 $\{y_i\}_{i=0}^n$ 为式(8-26)的解，$\{y(x_i)\}_{i=0}^n$ 为式(8-1)的解 $y(x)$ 在节点处的值。记

$$E(h)=\max_{0\leq i\leq n}|y(x_i)-y_i|$$

并设 $\lim_{h\to 0}\eta_\sigma(h)=\eta$，$\sigma=0,1,\cdots,k-1$。如果 $\lim_{h\to 0}E(h)=0$，则称式(8-26)是收敛的。

8.6.3 稳定性

收敛性考虑的是差分方程的精确解与微分方程的精确解之间的误差，但是在计算机上求差分解时，由于计算机字长的限制，不可避免地产生舍入误差。另外，方程中的系数和初值等由于测量等条件限制，也会产生数据误差。而稳定性研究的就是舍入误差和数据误差对差分方程计算结果的影响，即计算过程中某一步的"差之毫厘"会不会导致后面结果的"失之千里"。根据误差来源和误差衡量标准的不同，可以定义形形色色的稳定性。通常，隐式方法

的稳定性好于同类型的显式方法(如欧拉方法与后退欧拉方法)。另外，为了保证稳定性，要求步长 h 足够小。

对于常微分方程数值解来说，最简单常用的是关于初值的稳定性。以单步法为例，称某差分法关于初值稳定，如果对同一个微分方程和所有足够小的 h，存在常数 C，使得从不同初值 u_0 和 v_0 出发的两个差分解 $\{u_n\}$ 和 $\{v_n\}$ 之间的误差满足

$$\max_{1\leqslant n\leqslant N}|u_n-v_n|\leqslant C|u_0-v_0|$$

其中，$N=T/h$。

由于任意一对 u_n，v_n 都可以看作初值，关于初值的稳定性其实是考察以下问题：假设某一步计算有误差，而其后的计算不再有误差，那么这一步的误差对以后结果的影响如何。本章所讨论的所有差分方法都是关于初值稳定的。一般来说差分方法稳定时，通常指的是关于初值稳定。

不难证明，如果一个差分方法是稳定且相容的(即其截断误差至少是 2 阶的)，则一定收敛，即

$$|y(x_n)-y_n|\to 0,\ \text{当}\ n\to\infty$$

在差分解的实际计算中，每步都难以避免地存在舍入误差。因而，需要进一步考察差分方法每一步的舍入误差积累起来，是否会对后面的运算结果产生太坏的影响。考察此稳定性是十分困难的。通常的做法是只考虑典型的常微分方程(称为试验方程或模型方程)，即

$$\begin{cases} y'=\lambda y,\ \mathrm{Re}\lambda<0, a\leqslant x\leqslant +\infty \\ y(a)=y_0 \end{cases} \quad (8\text{-}27)$$

其中，λ 是常数，也可以是复数且 $\mathrm{Re}\lambda<0$。认为该模型方程的精确解和差分解的性质代表了非线性常微分方程 $y'=f(x,y)$ 在某一个局部的真解和差分解的性质。

【定义 8.9】 一个数值方法用于解模型方程式(8-27)，对于给定的步长 h 得到近似解 $\{y_i\}_{i=0}^{\infty}$，如果当 $i\to+\infty$ 时，$y_i\to 0$，则称该数值方法对步长 h 是绝对稳定的；如果当 $i\to+\infty$ 时，y_i 无界，则称该数值方法不稳定。

关于某一个差分法的绝对稳定性的典型结果是：给出一个区间 (α,β)，使得对于所有的 $\bar{h}\in(\alpha,\beta)$，求解式(8-27)的该差分法都是绝对稳定的，区间 (α,β) 称为该差分法的绝对稳定域。

先考察欧拉方法的稳定性。方程式(8-27)的欧拉公式为

$$y_{n+1}=(1+\lambda h)y_n \quad (8\text{-}28)$$

设在 y_n 上有一扰动值 δ_n，由 δ_n 的传播使值 y_{n+1} 产生扰动值 δ_{n+1}，则

$$\delta_{n+1}=(1+\lambda h)\delta_n$$

所以，要使式(8-28)是稳定的，只要

$$|1+\lambda h|\leqslant 1 \quad (8\text{-}29)$$

成立。

【定义 8.10】 一个数值方法用于解模型方程式(8-27)，若 $\bar{h}=h\lambda$ 在实轴上某个区域 D 中，此方法是绝对稳定的，而在区域 D 外此方法是不稳定的，则称区域 D 为此方法的绝对稳定域。如果 D 为一个区间，则称 D 为绝对稳定区间。

由于 λ 可以是复数，所以满足式(8-29)的 λh 值位于复平面上以 -1 为圆心，以 1 为半径

的圆盘上（见图 8-2），所以欧拉方法的绝对稳定区域是圆域。

如果取 λ 为实数，选 h 使式(8-29)成立，即选 λ 满足 $0<h\leq -\dfrac{2}{\lambda}$，这表明欧拉方法是条件稳定的。

继续考虑后退欧拉方法。方程式(8-27)的后退欧拉公式为

$$y_{n+1}=y_n+\lambda h y_{n+1} \tag{8-30}$$

所以有

$$y_{n+1}=\dfrac{1}{1-\lambda h}y_n$$

要使后退欧拉公式(8-30)是稳定的，只要

$$\left|\dfrac{1}{1-\lambda h}\right|\leq 1$$

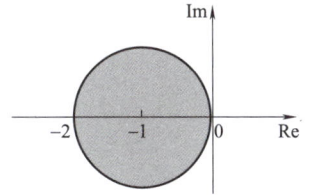

图 8-2　欧拉方法的绝对稳定区域

或

$$|1-\lambda h|\geq 1 \tag{8-31}$$

这是复平面上 λh 位于以 1 为圆心，以 1 为半径的圆的外部及圆周上。所以后退欧拉方法的稳定区域是圆域的外部。如果 λ 为实数，这时 $\lambda<0$，则式(8-31)对于任何 $h>0$ 都成立，所以后退欧拉公式是无条件稳定的。

对于经典的 R-K 方法，方程式(8-27)的经典 4 阶 R-K 方法可以写为

$$y_{n+1}=\left(1+\lambda h+\dfrac{(\lambda h)^2}{2}+\dfrac{(\lambda h)^3}{6}+\dfrac{(\lambda h)^4}{24}\right)y_n$$

所以在 λh 复平面上的绝对稳定区域是由不等式，即

$$\left|1+\lambda h+\dfrac{(\lambda h)^2}{2}+\dfrac{(\lambda h)^3}{6}+\dfrac{(\lambda h)^4}{24}\right|\leq 1$$

所确定的。即由曲线

$$1+\lambda h+\dfrac{(\lambda h)^2}{2}+\dfrac{(\lambda h)^3}{6}+\dfrac{(\lambda h)^4}{24}=e^{i\theta}$$

所围成的区域。表 8-8 给出几个常用的常微分方程差分法的绝对稳定域。

表 8-8　常微分方程差分法的绝对稳定域

差分法	欧拉	后退欧拉	改进欧拉	经典 R-K
绝对稳定域	$(-2,0)$	$(-\infty,0)$	$(-6,0)$	$(-2.78,0)$

绝对稳定域越大，h 的取值范围就越大，λ 的允许取值就越多，所代表的非线性常微分方程也就越多。

8.7　Python 程序

【例 8.8】用欧拉公式、改进的欧拉公式、4 级 4 阶 R-K 公式求解微分方程

$$\begin{cases}y'=\dfrac{y^2-2x}{y}\\ y(0)=1\end{cases}$$

及精确解,其中 y_1, y_2, y_3, y_4 分别为欧拉公式、改进的欧拉公式、4级4阶R-K公式及精确解。

```python
import matplotlib.pyplot as plt
import numpy as np
# 定义微分方程 dy/dx=y-2x/y
def f(x,y):
    return y-2*x/y
def f_1(x):
    return np.sqrt(1+2*x)
# 欧拉法迭代
def euler(f,x0,y0,h,n_steps):
    x_values=[x0]
    y_values=[y0]
    for _ in range(n_steps):
        y1=y0+h*f(x0,y0)
        x1=x0+h
        x_values.append(x1)
        y_values.append(y1)
        x0,y0=x1,y1
    return x_values,y_values
#改进的欧拉法
def improved_euler(f,x0,y0,h,n_steps):
    x_values=[x0]
    y_values=[y0]
    for _ in range(n_steps):
        k1=f(x0,y0)
        prediction=y0+h*k1
        k2=f(x0+h,prediction)
        y1=y0+(h/2)*(k1+k2)
        x1=x0+h
        x_values.append(x1)
        y_values.append(y1)
        x0,y0=x1,y1
    return x_values,y_values
#4阶R-K法
def R_K(f,x0,y0,h,n_steps):
    x_values=[x0]
```

```
        y_values=[y0]
        for _ in range(n_steps):
            k1=h*f(x0,y0)
            k2=h*f(x0+h/2,y0+k1/2)
            k3=h*f(x0+h/2,y0+k2/2)
            k4=h*f(x0+h,y0+k3)
            y1=y0+(1/6)*(k1+2*k2+2*k3+k4)
            x1=x0+h
            x_values.append(x1)
            y_values.append(y1)
            x0,y0=x1,y1
        return x_values,y_values
# 初始化
x0,y0=0,1   # 初始条件
h=0.1   # 步长
n_steps=10   # 迭代次数
x_values=np.linspace(0,1,200)
y_values=f_1(x_values)
x_data_1,y_data_1=euler(f,x0,y0,h,n_steps)
x_data_2,y_data_2=improved_euler(f,x0,y0,h,n_steps)
x_data_3,y_data_3=R_K(f,x0,y0,h,n_steps)
# 绘图
plt.rc('font',family='SimHei')
plt.figure(figsize=(10,6))
plt.plot(x_data_1,y_data_1,label='欧拉方法',color='red',
linestyle='dotted')
plt.plot(x_data_2,y_data_2,label='改进的欧拉方法',color='blue',
linestyle='dashed')
plt.plot(x_data_3,y_data_3,label='龙格-库塔方法',color='green',
linestyle='-.')
plt.plot(x_values,y_values,label='准确解',color='#FF5733')
plt.title('求解 dy/dx=y-2x/y 的欧拉方法')
plt.xlabel('x')
plt.ylabel('y')
plt.legend()
```

绘制图像(见图 8-3):

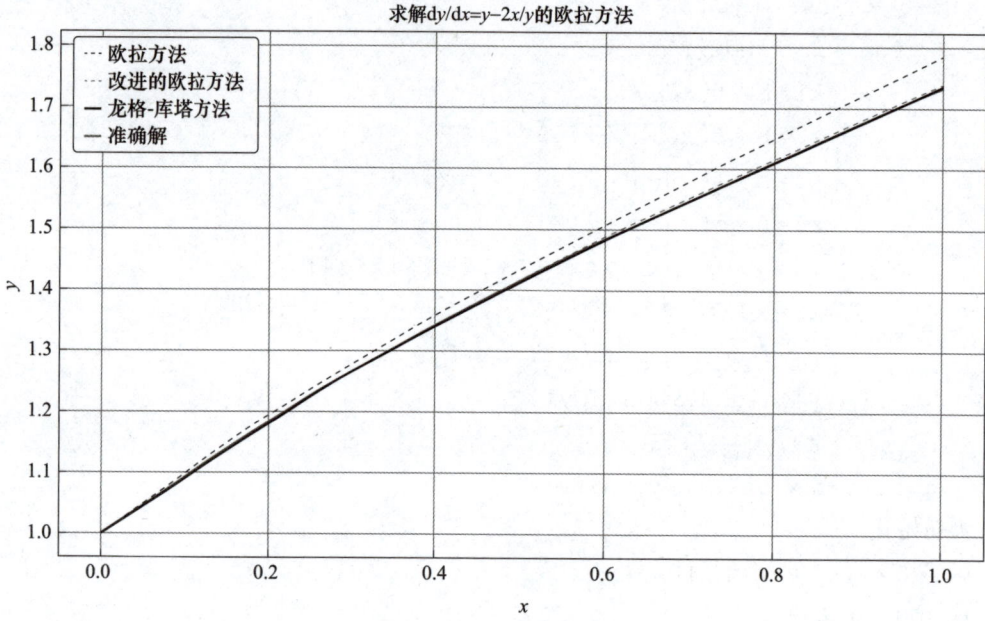

图 8-3　例 8.8 图像

【例 8.9】　4 阶亚当斯显式公式。

```
import matplotlib.pyplot as plt
import numpy as np
#定义函数
def f(x,y):
    return 1-(2*x*y)/(1+x**2)
# 4 阶 R-K 法定义前四个点
def runge_kutta_4th_order(f,x0,y0,h,n_init):
    x_values=[x0]
    y_values=[y0]
    for _ in range(n_init):
        k1=h*f(x0,y0)
        k2=h*f(x0+h/2,y0+k1/2)
        k3=h*f(x0+h/2,y0+k2/2)
        k4=h*f(x0+h,y0+k3)
        y1=y0+(1/6)*(k1+2*k2+2*k3+k4)
        x1=x0+h
        x_values.append(x1)
        y_values.append(y1)
```

```
            x0,y0=x1,y1
        return x_values,y_values
# 4阶显式亚当斯方法
def _4th_order(f,x0,y0,h,n_steps,x_max):
    x_values,y_values=runge_kutta_4th_order(f,x0,y0,h,3)   # Initialize with 3 points
    for i in range(3,n_steps):
        if x_max is not None and x_values[-1] >=x_max:
            break
        fn=f(x_values[-1],y_values[-1])
        fn_1=f(x_values[-2],y_values[-2])
        fn_2=f(x_values[-3],y_values[-3])
        fn_3=f(x_values[-4],y_values[-4])
        y_next=y_values[-1]+(h / 24)*(55*fn-59*fn_1+37*fn_2-9*fn_3)
        x_next=x_values[-1]+h
        x_values.append(x_next)
        y_values.append(y_next)
    return x_values,y_values
#初始化数据
x0,y0=0,0
x_max=2
h=1/15.0
n_steps=30
#调用函数
x_data,y_data=_4th_order(f,x0,y0,h,n_steps,x_max)
#绘图
plt.rc('font',family='SimHei')
plt.figure(figsize=(10,6))
plt.plot(x_data,y_data,label='4阶亚当斯方法',color='#FF5733')
plt.title('4阶亚当斯方法')
plt.xlabel('x')
plt.ylabel('y')
plt.legend()
plt.grid(True)
plt.show()
```

绘制图像(见图8-4):

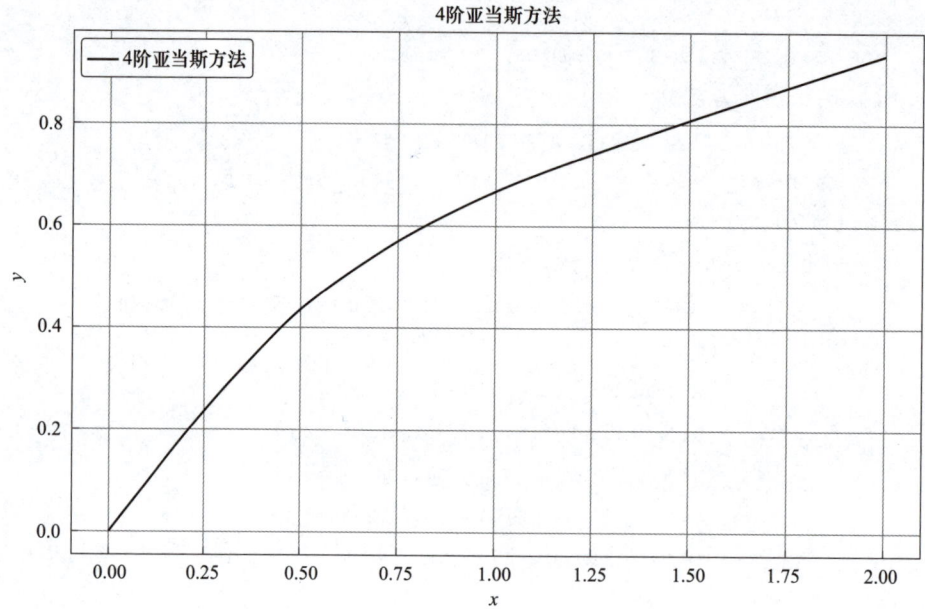

图 8-4　例 8.9 图像

习 题 8

1. 用欧拉公式计算初值问题
$$\begin{cases} y'=x^2+100y^2 \\ y(0)=0 \end{cases}$$
的解函数 $y(x)$ 在 $x=0.3$ 时的近似值(取步长 $h=0.1$，保留到小数点后 4 位)。

2. 用梯形公式求解初值问题
$$\begin{cases} y'=8-3y\,(1\leqslant x\leqslant 2) \\ y(1)=2 \end{cases}$$
取 $h=0.2$ 计算，要求小数点后保留 5 位数字。

3. 用改进的欧拉公式计算积分 $\int_0^x e^{-t^2}dt$ 在 $x=0.5$，0.75，1 时的近似值(保留到小数点后 6 位)。

4. 已知初值问题
$$\begin{cases} y'=f(x,y),\ a\leqslant x\leqslant b \\ y(a)=y_0 \end{cases}$$
且 $h=\dfrac{b-a}{n}$，$x_k=a+kh$，$k=0,1,\cdots,n$，假定 $y(x_{n-1})=y_{n-1}$，$y(x_n)=y_n$，试确定 a，b 的值，使计算公式 $y_{n+1}=y_n+h[af(x_n,y_n)+bf(x_{n-1},y_{n-1})]$，具有二阶精度(即截断误差为 $o(h^2)$)。

5. 用 4 阶 R-K 法求解初值问题 $\begin{cases} y'+y=1 \\ y(0)=0 \end{cases}$，取 $h=0.2$，求 $x=0.2$，0.4 时的数值解。要求

写出由 h, x_n, y_n 直接计算 y_{n+1} 的迭代公式，计算过程保留 4 位小数。

6. 证明解 $y'=f(x,y)$，$y(x_0)=y_0$ 的以下计算公式

$$y_{n+1} = \frac{1}{2}(y_n + y_{n-1}) + \frac{h}{4}(4y'_{n+1} - y'_n + 3y'_{n-1})$$

是二阶的，并求出局部截断误差的主项。

7. 请讨论梯形公式的绝对稳定性。

8. 程序设计：用改进的 Euler 公式、R-K 方法求初值问题 $y' = y + \frac{2x}{y}$，$y(0)=1$ 的数值解 $(0 \leqslant x \leqslant 1$，步长 $h=0.1)$，并与精确解 $y = \sqrt{2e^{2x} - 2x - 1}$ 比较。

9. 程序设计：用 4 阶亚当斯显式公式求解初值问题 $y' = x + y$，$y(0)=1$ 的数值解 $\left(0 \leqslant x \leqslant 1，步长 h = \frac{1}{15}\right)$，并与精确解比较。

第 9 章 矩阵特征值和特征向量的计算

9.1 引言

矩阵特征值问题具有广泛的应用背景,如动力系统和力学结构系统中的振动问题、电力系统的静态稳定分析、物理学中的某些临界值的确定等,都归结为求解矩阵特征值和特征向量的问题。在本章中将探究 n 阶实矩阵 $A \in \mathbf{R}^{n \times n}$ 的特征值与特征向量的数值解法。

【定义 9.1】 已知 n 阶实矩阵 $A = (a_{ij}) \in \mathbf{R}^{n \times n}$,如果存在常数 λ 和非零向量 x,使

$$Ax = \lambda x \quad 或 \quad (A - \lambda I)x = 0$$

那么称 λ 为 A 的特征值,x 为 A 的相应于 λ 的特征向量。多项式

$$p_n(\lambda) = \det(A - \lambda I) = \begin{vmatrix} a_{11}-\lambda & a_{12} & \cdots & a_{1n} \\ a_{21} & a_{22}-\lambda & \cdots & a_{2n} \\ \vdots & \vdots & & \vdots \\ a_{n1} & a_{n2} & \cdots & a_{nn}-\lambda \end{vmatrix}$$

称为特征多项式,

$$\det(A - \lambda I) = 0 \tag{9-1}$$

称为特征方程。

式(9-1),即 $p_n(\lambda) = a_n \lambda^n + a_{n-1} \lambda^{n-1} + a_{n-2} \lambda^{n-2} + \cdots + a_0 = 0$,是以 λ 为未知量的一元 n 次代数方程,$p_n(\lambda) = \det(A - \lambda I)$ 是 λ 的 n 次多项式。显然,A 的特征值就是特征方程式(9-1)的根。特征方程式(9-1)在复数范围内恒有解,其个数为方程的次数(重根按重数计算),因此 n 阶矩阵 A 在复数范围内有 n 个特征值。

除特殊情况(如 $n = 2$,3 或 A 为上(下)三角矩阵)外,一般不通过直接求解特征方程式(9-1)来求矩阵 A 的特征值,特别是当矩阵 A 的阶数较高时,这种方法极为困难,故常用数值方法来近似求特征值和特征向量。本章将介绍求解矩阵特征值与特征向量常用的计算方法:幂法与反幂法、QR 算法以及求实对称矩阵全部特征值和特征向量的雅可比方法。

对于给定的矩阵,如果能估计其特征值的分布,往往有助于特征值的计算,著名的圆盘定理是估计特征值的简单方法。

【定理 9.1】(Gerschgorin 圆盘定理) 设矩阵 $A = (a_{ij})_{n \times n}$,记复平面上以 a_{ii} 为圆心,以 $r_i = \sum_{j=1, j \neq i}^{n} |a_{ij}|$ 为半径的 n 个圆盘为 $D_i = \{z \mid |z - a_{ii}| \leq r_i\}$,$i = 1, 2, \cdots, n$,则

1) 矩阵 A 的任一特征值至少位于其中一个圆盘内。

2) 在 m 个相互连通（而与其余 $n-m$ 个圆盘互不连通）的圆盘内，恰有矩阵 A 的 m 个特征值（重特征值按重数记）。

特别地，如果矩阵 A 的一个圆盘 D_i 是与其他圆盘分离的（即孤立圆盘），则圆盘 D_i 中精确地包含矩阵 A 的一个特征值。

【例 9.1】 设矩阵

$$A = \begin{pmatrix} 4 & 0 & 1 \\ 1 & 0 & -1 \\ 1 & 1 & -4 \end{pmatrix}$$

试讨论矩阵 A 的特征值的分布。

【解】 根据圆盘定理，由 A 确定的三个圆盘分别为

$$D_1 = \{\lambda : |\lambda - 4| \leq 1\}, D_2 = \{\lambda : |\lambda| \leq 2\}, D_3 = \{\lambda : |\lambda + 4| \leq 2\}$$

由于 D_1 是孤立的，所以 D_1 中仅有 A 的一个特征值，而复特征值必成对共轭出现，因此区间 $[3,5]$ 内有 A 的一个实特征值，即 $3 \leq \lambda_1 \leq 5$。又因为 D_2，D_3 只有 $\lambda = -2$ 一个公共点，而 $\lambda = -2$ 不是 A 的特征值，所以 D_2，D_3 中分别有 A 的一个实特征值，即 $-2 < \lambda_2 \leq 2$，$-6 \leq \lambda_3 < -2$。

9.2 幂法与反幂法

9.2.1 幂法

幂法是计算矩阵按模最大的特征值（又称为主特征值）及其相应特征向量的一种迭代方法。对此方法稍加修改，也可用来确定其他特征值。幂法具有一个优越特性：它不仅可以求特征值，而且可以求相应的特征向量。实际上，幂法经常用来求大型稀疏矩阵的特征值和特征向量。

不失一般性，假设矩阵 $A \in \mathbf{R}^{n \times n}$ 的 n 个特征值满足下式

$$|\lambda_1| > |\lambda_2| \geq |\lambda_3| \geq \cdots \geq |\lambda_n| \geq 0 \tag{9-2}$$

且有相应的 n 个线性无关的特征向量 $x_1, x_2, \cdots, x_n$，则 $x_1, x_2, \cdots, x_n$ 构成 n 维向量空间 $\mathbf{R}^n$ 的一组基，因此 $\mathbf{R}^n = \left\{ z \mid z = \sum_{i=1}^{n} \alpha_i x_i, \alpha_i \in \mathbf{R}, i = 1, 2, \cdots, n \right\}$。

在 $\mathbf{R}^n$ 中选取某个满足 $\alpha_1 \neq 0$ 的非零向量 $z_0 = \sum_{i=1}^{n} \alpha_i x_i$，用矩阵 A 同时左乘该式两边，得

$$Az_0 = \sum_{i=1}^{n} \alpha_i A x_i = \sum_{i=1}^{n} \alpha_i \lambda_i x_i$$

再用矩阵 A 左乘上式两边，得

$$A^2 z_0 = \sum_{i=1}^{n} \alpha_i \lambda_i^2 x_i$$

这样继续下去，一般有

$$A^k z_0 = \sum_{i=1}^{n} \alpha_i \lambda_i^k x_i, \quad k=1,2,\cdots$$

记 $z_k = A z_{k-1} = A^k z_0$，$k=1,2,\cdots$，得

$$z_k = A^k z_0 = \sum_{i=1}^{n} \alpha_i \lambda_i^k x_i = \lambda_1^k \left[\alpha_1 x_1 + \sum_{i=2}^{n} \alpha_i \left(\frac{\lambda_i}{\lambda_1} \right)^k x_i \right], \quad k=1,2,\cdots \tag{9-3}$$

根据假设式(9-2)，并结合式(9-3)，得

$$\lim_{k \to \infty} \frac{z_k}{\lambda_1^k} = \alpha_1 x_1 \tag{9-4}$$

于是对充分大的 k 有

$$z_k \approx \lambda_1^k \alpha_1 x_1 \tag{9-5}$$

式(9-4)表明随着 k 的增大，序列 $\{z_k/\lambda_1^k\}$ 越来越接近 A 的对应于特征值 λ_1 的特征向量 x_1 的 α_1 倍，由此可确定对应于 λ_1 的特征向量 x_1。当 k 充分大时，可得 x_1 的近似值。

上述收敛速度取决于比值 $|\lambda_2/\lambda_1|$。事实上，由式(9-3)知

$$\left| \frac{z_k}{\lambda_1^k} \right| \leq |\alpha_1| \|x_1\| + |\alpha_2| \left| \frac{\lambda_2}{\lambda_1} \right|^k \|x_2\| + |\alpha_3| \left| \frac{\lambda_3}{\lambda_1} \right|^k \|x_3\| + \cdots + |\alpha_n| \left| \frac{\lambda_n}{\lambda_1} \right|^k \|x_n\| \tag{9-6}$$

再由式(9-2)得

$$1 > \left| \frac{\lambda_2}{\lambda_1} \right| \geq \left| \frac{\lambda_3}{\lambda_1} \right| \geq \cdots \geq \left| \frac{\lambda_n}{\lambda_1} \right| \tag{9-7}$$

结合式(9-6)和式(9-7)知，序列 $\{z_k/\lambda_1^k\}$ 收敛速度取决于比值 $|\lambda_2/\lambda_1|$。

以下计算 λ_1。由式(9-3)知

$$z_{k+1} = A z_k = A^{k+1} z_0 = \lambda_1^{k+1} \left[\alpha_1 x_1 + \sum_{i=2}^{n} \alpha_i \left(\frac{\lambda_i}{\lambda_1} \right)^{k+1} x_i \right]$$

当 k 充分大时，$z_{k+1} \approx \lambda_1^{k+1} \alpha_1 x_1$。结合式(9-5)，得

$$z_{k+1} \approx \lambda_1 z_k$$

表明两个相邻向量大体上只差一个常数倍，该倍数就是 A 的主特征值 λ_1。记 $z_k = (z_k^{(1)}, z_k^{(2)}, \cdots, z_k^{(n)})^T$，则有

$$\lim_{k \to \infty} \frac{z_{k+1}^{(j)}}{z_k^{(j)}} = \lambda_1, \quad j=1,2,\cdots,n$$

即两个相邻的迭代向量所有对应分量的比值收敛到 λ_1。

【定义9.2】 上述由已知非零向量 z_0 及矩阵 A 的乘幂 A^k 构造向量序列 $\{z_k\}$ 来计算 A 的主特征值 λ_1 及相应特征向量的方法称为幂法(power method)，其收敛速度由比值 $\gamma = |\lambda_2/\lambda_1|$ 来确定，γ 越小，收敛越快。

由幂法的迭代过程(9-3)易见，如果 $|\lambda_1|>1$（或 $|\lambda_1|<1$），那么迭代向量 z_k 的各个非零的分量将随着 $k \to \infty$ 而趋于无穷（或趋于零），这样在计算机上实现时就可能上溢（或下溢）。为了克服该缺点，需将每步迭代向量进行规范化。

记 $y_k = A z_{k-1} = (y_k^{(1)}, y_k^{(2)}, \cdots, y_k^{(n)})^T$，若存在 y_k 的某个分量 $y_k^{(j_0)}$，满足 $|y_k^{(j_0)}| = \max_{1 \leq j \leq n} |y_k^{(j)}|$，则记 $\max(y_k) = y_k^{(j_0)}$。将 y_k 规范化，$z_k = y_k/\max(y_k)$，这样就把 z_k 的分量全部控制在 $[-1,1]$ 区间中。

例如，设 $\mathbf{y}_k = (-2,3,0,-5,1)^T$，因为 $\mathbf{y}_k$ 的所有分量中，绝对值最大的是 -5，所以 $\max(\mathbf{y}_k) = -5$，故 $\mathbf{z}_k = \mathbf{y}_k/\max(\mathbf{y}_k) = (0.4, -0.6, 0, 1, -0.2)^T$。

综上所述，得到以下算法：

【算法 9.1】（幂法） 设 A 是 n 阶实矩阵，取初始向量 $\mathbf{z}_0 \in \mathbf{R}^n$，通常取 $\mathbf{z}_0 = (1,1,\cdots,1)^T$，其迭代过程：对 $k=1, 2, \cdots$，有

$$\begin{cases} \mathbf{y}_k = A\mathbf{z}_{k-1} \\ m_k = \max(\mathbf{y}_k) \\ \mathbf{z}_k = \mathbf{y}_k/m_k \end{cases} \tag{9-8}$$

【定理 9.2】 对式 (9-8) 中的序列 $\{\mathbf{z}_k\}$ 和 $\{m_k\}$ 有

$$\lim_{k\to\infty} \mathbf{z}_k = \frac{\mathbf{x}_1}{\max(\mathbf{x}_1)}, \qquad \lim_{k\to\infty} m_k = \lambda_1$$

其收敛速度由 $\gamma = |\lambda_2/\lambda_1|$ 确定。

【证明】 由迭代过程式 (9-8) 知

$$\mathbf{z}_k = \mathbf{y}_k/m_k = A\mathbf{z}_{k-1}/m_k = A\mathbf{y}_{k-1}/m_k m_{k-1} = A^2\mathbf{z}_{k-1}/m_k m_{k-1}$$
$$= \cdots = A^k \mathbf{z}_0 \Big/ \prod_{i=1}^{k} m_i = A^k \mathbf{z}_0 / \max(A^k \mathbf{z}_0) \tag{9-9}$$

其中，$\mathbf{z}_0 = \sum_{i=1}^n \alpha_i \mathbf{x}_i$。若 $\alpha_1 \neq 0$，则由式 (9-3) 知 $A^k \mathbf{z}_0 = \lambda_1^k \left[\alpha_1 \mathbf{x}_1 + \sum_{i=2}^n \alpha_i \left(\frac{\lambda_i}{\lambda_1}\right)^k \mathbf{x}_i \right]$，代入式 (9-9) 可得

$$\mathbf{z}_k = \frac{\alpha_1 \mathbf{x}_1 + \sum_{i=2}^n \alpha_i \left(\frac{\lambda_i}{\lambda_1}\right)^k \mathbf{x}_i}{\max\left(\alpha_1 \mathbf{x}_1 + \sum_{i=2}^n \alpha_i \left(\frac{\lambda_i}{\lambda_1}\right)^k \mathbf{x}_i\right)}$$

故 $\lim_{k\to\infty} \mathbf{z}_k = \dfrac{\mathbf{x}_1}{\max(\mathbf{x}_1)}$。而

$$\mathbf{y}_k = A\mathbf{z}_{k-1} = \frac{A\mathbf{y}_{k-1}}{\max(\mathbf{y}_{k-1})} = \frac{A^2 \mathbf{z}_{k-2}}{\max(A\mathbf{z}_{k-2})} = \cdots = \frac{A^k \mathbf{z}_0}{\max(A^{k-1}\mathbf{z}_0)}$$

$$= \frac{\lambda_1^k \left[\alpha_1 \mathbf{x}_1 + \sum_{i=2}^n \alpha_i \left(\frac{\lambda_i}{\lambda_1}\right)^k \mathbf{x}_i\right]}{\lambda_1^{k-1} \max\left(\alpha_1 \mathbf{x}_1 + \sum_{i=2}^n \alpha_i \left(\frac{\lambda_i}{\lambda_1}\right)^{k-1} \mathbf{x}_i\right)}$$

于是

$$m_k = \max(\mathbf{y}_k) = \lambda_1 \frac{\max\left(\alpha_1 \mathbf{x}_1 + \sum_{i=2}^n \alpha_i \left(\frac{\lambda_i}{\lambda_1}\right)^k \mathbf{x}_i\right)}{\max\left(\alpha_1 \mathbf{x}_1 + \sum_{i=2}^n \alpha_i \left(\frac{\lambda_i}{\lambda_1}\right)^{k-1} \mathbf{x}_i\right)}$$

故 $\lim_{k\to\infty} m_k = \lambda_1$。由式 (9-6) 和式 (9-7) 知：上述收敛速度由 $\gamma = |\lambda_2/\lambda_1|$ 确定。

证毕。

【例 9.2】 用幂法求方阵

$$A = \begin{pmatrix} 1 & 2 & 3 \\ 2 & 1 & 3 \\ 3 & 3 & 5 \end{pmatrix}$$

的主特征值及相应的特征向量，要求 $|m_k - m_{k-1}| < 10^{-3}$。

【解】 选取初始向量 $z_0 = (1,1,1)^T$，按式(9-8)迭代，结果见表 9-1。

表 9-1 幂法的计算结果

k	z_k	m_k	$\|m_k - m_{k-1}\|$
1	$(0.545455, 0.545455, 1)^T$	11	
2	$(0.560441, 0.560441, 1)^T$	8.2727	2.7273
3	$(0.559787, 0.559787, 1)^T$	8.3627	9×10^{-2}
4	$(0.559818, 0.559818, 1)^T$	8.3587	4×10^{-3}
5	$(0.559817, 0.559817, 1)^T$	8.3589	0.2×10^{-3}

因此，所求按模最大特征值 $\lambda_1 \approx 8.3589$，相应特征向量为 $x_1 \approx (0.559817, 0.559817, 1)^T$。事实上，$A$ 的主特征值 $\lambda_1 = 4 + \sqrt{19} \approx 8.3588989\cdots$，相应特征向量 $x_1 = (0.55981649\cdots, 0.55981649\cdots, 1)^T$，由此可知所得结果具有较高的精度。

9.2.2 幂法的加速

从以上的讨论可知，由幂法求按模最大特征值，可归结为求数列 $\{m_k\}$ 的极限值，其收敛速度由 $\gamma = |\lambda_2/\lambda_1|$ 确定。当 $\gamma = |\lambda_2/\lambda_1|$ 接近 1 时，收敛速度相当缓慢。为了提高收敛速度，可以利用外推法进行加速。

因为序列 $\{m_k\}$ 的收敛速度由 $\gamma = |\lambda_2/\lambda_1|$ 确定，所以若 $\{m_k\}$ 收敛，当 k 充分大时，则有 $m_k - \lambda_1 = O\left[\left(\dfrac{\lambda_2}{\lambda_1}\right)^k\right]$，或改写为 $m_k - \lambda_1 \approx c\left(\dfrac{\lambda_2}{\lambda_1}\right)^k$，其中 c 是与 k 无关的常数。由此可得

$$\frac{m_{k+1} - \lambda_1}{m_k - \lambda_1} \approx \frac{\lambda_2}{\lambda_1} \tag{9-10}$$

表明幂法是线性收敛的。由式(9-10)知 $\dfrac{m_{k+1} - \lambda_1}{m_k - \lambda_1} \approx \dfrac{m_{k+2} - \lambda_1}{m_{k+1} - \lambda_1}$，由此式解出 λ_1，并记为 $\tilde{m}_{k+2}$，即

$$\tilde{m}_{k+2} = \frac{m_{k+2} m_k - m_{k+1}^2}{m_{k+2} - 2m_{k+1} + m_k} = m_k + \frac{(m_{k+1} - m_k)^2}{m_{k+2} - 2m_{k+1} + m_k}$$

此式为计算主特征值的加速公式。

现将以上的分析归结为以下算法：

【算法 9.2】（幂法的加速） 设 A 是 n 阶实矩阵，给定非零初始向量 $z_0 \in \mathbf{R}^n$，通常取 $z_0 = (1,1,\cdots,1)^T$。对 $k = 1, 2$，用迭代式

$$\begin{cases} \boldsymbol{y}_k = \boldsymbol{A}\boldsymbol{z}_{k-1} \\ m_k = \max(\boldsymbol{y}_k) \\ \boldsymbol{z}_k = \boldsymbol{y}_k/m_k \end{cases}$$

求出 m_1, m_2 及 z_1, z_2。再对 $k=3, 4, \cdots$, 迭代过程为

$$\begin{cases} \boldsymbol{y}_k = \boldsymbol{A}\boldsymbol{z}_{k-1} \\ m_k = \max(\boldsymbol{y}_k) \\ \tilde{m}_k = m_{k-2} - \dfrac{(m_{k-1}-m_{k-2})^2}{m_k - 2m_{k-1} + m_{k-2}} \\ \boldsymbol{z}_k = \boldsymbol{y}_k/\tilde{m}_k \end{cases}$$

当 $|\tilde{m}_k - \tilde{m}_{k-1}| < \varepsilon$ ($\varepsilon > 0$ 是预先给定的精度)时，迭代结束，并计算 z_k；否则继续迭代，直至满足迭代停止条件 $|\tilde{m}_k - \tilde{m}_{k-1}| < \varepsilon$。

9.2.3 反幂法

反幂法是计算矩阵按模最小特征值及相应特征向量的迭代法，其基本思想：设矩阵 $\boldsymbol{A} \in \mathbf{R}^{n \times n}$ 非奇异，用其逆矩阵 $\boldsymbol{A}^{-1}$ 代替 $\boldsymbol{A}$，矩阵 $\boldsymbol{A}$ 的按模最小特征值就是矩阵 $\boldsymbol{A}^{-1}$ 的主特征值。

【定义 9.3】 用 $\boldsymbol{A}^{-1}$ 代替 $\boldsymbol{A}$ 做幂法，即可求出 $\boldsymbol{A}^{-1}$ 的主特征值，也就是矩阵 $\boldsymbol{A}$ 的按模最小特征值，这种方法称为反幂法(inverse power method)。

因为矩阵 $\boldsymbol{A}$ 非奇异，所以由 $\boldsymbol{A}\boldsymbol{x}_i = \lambda_i \boldsymbol{x}_i$ 可知 $\boldsymbol{A}^{-1}\boldsymbol{x}_i = \dfrac{1}{\lambda_i}\boldsymbol{x}_i$。这说明：如果 $\boldsymbol{A}$ 的特征值满足

$$|\lambda_1| \geqslant |\lambda_2| \geqslant \cdots \geqslant |\lambda_{n-1}| > |\lambda_n| > 0$$

那么 $\boldsymbol{A}^{-1}$ 的特征值满足

$$\dfrac{1}{|\lambda_n|} > \dfrac{1}{|\lambda_{n-1}|} \geqslant \cdots \geqslant \dfrac{1}{|\lambda_2|} \geqslant \dfrac{1}{|\lambda_1|}$$

且对 $\boldsymbol{A}$ 的对应于特征值 λ_i 的特征向量 $\boldsymbol{x}_i$ 也是 $\boldsymbol{A}^{-1}$ 的对应于特征值 $1/\lambda_i$ 的特征向量。

由上述分析知：对 $\boldsymbol{A}^{-1}$ 应用幂法求主特征值 $1/\lambda_n$ 及相应的特征向量 $\boldsymbol{x}_n$，就是求 $\boldsymbol{A}$ 的按模最小的特征值 λ_n 及相应的特征向量 $\boldsymbol{x}_n$。

【算法 9.3】（反幂法） 任取初始非零向量 $\boldsymbol{z}_0 \in \mathbf{R}^n$，通常取 $\boldsymbol{z}_0 = (1, 1, \cdots, 1)^{\mathrm{T}}$。为了避免求 $\boldsymbol{A}^{-1}$，对 $k=1, 2, \cdots$，将迭代过程式(9-8)改写为

$$\begin{cases} \boldsymbol{A}\boldsymbol{y}_k = \boldsymbol{z}_{k-1} \\ m_k = \max(\boldsymbol{y}_k) \\ \boldsymbol{z}_k = \boldsymbol{y}_k/m_k \end{cases} \tag{9-11}$$

仿照定理 9.2 的证明，可得：

【定理 9.3】 式(9-11)中的序列 $\{\boldsymbol{z}_k\}$ 和 $\{m_k\}$ 满足 $\lim\limits_{k \to \infty} \boldsymbol{z}_k = \dfrac{\boldsymbol{x}_n}{\max(\boldsymbol{x}_n)}$，$\lim\limits_{k \to \infty} m_k = \dfrac{1}{\lambda_n}$，其收敛速度由 $\tilde{\gamma} = |\lambda_n/\lambda_{n-1}|$ 确定。

按式(9-11)进行计算，每次迭代都需要求解一个方程组 $\boldsymbol{A}\boldsymbol{y}_k = \boldsymbol{z}_{k-1}$。若利用三角分解法求解方程组，即 $\boldsymbol{A} = \boldsymbol{L}\boldsymbol{U}$，其中 $\boldsymbol{L}$ 是下三角矩阵，$\boldsymbol{U}$ 是上三角矩阵，则每次迭代只需解三角方

程组，即

$$\begin{cases} Lv = z_{k-1} \\ Uy_k = v \end{cases}$$

9.2.4 原点平移法

为了提高收敛速度，以下介绍加速收敛的原点平移法。

设矩阵 $B = A - pI$，其中 p 是一个待定的常数，A 与 B 除主对角线上的元素外，其他元素相同。设 A 的特征值为 $\lambda_1, \lambda_2, \cdots, \lambda_n$，则 B 的特征值为 $\lambda_1 - p, \lambda_2 - p, \cdots, \lambda_n - p$，且 A 与 B 具有相同的特征向量。

设 λ_1 是 A 的主特征值，选择 p，使

$$|\lambda_1 - p| > |\lambda_2 - p| \geqslant |\lambda_i - p|, \quad i = 3, 4, \cdots, n$$

及

$$\left| \frac{\lambda_2 - p}{\lambda_1 - p} \right| < \left| \frac{\lambda_2}{\lambda_1} \right| \tag{9-12}$$

对 B 应用幂法，可得：

【算法 9.4】（原点平移法的幂法） 对 $k = 1, 2, \cdots$，有

$$\begin{cases} y_k = (A - pI) z_{k-1} \\ m_k = \max(y_k) \\ z_k = y_k / m_k \end{cases} \tag{9-13}$$

且 $\lim\limits_{k \to \infty} m_k = \lambda_1 - p$，$\lim\limits_{k \to \infty} z_k = \dfrac{x_1}{\max(x_1)}$，其收敛速度由 $|(\lambda_2 - p)/(\lambda_1 - p)|$ 确定。

由式(9-12)知：在计算 B 的主特征值 $\lambda_1 - p$ 的过程式(9-13)中，收敛速度得到加速。

设 λ_n 是 A 的按模最小的特征值，选择 p，使

$$|\lambda_n - p| < |\lambda_{n-1} - p| \leqslant |\lambda_i - p|, \quad i = 1, 2, \cdots, n-2$$

及

$$\left| \frac{\lambda_n - p}{\lambda_{n-1} - p} \right| < \left| \frac{\lambda_n}{\lambda_{n-1}} \right| \tag{9-14}$$

若矩阵 $B = A - pI$ 可逆，则 B^{-1} 的特征值为 $\dfrac{1}{\lambda_1 - p}, \dfrac{1}{\lambda_2 - p}, \cdots, \dfrac{1}{\lambda_n - p}$，且有

$$\left| \frac{1}{\lambda_n - p} \right| > \left| \frac{1}{\lambda_{n-1} - p} \right| \geqslant \left| \frac{1}{\lambda_i - p} \right|, \quad i = 1, 2, \cdots, n-2$$

对 B 应用反幂法，可得：

【算法 9.5】（原点平移下的反幂法） 对 $k = 1, 2, \cdots$，有

$$\begin{cases} (A - pI) y_k = z_{k-1} \\ m_k = \max(y_k) \\ z_k = y_k / m_k \end{cases} \tag{9-15}$$

且 $\lim\limits_{k \to \infty} m_k = \dfrac{1}{\lambda_n - p}$，$\lim\limits_{k \to \infty} z_k = \dfrac{x_1}{\max(x_1)}$，其收敛速度由 $|(\lambda_n - p)/(\lambda_{n-1} - p)|$ 确定。

根据式(9-14)可知：在计算 $\boldsymbol{B}^{-1}$ 的主特征值 $\dfrac{1}{\lambda_n-p}$ 的过程式(9-15)中，收敛速度得到加速。

【例 9.3】 已知特征值 λ 的近似值 $\tilde{\lambda}=-0.3589$，用原点平移下的反幂法求方阵

$$A=\begin{pmatrix} 1 & 2 & 3 \\ 2 & 1 & 3 \\ 3 & 3 & 5 \end{pmatrix}$$

对应特征值 λ 的特征向量。

【解】 取 $p=\tilde{\lambda}=-0.3589$，对矩阵

$$A-p\boldsymbol{I}=A+0.3589\boldsymbol{I}=\begin{pmatrix} 1.3589 & 2 & 3 \\ 2 & 1.3589 & 3 \\ 3 & 3 & 5.3589 \end{pmatrix}$$

迭代公式(9-15)中的 $\boldsymbol{y}_k$ 是通过解方程组

$$(A-p\boldsymbol{I})\boldsymbol{y}_k=\boldsymbol{z}_{k-1}$$

求得的。为了节省工作量，可先将 $A-p\boldsymbol{I}$ 进行 LU 分解。

在 LU 分解中尽量避免较小的 u_{rr} 当除数，通常可以先对矩阵 $A-p\boldsymbol{I}$ 的行进行调换后再分解。为此，可用 $\boldsymbol{P}=\begin{pmatrix} 0 & 0 & 1 \\ 0 & 1 & 0 \\ 1 & 0 & 0 \end{pmatrix}$ 乘 $A-p\boldsymbol{I}$ 后再进行 LU 分解，即

$$\boldsymbol{P}(A-p\boldsymbol{I})=\begin{pmatrix} 0 & 0 & 1 \\ 0 & 1 & 0 \\ 1 & 0 & 0 \end{pmatrix}\begin{pmatrix} 1.3589 & 2 & 3 \\ 2 & 1.3589 & 3 \\ 3 & 3 & 5.3589 \end{pmatrix}=\begin{pmatrix} 3 & 3 & 5.3589 \\ 2 & 1.3589 & 3 \\ 1.3589 & 2 & 3 \end{pmatrix}=LU$$

$$=\begin{pmatrix} 1 & 0 & 0 \\ 0.6667 & 1 & 0 \\ 0.4530 & -1 & 1 \end{pmatrix}\begin{pmatrix} 3 & 3 & 5.3589 \\ 0 & -0.6411 & -0.5726 \\ 0 & 0 & -3.07\times 10^{-6} \end{pmatrix}$$

$\boldsymbol{P}(A+0.3589\boldsymbol{I})\boldsymbol{y}_k=\boldsymbol{P}\boldsymbol{z}_{k-1}$，即 $LU\boldsymbol{y}_k=\boldsymbol{P}\boldsymbol{z}_{k-1}$。令 $L\boldsymbol{v}_k=\boldsymbol{P}\boldsymbol{z}_{k-1}$，$U\boldsymbol{y}_k=\boldsymbol{v}_k$。选取 $\boldsymbol{z}_0$，使 $U\boldsymbol{y}_1=L^{-1}\boldsymbol{P}\boldsymbol{z}_0=(1,1,1)^{\mathrm{T}}$，得

$$\boldsymbol{y}_1=(290929.45,290927.56,-325732.90)^{\mathrm{T}},\ m_1=\max(\boldsymbol{y}_1)=-325732.90$$

$$\boldsymbol{z}_1=\boldsymbol{y}_1/m_1=(-0.8932,-0.8931,1)^{\mathrm{T}}$$

由 $U\boldsymbol{y}_2=L^{-1}\boldsymbol{P}\boldsymbol{z}_1$ 得

$$\boldsymbol{y}_2=(-845418.49,-845418.49,946558.42)^{\mathrm{T}},\ m_2=\max(\boldsymbol{y}_2)=946558.42$$

$$\boldsymbol{z}_2=\boldsymbol{y}_2/m_2=(-0.8932,-0.8932,1)^{\mathrm{T}}$$

由于 $\boldsymbol{z}_1$ 与 $\boldsymbol{z}_2$ 的对应分量几乎相等，故 A 的特征值为

$$\lambda\approx\tilde{\lambda}+\frac{1}{m_2}=-0.3589+\frac{1}{946558.42}=-0.35889894354117$$

相应的特征向量为 $\boldsymbol{x}=\boldsymbol{z}_2=(-0.8932,-0.8932,1)^{\mathrm{T}}$。

而矩阵 A 的一个特征值为 $\lambda=4-\sqrt{19}=-0.358898943540674\cdots$，相应的特征向量为 $(-0.89315,-0.89315,1)^{\mathrm{T}}$，由此可见此方法得到的结果具有较高的精度。

【例 9.4】 循环比赛排名模型。

如图 9-1 所示，6 支球队的比赛结果，即 1 队战胜 2、4、5、6 队，而输给了 3 队；5 队战胜 3、6 队，而输给 1、2、4 队等。试给出 6 支球队的一个排名顺序。

【解】 若胜一场记 1 分，则 6 支球队的比赛得分情况见表 9-2。

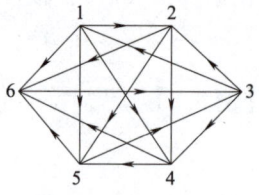

图 9-1 球队的比赛结果

表 9-2　6 支球队的比赛得分情况

球队	1	2	3	4	5	6
1	—	1	0	1	1	1
2	0	—	0	1	1	1
3	1	1	—	1	0	0
4	0	0	0	—	1	1
5	0	0	1	0	—	1
6	0	0	1	0	0	—

通常的方法是计算各队的得分，从高到低排名次，则上面 6 支球队的得分是 $s_1=(4,3,3,2,2,1)^T$，按得分计算，球队 1 排名第一，球队 2、球队 3 并列第二，……。

该方法存在两个缺点：第一是不能区分球队 2 与球队 3 的高低（因为不计算小分）；第二是没有考虑所打败对手的强弱，因为不论你战胜的是强队还是弱队，都得 1 分。那么，如何确定一种方法，使排名更合理呢？

如何考虑对手的强弱，首先要回答一个问题——用什么指标刻画对手的强弱？从直观上讲，所谓对手强，就是对手战胜的队多，对手弱就是对手战胜的队少，那么将对手的得分也记录到自己队的得分中，即所谓的二级得分。这样考虑问题要比直接考虑得分更合理，这里计算一下二级得分为

$$s_2=(8,5,9,3,4,3)^T$$

按这种计算方法，球队 3 排名第一，球队 1 排名第二，……。

貌似是合理的，但所说的问题并没有根本解决。因为这里仅考虑每个队它的对手得分，而没有考虑每个队它对手的对手得分，也就是说，评判对手强弱的计算公式不合理。为了合理地解决该问题，需要考虑每个队对手的对手得分，即三级得分。那么同样的问题，还有四级得分、五级得分……。各队各级的得分为

$$s_3=(15,10,16,7,12,9)^T$$
$$s_4=(38,28,32,21,25,16)^T$$
$$s_5=(90,62,87,41,48,32)^T$$
$$s_6=(183,121,193,80,119,87)^T$$

可见各队名次的排列有点波动，如球队 3 和球队 1 竞争第一名的情况就是这样。如何确定他们的名次呢？再对各队的得分进行分析。将各队比赛的得分情况构造矩阵

$$A = \begin{pmatrix} 0 & 1 & 0 & 1 & 1 & 1 \\ 0 & 0 & 0 & 1 & 1 & 1 \\ 1 & 1 & 0 & 1 & 0 & 0 \\ 0 & 0 & 0 & 0 & 1 & 1 \\ 0 & 0 & 1 & 0 & 0 & 1 \\ 0 & 1 & 0 & 0 & 0 & 0 \end{pmatrix}$$

同时构造列向量 $e = (1,1,1,1,1,1)^T$，其可以看作各队的实力，比赛前，认为 6 个队是相同的。那么第一级得分为

$$s_1 = Ae$$

s_1 也可以被看作各队的实力，比赛以后就不同了。而二级以后的得分为

$$s_2 = As_1 = A^2 e$$
$$s_3 = As_2 = A^2 s_1 = A^3 e$$
$$\vdots$$
$$s_k = As_{k-1} = \cdots = A^k e$$

最合理的情况应考虑极限情况，即

$$\lim_{i \to \infty} \left(\frac{A}{\lambda} \right)^i e = s$$

式中，λ 是矩阵 A 的最大特征值；s 是对应于 λ 的特征向量。可以证明在满足一定的条件下，上述极限是存在的。

因此，名次排列问题就转化为求得分矩阵的最大特征值和对应的特征向量。对于前面的问题，其最大特征值为 $\lambda = 2.2324$，相应的特征向量为

$$s = (0.2379, 0.1643, 0.2310, 0.1135, 0.1498, 0.1035)^T$$

即第一名~第六名的名次排列分别为球队 1、球队 3、球队 2、球队 5、球队 4、球队 6。

9.3 豪斯霍尔德变换与 QR 算法

9.3.1 豪斯霍尔德变换

【定义 9.4】 设 $B = (b_{ij})_{n \times n}$ 是 n 阶方阵，若当 $i > j+1$ 时，$b_{ij} = 0$，则称矩阵 B 为上海森伯格矩阵（Hessenberg matrix），又称为准上三角矩阵，它的一般形式为

$$B = \begin{pmatrix} b_{11} & b_{12} & \cdots & \cdots & b_{1n} \\ b_{21} & b_{22} & \cdots & \cdots & b_{2n} \\ & b_{32} & \cdots & \cdots & b_{3n} \\ & & \ddots & & \vdots \\ & & & b_{n,n-1} & b_{nn} \end{pmatrix} \quad (9-16)$$

以下讨论如何将矩阵 A 用正交相似变换化成式(9-16)的形式。为此先介绍一个对称正交矩阵——豪斯霍尔德矩阵（Householder matrix）。

【定义 9.5】 设向量 $u \in \mathbf{R}^n$ 的欧氏长度 $\|u\|_2 = 1$，I 为 n 阶单位矩阵，则称 n 阶方阵

$$H = H(u) = I - 2uu^T \tag{9-17}$$

为豪斯霍尔德矩阵。对任何 $x \in \mathbf{R}^n$，称由 $H = H(u)$ 确定的变换 $y = Hx$ 为镜面反射变换（specular reflection transformation）或豪斯霍尔德变换（Householder transformation）。

豪斯霍尔德变换是将一个向量变换为由一个超平面反射的镜像，也是一种线性变换。运用线性代数的知识，容易证明：

【定理9.4】 式(9-17)定义的矩阵 H 是对称正交矩阵，对任何 $x \in \mathbf{R}^n$，由线性变换 $y = Hx$ 得到 y 的欧氏长度满足 $\|y\|_2 = \|x\|_2$。

反之，有以下结论：

【定理9.5】 设 $x, y \in \mathbf{R}^n$，$x \neq y$。若 $\|x\|_2 = \|y\|_2$，则一定存在由单位向量确定的镜面反射矩阵 $H(u)$，使得 $Hx = y$。

【证明】 令 $u = \dfrac{x-y}{\|x-y\|_2}$，显然 $\|u\|_2 = 1$。构造单位向量 u 确定的镜面反射矩阵为

$$H = H(u) = I - 2uu^T$$

$$Hx = (I - 2uu^T)x = \left[I - 2\dfrac{(x-y)(x-y)^T}{\|x-y\|_2^2}\right]x = x - \dfrac{2(x-y)(x^Tx - y^Tx)}{\|x-y\|_2^2}$$

又因为 $\|x\|_2 = \|y\|_2$，即 $x^Tx = y^Ty$，所以

$$\begin{aligned}\|x-y\|_2^2 &= (x-y)^T(x-y) = (x^T - y^T)(x-y) \\ &= x^Tx - x^Ty - y^Tx + y^Ty = x^Tx - x^Ty - x^Ty + x^Tx \\ &= 2(x^Tx - y^Tx)\end{aligned}$$

于是 $Hx = x - \dfrac{2(x-y)(x^Tx - y^Tx)}{\|x-y\|_2^2} = x - (x-y) = y$。

证毕。

由定理9.5，可得：

【算法9.6】 若 $x = (x_1, x_2, \cdots, x_n)^T$，其中 $x_1, x_2, \cdots, x_n$ 不全为零，则由

$$\begin{cases} \sigma = \text{sgn}(x_1)\|x\|_2 \\ u = x + \sigma e_1, \text{其中 } e_1 = (1, 0, \cdots, 0)^T \in \mathbf{R}^n \\ \rho = \dfrac{1}{2}\|u\|_2^2 = \sigma(\sigma + x_1) \\ H = H(u) = I - 2\dfrac{uu^T}{\|u\|_2^2} = I - \rho^{-1}uu^T \end{cases} \tag{9-18}$$

确定的镜面反射矩阵 H，使得 $Hx = \sigma e_1$，其中 $\text{sgn}(a) = \begin{cases} 1, & a > 0, \\ 0, & a = 0, \\ -1, & a < 0_\circ \end{cases}$

【例9.5】 设 $x = (-1, 2, -2)^T$，按式(9-18)的方法构造镜面反射矩阵 H，使得 $Hx = (*, 0, 0)^T$（ $*$ 表示某非零元素）。

【解】 $\sigma = \text{sgn}(x_1)\|x\|_2 = (-1)\sqrt{(-1)^2 + 2^2 + (-2)^2} = -3$

$u = x + \sigma e_1 = (-1, 2, -2)^T - (3, 0, 0)^T = (-4, 2, -2)^T, e_1 = (1, 0, 0)^T$

$\rho = \dfrac{1}{2}\|u\|_2^2 = \sigma(\sigma + x_1) = -3[-3 + (-1)] = 12$

则所求镜面反射矩阵为

$$H = I - \rho^{-1}uu^T = \begin{pmatrix} 1 & 0 & 0 \\ 0 & 1 & 0 \\ 0 & 0 & 1 \end{pmatrix} - \frac{1}{12}\begin{pmatrix} -4 \\ 2 \\ -2 \end{pmatrix}(-4, 2, -2) = \begin{pmatrix} -1/3 & 2/3 & -2/3 \\ 2/3 & 2/3 & 1/3 \\ -2/3 & 1/3 & 2/3 \end{pmatrix}$$

且 $Hx = \begin{pmatrix} -1/3 & 2/3 & -2/3 \\ 2/3 & 2/3 & 1/3 \\ -2/3 & 1/3 & 2/3 \end{pmatrix}\begin{pmatrix} -1 \\ 2 \\ -2 \end{pmatrix} = \begin{pmatrix} 3 \\ 0 \\ 0 \end{pmatrix}$。

【定理 9.6】 对任意 n 阶方阵 $A = (a_{ij})_{n \times n}$，存在正交矩阵 Q，使得 $B = Q^T A Q$ 为形如式(9-16)的上海森伯格矩阵。

【证明】 记

$$A = \begin{pmatrix} a_{11} & a_{12} & \cdots & a_{1n} \\ a_{21} & a_{22} & \cdots & a_{2n} \\ \vdots & \vdots & & \vdots \\ a_{n1} & a_{n2} & \cdots & a_{nn} \end{pmatrix} = \begin{pmatrix} a_{11}^{(1)} & a_{12}^{(1)} & \cdots & a_{1n}^{(1)} \\ a_{21}^{(1)} & a_{22}^{(1)} & \cdots & a_{2n}^{(1)} \\ \vdots & \vdots & & \vdots \\ a_{n1}^{(1)} & a_{n2}^{(1)} & \cdots & a_{nn}^{(1)} \end{pmatrix} = A_1, \quad x_1 = \begin{pmatrix} a_{21}^{(1)} \\ a_{31}^{(1)} \\ \vdots \\ a_{n1}^{(1)} \end{pmatrix}$$

由式(9-18)可构造 $n-1$ 阶对称正交矩阵 H_1，即

$$\begin{cases} \sigma_1 = \text{sgn}(a_{21})\|x_1\|_2 = -\text{sgn}(a_{21})\left(\sum_{i=2}^{n} a_{i1}^2\right)^{1/2} \\ u_1 = x_1 + \sigma_1 e_1, \text{其中} e_1 = (1, 0, \cdots, 0)^T \in \mathbf{R}^{n-1} \\ \rho_1 = \frac{1}{2}\|u_1\|_2^2 = \sigma_1(\sigma_1 + a_{21}) \\ H_1 = I - \rho_1^{-1} u_1 u_1^T \end{cases}$$

使得 $H_1 x_1 = \sigma_1 e_1$。

记 $Q_1 = \begin{pmatrix} I_1 & \\ & H_1 \end{pmatrix}$，且 $Q_1 \in \mathbf{R}^{n \times n}$，$I_1$ 表示 1 阶单位矩阵。显然 Q_1 是对称正交矩阵。用 Q_1 对 A 做相似变换，可得

$$Q_1 A Q_1^{-1} = Q_1 A_1 Q_1 = \begin{pmatrix} a_{11}^{(1)} & a_{12}^{(2)} & \cdots & a_{1n}^{(2)} \\ \sigma_1 & a_{22}^{(2)} & \cdots & a_{2n}^{(2)} \\ 0 & a_{32}^{(2)} & \cdots & a_{3n}^{(2)} \\ \vdots & \vdots & & \vdots \\ 0 & a_{n2}^{(2)} & \cdots & a_{nn}^{(2)} \end{pmatrix} \xrightarrow{\text{记}} A_2$$

记 $x_2 = (a_{32}^{(2)}, a_{42}^{(2)}, \cdots, a_{n2}^{(2)})^T \in \mathbf{R}^{n-2}$，同理可构造 $n-2$ 阶对称正交矩阵 H_2，使得 $H_2 x_2 = \sigma_2 e_1 (e_1 = (1, 0, \cdots, 0)^T \in \mathbf{R}^{n-2})$。

记 $Q_2 = \begin{pmatrix} I_2 & \\ & H_2 \end{pmatrix}$，其中 I_2 为 2 阶单位矩阵，则 Q_2 仍是对称正交矩阵，用 Q_2 对 A_2 做相似变换，可得

$$Q_2 A_2 Q_2^{-1} = Q_2 A_2 Q_2 = \begin{pmatrix} a_{11}^{(1)} & a_{12}^{(2)} & a_{13}^{(3)} & \cdots & a_{1n}^{(3)} \\ \sigma_1 & a_{22}^{(2)} & a_{23}^{(3)} & \cdots & a_{2n}^{(3)} \\ 0 & \sigma_2 & a_{33}^{(3)} & \cdots & a_{3n}^{(3)} \\ 0 & 0 & a_{43}^{(3)} & \cdots & a_{4n}^{(3)} \\ \vdots & \vdots & \vdots & & \vdots \\ 0 & 0 & a_{n3}^{(3)} & \cdots & a_{nn}^{(3)} \end{pmatrix} \stackrel{\text{记}}{=\!=\!=} A_3$$

以此类推，经过 k 步对称正交相似变换，可得

$$Q_{k-1} A_{k-1} Q_{k-1}^{-1} = Q_{k-1} A_{k-1} Q_{k-1} = \begin{pmatrix} a_{11}^{(1)} & a_{12}^{(2)} & a_{13}^{(3)} & \cdots & a_{1,k-1}^{(k-1)} & a_{1k}^{(k)} & a_{1,k+1}^{(k)} & \cdots & a_{1n}^{(k)} \\ \sigma_1 & a_{22}^{(2)} & a_{23}^{(3)} & \cdots & a_{2,k-1}^{(k-1)} & a_{2k}^{(k)} & a_{2,k+1}^{(k)} & \cdots & a_{2n}^{(k)} \\ 0 & \sigma_2 & a_{33}^{(3)} & \cdots & a_{3,k-1}^{(k-1)} & a_{3k}^{(k)} & a_{3,k+1}^{(k)} & \cdots & a_{3n}^{(k)} \\ 0 & 0 & \sigma_3 & \ddots & \vdots & \vdots & \vdots & & \vdots \\ 0 & 0 & 0 & \ddots & a_{k-1,k-1}^{(k-1)} & a_{k-1,k}^{(k)} & a_{k-1,k+1}^{(k)} & \cdots & a_{k-1,n}^{(k)} \\ 0 & 0 & 0 & \ddots & \sigma_{k-1} & a_{kk}^{(k)} & a_{k,k+1}^{(k)} & \cdots & a_{kn}^{(k)} \\ 0 & 0 & 0 & \cdots & 0 & a_{k+1,k}^{(k)} & a_{k+1,k+1}^{(k)} & \cdots & a_{k+1,n}^{(k)} \\ \vdots & \vdots & \vdots & & \vdots & \vdots & \vdots & & \vdots \\ 0 & 0 & 0 & \cdots & 0 & a_{nk}^{(k)} & a_{n,k+1}^{(k)} & \cdots & a_{nn}^{(k)} \end{pmatrix} \stackrel{\text{记}}{=\!=\!=} A_k$$

重复上述过程，则有

$$Q_{n-2} A_{n-2} Q_{n-2}^{-1} = Q_{n-2} A_{n-2} Q_{n-2} = \begin{pmatrix} a_{11}^{(1)} & a_{12}^{(2)} & a_{13}^{(3)} & \cdots & a_{1,n-1}^{(n-1)} & a_{1n}^{(n)} \\ \sigma_1 & a_{22}^{(2)} & a_{23}^{(3)} & \cdots & a_{2,n-1}^{(n-1)} & a_{2n}^{(n)} \\ & \sigma_2 & a_{33}^{(3)} & \cdots & a_{3,n-1}^{(n-1)} & a_{3n}^{(n)} \\ & & \sigma_3 & \ddots & \vdots & \vdots \\ & & & \ddots & a_{n-1,n-1}^{(n-1)} & a_{n-1,n}^{(n)} \\ & & & & \sigma_{n-1} & a_{nn}^{(n)} \end{pmatrix} \stackrel{\text{记}}{=\!=\!=} A_{n-1}$$

从而 $A_{n-1} = Q_{n-2} A_{n-2} Q_{n-2} = Q_{n-2} Q_{n-3} A_{n-3} Q_{n-3} Q_{n-2} = Q_{n-2} Q_{n-3} \cdots Q_1 A Q_1 \cdots Q_{n-3} Q_{n-2}$。若记 $B = A_{n-1}$，$Q = Q_1 Q_2 \cdots Q_{n-2}$，则 Q 为正交矩阵，且有 $B = Q^T A Q$。证毕。

由定理 9.6 知，因为任意 n 阶方阵 A 与 n 阶上海森伯格矩阵 B 相似，所以求矩阵 A 的特征值问题，就可转化为求上海森伯格矩阵 B 的特征值问题。此外，若 A 是对称矩阵，则 B 也是对称矩阵。再由 B 的形式(9-16)知，此时 B 一定是对称三对角矩阵。于是，求对称矩阵 A 的特征值问题，便可转化为求对称三对角矩阵 B 的特征值问题。

【例 9.6】 设矩阵

$$A = \begin{pmatrix} 1 & 2 & 1 & 2 \\ 2 & 2 & -1 & 1 \\ 1 & -1 & 1 & 1 \\ 2 & 1 & 1 & 1 \end{pmatrix}$$

试用镜面反射变换求正交矩阵 Q，使 $Q^T A Q$ 为上海森伯格矩阵。

【解】 **第 1 步**：记 $A_1 = A$，$x_1 = (a_{21}^{(1)}, a_{31}^{(1)}, a_{41}^{(1)})^T = (2, 1, 2)^T$，利用式(9-18)构造三阶镜

面反射矩阵 H_1 为

$$\sigma_1 = \text{sgn}(2)\|x_1\|_2 = \sqrt{2^2+1^2+2^2} = 3$$

$$u_1 = x_1 + \sigma_1 e_1 = (2,1,2)^T + (3,0,0)^T = (5,1,2)^T, e_1 = (1,0,0)^T$$

$$\rho_1 = \frac{1}{2}\|u_1\|_2^2 = \sigma_1(\sigma_1+a_{21}^{(1)}) = 3(3+2) = 15$$

则所求镜面反射矩阵为

$$H_1 = I - \rho_1^{-1} u_1 u_1^T = \begin{pmatrix} 1 & 0 & 0 \\ 0 & 1 & 0 \\ 0 & 0 & 1 \end{pmatrix} - \frac{1}{15}\begin{pmatrix} 5 \\ 1 \\ 2 \end{pmatrix}(5,1,2) = \begin{pmatrix} -0.6667 & -0.3333 & -0.6667 \\ -0.3333 & 0.9333 & -0.1333 \\ -0.6667 & -0.1333 & 0.7333 \end{pmatrix}$$

$$Q_1 = \begin{pmatrix} I_1 & \\ & H_1 \end{pmatrix} = \begin{pmatrix} 1 & 0 & 0 & 0 \\ 0 & -0.6667 & -0.3333 & -0.6667 \\ 0 & -0.3333 & 0.9333 & -0.1333 \\ 0 & -0.6667 & -0.1333 & 0.7333 \end{pmatrix}$$

$$A_2 = Q_1^T A_1 Q_1 = Q_1 A Q_1 = \begin{pmatrix} 1 & -3 & 0 & 0 \\ -3 & 2.3333 & 0.4667 & -0.0667 \\ 0 & 0.4667 & 1.5733 & 1.3467 \\ 0 & -0.0667 & 1.3467 & 0.0933 \end{pmatrix}$$

第2步：记 $x_2 = (a_{32}^{(2)}, a_{42}^{(2)})^T = (0.4667, -0.0667)^T$，利用式(9-18)构造 2 阶镜面反射矩阵 H_2 为

$$\sigma_2 = \text{sgn}(0.4667)\|x_2\|_2 = \sqrt{0.4667^2+(-0.0667)^2} = 0.4714$$

$$u_2 = x_2 + \sigma_2 e_1 = (0.4667, -0.0667)^T + (0.4714, 0)^T = (0.9381, -0.0667)^T$$

$$\rho_2 = \frac{1}{2}\|u_2\|_2^2 = \sigma_2(\sigma_2+a_{32}^{(2)}) = 0.4714(0.4714+0.4667) = 0.4422$$

其中 $e_1 = (1,0)^T$，则所求镜面反射矩阵为

$$H_2 = I - \rho_2^{-1} u_2 u_2^T = \begin{pmatrix} 1 & 0 \\ 0 & 1 \end{pmatrix} - \frac{1}{0.4422}\begin{pmatrix} 0.9381 \\ -0.0667 \end{pmatrix}(0.9381, -0.0667) = \begin{pmatrix} -0.9901 & 0.1415 \\ 0.1415 & 0.9899 \end{pmatrix}$$

$$Q_2 = \begin{pmatrix} I_2 & \\ & H_2 \end{pmatrix} = \begin{bmatrix} 1 & 0 & 0 & 0 \\ 0 & 1 & 0 & 0 \\ 0 & 0 & -0.9901 & 0.1415 \\ 0 & 0 & 0.1415 & 0.9899 \end{bmatrix}$$

$$A_3 = Q_2^T A_2 Q_2 = Q_2 A_2 Q_2 = \begin{pmatrix} 1 & -3 & 0 & 0 \\ -3 & 2.3333 & -0.4714 & 0 \\ 0 & -0.4714 & 1.5733 & -1.5000 \\ 0 & 0 & -1.5000 & 0.5000 \end{pmatrix}$$

由此得正交矩阵为

$$Q = Q_1 Q_2 = \begin{pmatrix} 1 & 0 & 0 & 0 \\ 0 & -0.6667 & 0.2357 & -0.7071 \\ 0 & -0.3333 & -0.9429 & 0.0001 \\ 0 & -0.6667 & 0.2357 & 0.7070 \end{pmatrix}$$

使得

$$Q^{\mathrm{T}}AQ = A_3 = \begin{pmatrix} 1 & -3 & 0 & 0 \\ -3 & 2.3333 & -0.4714 & 0 \\ 0 & -0.4714 & 1.1667 & -1.5000 \\ 0 & 0 & -1.5000 & 0.5000 \end{pmatrix}$$

即为上海森伯格矩阵。

9.3.2 QR 算法

QR 算法的基本思想：利用 QR 分解得到一系列与 A 相似的矩阵 $\{A_k\}$，在一定条件下，当 $k \to \infty$ 时，$\{A_k\}$ 收敛到一个以 A 的特征值 $\lambda_i (i=1,2,\cdots,n)$ 为主对角线元素的上三角矩阵。首先介绍 QR 分解，即用豪斯霍尔德变换将矩阵 A 分解成正交矩阵 Q 与上三角矩阵 R 的乘积，即 $A = QR$。

【算法 9.7】（QR 分解）

【解】 第 1 步：记 A 的第 1 列为 $x_1 = (a_{11}^{(1)}, a_{21}^{(1)}, \cdots, a_{n1}^{(1)})^{\mathrm{T}}$，$A = A_1 = (a_{ij}^{(1)})_{n \times n}$。利用式(9-18)可得

$$\begin{cases} \sigma_1 = \mathrm{sgn}(a_{11}^{(1)}) \left(\sum_{i=1}^{n} (a_{i1}^{(1)})^2 \right)^{1/2} \\ u_1 = x_1 + \sigma_1 e_1, e_1 = (1, 0, \cdots, 0)^{\mathrm{T}} \in \mathbf{R}^n \\ \rho_1 = \sigma_1(\sigma_1 + a_{11}^{(1)}) \\ H_1 = I - \rho_1^{-1} u_1 u_1^{\mathrm{T}} \end{cases}$$

构造出的 H_1 是 n 阶对称正交矩阵，使得 $H_1 x_1 = \sigma_1 e_1$，从而有

$$A_2 = H_1 A_1 = \begin{pmatrix} \sigma_1 & a_{12}^{(2)} & \cdots & a_{1n}^{(2)} \\ 0 & a_{22}^{(2)} & \cdots & a_{2n}^{(2)} \\ \vdots & \vdots & & \vdots \\ 0 & a_{n2}^{(2)} & \cdots & a_{nn}^{(2)} \end{pmatrix}$$

第 2 步：记 $x_2 = (a_{22}^{(2)}, a_{32}^{(2)}, \cdots, a_{n2}^{(2)})^{\mathrm{T}}$，同理可构造出 $n-1$ 阶对称正交矩阵 $\tilde{H}_2$，使得

$$\tilde{H}_2 x_2 = \sigma_2 e_2, \text{其中 } \sigma_2 = \mathrm{sgn}(a_{22}^{(2)}) \left(\sum_{i=2}^{n} a_{i2}^2 \right)^{1/2}, e_2 = (1, 0, \cdots, 0)^{\mathrm{T}} \in \mathbf{R}^{n-1}$$

若记 $H_2 = \begin{pmatrix} 1 & \\ & \tilde{H}_2 \end{pmatrix}$，它仍是对称正交矩阵，于是有

$$A_3 = H_2 A_2 = \begin{pmatrix} \sigma_1 & a_{12}^{(2)} & a_{13}^{(2)} & \cdots & a_{1n}^{(2)} \\ 0 & \sigma_2 & a_{23}^{(3)} & \cdots & a_{2n}^{(3)} \\ 0 & 0 & a_{33}^{(3)} & \cdots & a_{3n}^{(3)} \\ \vdots & \vdots & \vdots & & \vdots \\ 0 & 0 & a_{n3}^{(3)} & \cdots & a_{nn}^{(3)} \end{pmatrix}$$

如此继续下去，直到完成第 $n-1$ 步后，得到上三角矩阵为

$$A_n = H_{n-1}A_{n-1} = \begin{pmatrix} \sigma_1 & a_{12}^{(2)} & a_{13}^{(2)} & \cdots & a_{1n}^{(2)} \\ & \sigma_2 & a_{23}^{(3)} & \cdots & a_{2n}^{(3)} \\ & & \ddots & \ddots & \vdots \\ & & & \ddots & a_{n-1,n}^{(n)} \\ & & & & \sigma_n \end{pmatrix}$$

于是有 $A_n = H_{n-1}A_{n-1} = H_{n-1}H_{n-2}A_{n-2} = \cdots = H_{n-1}H_{n-2}\cdots H_1 A_1 = H_{n-1}H_{n-2}\cdots H_1 A$。令 $R = A_n$，$Q = H_1 H_2 \cdots H_{n-1}$，其中 Q 是对称正交矩阵，则 $R = QA$。因为 Q 是对称正交矩阵，所以得 $A = QR$。

若 A 非奇异，则上三角矩阵 R 也非奇异，从而 R 的主对角线元素不为零。若要求 R 的主对角线元素取正数，则 A 的 QR 分解是唯一的。

【例 9.7】 求矩阵

$$A = \begin{pmatrix} 1 & 0 & -1 \\ 2 & 1 & 4 \\ -2 & 3 & 0 \end{pmatrix}$$

的 QR 分解 $A = QR$，并使矩阵 R 的主对角线上的元素都是正数。

【解】 对 A 运用算法 9.7。

第 1 步：记 $A_1 = A$，$x_1 = (1, 2, -2)^T$，则

$$\sigma_1 = \text{sgn}(1)\sqrt{1^2 + 2^2 + (-2)^2} = 3, \rho_1 = \sigma_1(\sigma_1 + a_{11}) = 3(3+1) = 12$$

$$u_1 = x_1 + \sigma_1 e_1 = (1, 2, -2)^T + (3, 0, 0)^T = (4, 2, -2)^T, e_1 = (1, 0, 0)^T$$

$$H_1 = I - \rho_1^{-1} u_1 u_1^T = \begin{pmatrix} 1 & 0 & 0 \\ 0 & 1 & 0 \\ 0 & 0 & 1 \end{pmatrix} - \frac{1}{12}\begin{pmatrix} 4 \\ 2 \\ -2 \end{pmatrix}(4, 2, -2) = \frac{1}{3}\begin{pmatrix} -1 & -2 & 2 \\ -2 & 2 & 1 \\ 2 & 1 & 2 \end{pmatrix}$$

$$A_2 = H_1 A_1 = \begin{pmatrix} -3 & 4/3 & -7/3 \\ 0 & 5/3 & 10/3 \\ 0 & 7/3 & 2/3 \end{pmatrix}$$

第 2 步：记 $x_2 = (5/3, 7/3)^T$，$\sigma_2 = \text{sgn}(5/3)\sqrt{(5/3)^2 + (7/3)^2} = 2.86744$

$$\rho_2 = \sigma_2(\sigma_2 + a_{22}^{(2)}) = 2.86744(2.86744 + 5/3) = 13.0013$$

$$u_2 = x_2 + \sigma_2 e_1 = (5/3, 7/3)^T + (2.86744, 0)^T = (4.53411, 2.33333)^T$$

$$\widetilde{H}_2 = I - \rho_2^{-1} u_2 u_2^T = \begin{pmatrix} 1 & 0 \\ 0 & 1 \end{pmatrix} - \frac{1}{13.0013}\begin{pmatrix} 4.53411 \\ 2.33333 \end{pmatrix}(4.53411, 2.33333)$$

$$= \begin{pmatrix} -0.58124 & -0.81373 \\ -0.81373 & 0.58124 \end{pmatrix}$$

记

$$H_2 = \begin{pmatrix} 1 & 0 \\ 0 & \widetilde{H}_2 \end{pmatrix} = \begin{pmatrix} 1 & 0 & 0 \\ 0 & -0.58124 & -0.81373 \\ 0 & -0.81373 & 0.58124 \end{pmatrix}$$

则

$$A_3 = H_2 A_2 = \begin{pmatrix} -3 & 1.33333 & -2.33333 \\ 0 & -2.86744 & -2.47995 \\ 0 & 0 & -2.32494 \end{pmatrix}$$

为了使 R 的主对角线上的元素都是正数,取 $H_3 = \begin{pmatrix} -1 & 0 & 0 \\ 0 & -1 & 0 \\ 0 & 0 & -1 \end{pmatrix}$,显然 H_3 是正交矩阵,且

$$A_4 = H_3 A_3 = \begin{pmatrix} 3 & -1.33333 & 2.33333 \\ 0 & 2.86744 & 2.47995 \\ 0 & 0 & 2.32494 \end{pmatrix}$$

令

$$R = A_4 = \begin{pmatrix} 3 & -1.33333 & 2.33333 \\ 0 & 2.86744 & 2.47995 \\ 0 & 0 & 2.32494 \end{pmatrix}, \quad Q = H_1 H_2 H_3 = \begin{pmatrix} 0.33333 & 0.15499 & -0.92998 \\ 0.66667 & 0.65874 & 0.34874 \\ -0.66667 & 0.73623 & -0.11625 \end{pmatrix}$$

且 $A = QR$。

了解了 QR 分解后,以下介绍 QR 算法。

【算法 9.8】(QR 算法)

【解】 第 1 步:令 $A_1 = A$,利用算法 9.7 将 A_1 进行 QR 分解,得 $A_1 = Q_1 R_1$,其中 Q_1 为正交矩阵,R_1 为上三角矩阵;然后将 Q_1 与 R_1 逆序相乘,得 $A_2 = R_1 Q_1$。因为 $R_1 = Q_1^{-1} A_1$,所以有 $A_2 = R_1 Q_1 = Q_1^{-1} A_1 Q_1$,即 A_2 与 A_1 相似。

第 2 步:以 A_2 代替 A_1,再做 QR 分解,得 $A_2 = Q_2 R_2$,其中 Q_2 为正交矩阵,R_2 为上三角矩阵;再将 Q_2 与 R_2 逆序相乘,并记 $A_3 = R_2 Q_2$。因为 $R_2 = Q_2^{-1} A_2$,所以 $A_3 = R_2 Q_2 = Q_2^{-1} A_2 Q_2$,即 A_3 与 A_2 相似。

以此类推,可得 QR 算法公式:对 $k = 1, 2, \cdots$,有

$$\begin{cases} A_k = Q_k R_k \\ A_{k+1} = R_k Q_k = Q_{k+1} R_{k+1} \end{cases}$$

因为 $R_{k-1} = Q_{k-1}^{-1} A_{k-1}$,所以 $A_k = R_{k-1} Q_{k-1} = Q_{k-1}^{-1} A_{k-1} Q_{k-1}$,即 A_k 与 A_{k-1} 相似。故序列 $\{A_k\}$ 相似于 $A_1 = A$。

此处,不加证明地给出 QR 算法收敛的充分条件:

【定理 9.7】(QR 算法的收敛性) 设 $A = (a_{ij}) \in \mathbf{R}^{n \times n}$,$\{A_k\}$ 是由 QR 算法产生的矩阵序列,其中 $A_k = (a_{ij}^{(k)})$。若

1) $A_1 = A$ 的特征值 $\lambda_i (i = 1, 2, \cdots, n)$ 满足 $|\lambda_1| > |\lambda_2| > \cdots > |\lambda_n| > 0$。

2) $A = P^{-1} D P$,其中 $D = \mathrm{diag}(\lambda_1, \lambda_2, \cdots, \lambda_n)$,且 P 有三角分解 $P = LU$(L 是单位下三角矩阵,U 是上三角矩阵)。

则 $\lim\limits_{k \to \infty} a_{ij}^{(k)} = \begin{cases} 0, & i > j \\ \lambda_i, & i = j \end{cases}$,即 $\{A_k\}$ 收敛到一个以 A 的特征值 $\lambda_i (i = 1, 2, \cdots, n)$ 为主对角线元

素的上三角矩阵。

【推论】 若矩阵 $A \in \mathbf{R}^{n \times n}$ 是对称矩阵，且满足定理 9.7 中的条件，则由 QR 算法产生的矩阵序列 $\{A_k\}$ 收敛到对角矩阵 $D = \text{diag}(\lambda_1, \lambda_2, \cdots, \lambda_n)$。

9.4 雅可比方法

上一节介绍了豪斯霍尔德变换将矩阵化为上海森伯格矩阵的方法。如果矩阵是实对称矩阵，用平面旋转变换将矩阵化为上海森伯格矩阵要比用豪斯霍尔德变换更好，这就是雅可比方法。它主要用于求实对称矩阵的全部特征值和特征向量。

雅可比方法(Jacobi method)的基本思想：对实对称矩阵 $A = (a_{ij})_{n \times n}$，一定存在正交矩阵 Q，使 $Q^{-1}AQ = Q^{\mathrm{T}}AQ = D$，其中 $D = \text{diag}(\lambda_1, \lambda_2, \cdots, \lambda_n)$，$\lambda_j (j = 1, 2, \cdots, n)$ 就是矩阵 A 的特征值，而正交矩阵 Q 的第 j 列就是对应于 λ_j 的特征向量。

综上，雅可比方法的实质和关键就是找一个正交矩阵 Q，将 A 化为对角矩阵。

9.4.1 雅可比方法的基本思想

【定义 9.6】 设 $A = (a_{ij})_{n \times n}$ 是 n 阶实对称矩阵，称 n 阶矩阵

$$G(i, j, \theta) = \begin{pmatrix} 1 & & & & & & & \\ & \ddots & & & & & & \\ & & \cos\theta & \cdots & \cdots & \cdots & \sin\theta & \\ & & \vdots & 1 & & & \vdots & \\ & & \vdots & & \ddots & & \vdots & \\ & & \vdots & & & 1 & \vdots & \\ & & -\sin\theta & \cdots & \cdots & \cdots & \cos\theta & \\ & & & & & & & \ddots \\ & & & & & & & & 1 \end{pmatrix} \begin{matrix} \\ \\ (i) \\ \\ \\ \\ (j) \\ \\ \end{matrix} \quad (9\text{-}19)$$

为旋转矩阵(rotation matrix)，或吉文斯矩阵(Givens matrix)，简记为 G_{ij}。对 A 进行的变换 $G_{ij}AG_{ij}^{\mathrm{T}}$，称为吉文斯旋转变换(Givens rotation)。

其中，吉文斯矩阵是在 n 阶单位矩阵 I 的第 i 行第 i 列、第 i 行第 j 列、第 j 行第 i 列、第 j 行第 j 列的交叉的位置上分别换上 $r_{ii} = \cos\theta$、$r_{ij} = \sin\theta$、$r_{ji} = -\sin\theta$、$r_{jj} = \cos\theta$ 形成的。

吉文斯矩阵是正交矩阵，变换式(9-19)是正交相似变换。雅可比方法就是通过一系列吉文斯旋转变换，把 A 化为对角矩阵，从而求得特征值及相应的特征向量的方法。因此，雅可比方法也称为平面旋转法(plane rotation method)。

以下具体介绍将 n 阶实对称矩阵化为对角矩阵的雅可比方法。

设 $A = (a_{ij})_{n \times n}$ 是 n 阶实对称矩阵，记 $A_1 = (a_{ij}^{(1)})_{n \times n} = G_{ij}AG_{ij}^{\mathrm{T}}$，因为

$$A_1^{\mathrm{T}} = (G_{ij}AG_{ij}^{\mathrm{T}})^{\mathrm{T}} = G_{ij}AG_{ij}^{\mathrm{T}} = A_1$$

所以 A_1 仍是对称矩阵。通过直接计算可得

$$\begin{cases}a_{ii}^{(1)}=a_{ii}\cos^2\theta+a_{jj}\sin^2\theta+2a_{ij}\cos\theta\sin\theta\\ a_{jj}^{(1)}=a_{ii}\sin^2\theta+a_{jj}\cos^2\theta-2a_{ij}\cos\theta\sin\theta\\ a_{il}^{(1)}=a_{li}^{(1)}=a_{il}\cos\theta+a_{jl}\sin\theta,\ l\neq i,j\\ a_{jl}^{(1)}=a_{lj}^{(1)}=-a_{il}\sin\theta+a_{jl}\cos\theta,\ l\neq i,j\\ a_{lm}^{(1)}=a_{ml}^{(1)}=a_{ml},\ m,l\neq i,j\\ a_{ij}^{(1)}=a_{ji}^{(1)}=\dfrac{1}{2}(a_{jj}-a_{ii})\sin 2\theta+a_{ij}(\cos^2\theta-\sin^2\theta)\end{cases} \quad (9\text{-}20)$$

易见，$\boldsymbol{A}$ 经过 $\boldsymbol{G}_{ij}$ 作用后，与 $\boldsymbol{A}$ 相比，只有 $\boldsymbol{A}_1$ 的第 i 行、第 i 列、第 j 行、第 j 列的元素发生了变化，而其他元素与 $\boldsymbol{A}$ 的相同。

特别地，若 $a_{ij}\neq 0$，由式(9-20)中 $(a_{jj}-a_{ii})\sin 2\theta+2a_{ij}(\cos^2\theta-\sin^2\theta)=0$，可知：若取 θ 满足关系式 $\cot 2\theta=\dfrac{a_{ii}-a_{jj}}{2a_{ij}}=\dfrac{1-\tan^2\theta}{2\tan\theta}$，$-\dfrac{\pi}{4}<\theta\leq\dfrac{\pi}{4}$，可使 $a_{ij}^{(1)}=a_{ji}^{(1)}=0$，即用 $\boldsymbol{G}_{ij}$ 对 $\boldsymbol{A}$ 进行变换，可将 $\boldsymbol{A}$ 的 2 个非主对角线元素 a_{ij} 和 a_{ji} 化为零。

雅可比方法的一般过程：记 $\boldsymbol{A}_0=\boldsymbol{A}$，选择 $\boldsymbol{A}$ 的一对最大的非零非主对角线元素 a_{ij} 和 a_{ji}，使用雅可比矩阵 $\boldsymbol{G}_{ij}$ 对 $\boldsymbol{A}$ 做正交相似变换得 $\boldsymbol{A}_1$，可使 $\boldsymbol{A}_1$ 的这对非零非主对角线元素 $a_{ij}^{(1)}=a_{ji}^{(1)}=0$。

再选择 $\boldsymbol{A}_1$ 的一对最大的非零非主对角线元素做上述正交相似变换得 $\boldsymbol{A}_2$，可使 $\boldsymbol{A}_2$ 的这对非零非主对角线元素化为零。

如此不断地做下去，可产生一个矩阵序列 $\boldsymbol{A}=\boldsymbol{A}_0,\boldsymbol{A}_1,\cdots,\boldsymbol{A}_k,\cdots$。虽然 $\boldsymbol{A}$ 至多只有 $n(n-1)/2$ 对非零非主对角线元素，但是不能期望通过 $n(n-1)/2$ 次变换使 $\boldsymbol{A}$ 对角化。因为每次变换能使一对非零非主对角线元素化为零，例如，a_{ij} 和 a_{ji} 化为零。但在下一次变换时，它们又可能由零变为非零。

可以证明，如此产生的矩阵序列 $\boldsymbol{A}=\boldsymbol{A}_0,\boldsymbol{A}_1,\cdots,\boldsymbol{A}_k,\cdots$ 将趋向于对角矩阵，即雅可比方法是收敛的，而该对角矩阵的主对角线元素就是矩阵 $\boldsymbol{A}$ 的特征值。

用雅可比方法求矩阵 $\boldsymbol{A}$ 的特征值的步骤如下：

1) 记 $\boldsymbol{A}_0=\boldsymbol{A}$，在矩阵 $\boldsymbol{A}$ 中找出按模最大的非主对角线元素 a_{ij}，取相应的吉文斯矩阵 $\boldsymbol{G}_{ij}$，记为 $\boldsymbol{G}_1=\boldsymbol{G}_{ij}$。

2) 由条件 $(a_{jj}-a_{ii})\sin 2\theta+2a_{ij}(\cos^2\theta-\sin^2\theta)=0$，定出 $\sin\theta$ 和 $\cos\theta$。为避免使用三角函数，令

$$\begin{cases}d=\dfrac{a_{ii}-a_{jj}}{2a_{ij}}\\ t=\tan\theta=\operatorname{sgn}(d)/(|d|+\sqrt{1+d^2})\\ \cos\theta=(1+t^2)^{-1/2}\\ \sin\theta=t\cos\theta\end{cases}$$

3) 按式(9-20)计算 $\boldsymbol{A}_1=\boldsymbol{G}_{ij}\boldsymbol{A}\boldsymbol{G}_{ij}^{\mathrm{T}}=\boldsymbol{G}_1\boldsymbol{A}\boldsymbol{G}_1^{\mathrm{T}}$ 的元素。

4) 以 $\boldsymbol{A}_1$ 代替 $\boldsymbol{A}_0$，重复步骤 1)~步骤 3)，求出 $\boldsymbol{A}_2=\boldsymbol{G}_2\boldsymbol{A}_1\boldsymbol{G}_2^{\mathrm{T}}$；以此类推，得

$$\boldsymbol{A}_k=\boldsymbol{G}_k\boldsymbol{A}_{k-1}\boldsymbol{G}_k^{\mathrm{T}},\ k=1,2,3,\cdots$$

令 $Q_0 = I$，记 $Q_k = Q_{k-1}G_k^T$，则 Q_k 是正交矩阵，且

$$A_k = Q_k^T A Q_k, \quad k = 1, 2, 3, \cdots \tag{9-21}$$

若经过 N 步旋转变换，A_N 的所有非主对角线元素都小于允许误差 ε 时，停止计算。此时 A_N 的主对角线元素就是 A 的特征值的近似值，Q_N 的列元素就是 A 的对应于上述特征值的全部特征向量。

9.4.2　雅可比方法的收敛性

由矩阵理论，可知：

【定理 9.8】 设 $A = (a_{ij})_{n \times n}$，$P$ 是正交矩阵，$B = (b_{ij})_{n \times n} = P^T A P$，则 $\sum_{i=1}^{n}\sum_{j=1}^{n} b_{ij}^2 = \sum_{i=1}^{n}\sum_{j=1}^{n} a_{ij}^2$。

【定理 9.9】（收敛性） 设 $\{A_k\}$ 是由雅可比方法产生的矩阵序列，其中 $A_k = Q_k^T A Q_k$ 由式(9-21)定义，则 $\lim_{k \to \infty} A_k = D = \mathrm{diag}(\lambda_1, \lambda_2, \cdots, \lambda_n)$，$\lim_{k \to \infty} Q_k = Q$，其中 $\lambda_j (j = 1, 2, \cdots, n)$ 为矩阵 A 的特征值，而正交矩阵 Q 的第 j 列为对应于 λ_j 的特征向量，$j = 1, 2, \cdots, n$。

【例 9.8】 利用雅可比方法求矩阵

$$A = \begin{pmatrix} 1 & -2 & 0 \\ -2 & -1 & 1 \\ 0 & 1 & 3 \end{pmatrix}$$

的全部特征值和特征向量，要求 A_k 的所有非主对角线元素的绝对值小于 $\varepsilon = 0.1$。

【解】 记 $A = A_0 = (a_{ij}^{(0)})_{3 \times 3}$，因为 $a_{12}^{(0)} = -2$ 是 A 中所有非主对角线元素中绝对值最大的元素，取相应的吉文斯矩阵 G_{12}。因为 $a_{11}^{(0)} = 1$，$a_{22}^{(0)} = -1$，所以

$$d = (a_{11}^{(0)} - a_{22}^{(0)})/2a_{12}^{(0)} = -0.5, \quad t = \tan\theta = \mathrm{sgn}(d)/(|d| + \sqrt{1+d^2}) = -0.618034$$

$$\cos\theta = (1+t^2)^{-1/2} = 0.850651, \quad \sin\theta = t\cos\theta = -0.525731$$

于是

$$G_{12} = \begin{pmatrix} \cos\theta & \sin\theta & 0 \\ -\sin\theta & \cos\theta & 0 \\ 0 & 0 & 1 \end{pmatrix} = \begin{pmatrix} 0.850651 & -0.525731 & 0 \\ 0.525731 & 0.850651 & 0 \\ 0 & 0 & 1 \end{pmatrix} \xlongequal{\text{记}} G_1$$

$$G_1 A_0 G_1^T = \begin{pmatrix} 2.236068 & 0 & -0.525731 \\ 0 & -2.236068 & 0.850651 \\ -0.525731 & 0.850651 & 3 \end{pmatrix} \xlongequal{\text{记}} A_1 = (a_{ij}^{(1)})_{3 \times 3}$$

记 $Q_1 = Q_0 G_1^T = I G_1^T = \begin{pmatrix} 0.850651 & 0.525731 & 0 \\ -0.525731 & 0.850651 & 0 \\ 0 & 0 & 1 \end{pmatrix}$，则 $A_1 = Q_1^T A Q_1$。

用 A_1 代替 A_0，重复上述过程：因为 $a_{23}^{(1)} = 0.850651$ 是 A_1 中所有非主对角线元素中绝对值最大的元素，取相应的吉文斯矩阵 G_{23}。因为 $a_{22}^{(1)} = -2.236068$，$a_{33}^{(1)} = 3$，所以 $d = (a_{22}^{(1)} - a_{33}^{(1)})/2a_{23}^{(1)} = -3.077683$，$t = \tan\theta = \mathrm{sgn}(d)/(|d| + \sqrt{1+d^2}) = -0.158384$，$\cos\theta = (1+t^2)^{-1/2} = 0.987688$，$\sin\theta = t\cos\theta = -0.156434$。

于是

$$G_{23} = \begin{pmatrix} 1 & 0 & 0 \\ 0 & \cos\theta & \sin\theta \\ 0 & -\sin\theta & \cos\theta \end{pmatrix} = \begin{pmatrix} 1 & 0 & 0 \\ 0 & 0.987688 & -0.156434 \\ 0 & 0.156434 & 0.987688 \end{pmatrix} \xlongequal{\text{记}} G_2$$

$$G_2 A_1 G_2^T = \begin{pmatrix} 2.236068 & 0.082241 & -0.519258 \\ 0.082241 & -2.370798 & 0 \\ -0.519258 & 0 & 3.134730 \end{pmatrix} \xlongequal{\text{记}} A_2 = (a_{ij}^{(2)})_{3\times 3}$$

记 $Q_2 = Q_1 G_2^T = \begin{pmatrix} 0.850651 & 0.519258 & 0.082242 \\ -0.525731 & 0.840178 & 0.133071 \\ 0 & -0.156434 & 0.987688 \end{pmatrix}$,则 $A_2 = Q_2^T A Q_2$。

用 A_2 代替 A_1,重复上述过程：因为 $a_{13}^{(2)} = -0.519258$ 是 A_2 中所有非主对角线元素中绝对值最大的元素,取相应的吉文斯矩阵 G_{13}。因为 $a_{11}^{(2)} = 2.236068$, $a_{33}^{(2)} = 3.134730$,所以 $d = (a_{11}^{(2)} - a_{33}^{(2)})/2a_{13}^{(2)} = 0.865333$, $t = \tan\theta = \text{sgn}(d)/(|d| + \sqrt{1+d^2}) = 0.457089$, $\cos\theta = (1 + t^2)^{-1/2} = 0.909493$, $\sin\theta = t\cos\theta = 0.415720$。

于是

$$G_{13} = \begin{pmatrix} \cos\theta & 0 & \sin\theta \\ 0 & 1 & 0 \\ -\sin\theta & 0 & \cos\theta \end{pmatrix} = \begin{pmatrix} 0.909493 & 0 & 0.415720 \\ 0 & 1 & 0 \\ -0.415720 & 0 & 0.909493 \end{pmatrix} \xlongequal{\text{记}} G_3$$

$$G_3 A_2 G_3^T = \begin{pmatrix} 1.998721 & 0.074799 & 0 \\ 0.074799 & -2.370788 & -0.034190 \\ 0 & -0.034190 & 3.372078 \end{pmatrix} \xlongequal{\text{记}} A_3 = (a_{ij}^{(3)})_{3\times 3}$$

记 $Q_3 = Q_2 G_3^T = \begin{pmatrix} 0.807851 & 0.519258 & -0.278834 \\ -0.422828 & 0.840178 & 0.339584 \\ 0.410602 & -0.156434 & 0.898295 \end{pmatrix}$,则 $A_3 = Q_3^T A Q_3$。

因为 A_3 的所有非主对角线元素的绝对值小于 $\varepsilon = 0.1$,所以迭代停止。此时 A 的特征值的近似值分别为 A_3 的对角元素：$\lambda_1 \approx 1.998721$, $\lambda_2 \approx -2.370788$, $\lambda_3 \approx 3.372078$。相应的特征向量的近似值分别为

$$x_1 \approx (0.807851, -0.422828, 0.410602)^T = k_1 (1.967479, -1.029776, 1)^T$$
$$x_2 \approx (0.519258, 0.840178, -0.156434)^T = k_2 (-3.319342, -5.370814, 1)^T$$
$$x_3 \approx (-0.278834, 0.339584, 0.898295)^T = k_3 (-0.310404, -0.378032, 1)^T$$

其中 $k_1 = 0.410602$, $k_2 = -0.156434$, $k_3 = 0.898295$。

A 的特征值的精确值为

$$\lambda_1 = 2, \quad \lambda_2 = \frac{1}{2} - \frac{\sqrt{33}}{2} = -2.37228132\cdots, \quad \lambda_3 = \frac{1}{2} + \frac{\sqrt{33}}{2} = 3.37228132\cdots$$

相应的特征向量为

$$x_1 = (2, -1, 1)^T$$
$$x_2 = (-3.186140, \cdots, -5.372281, \cdots, 1)^T$$
$$x_3 = (-0.313859, \cdots, 0.372281, \cdots, 1)^T$$

从例 9.8 可见,即使迭代的次数不是很多,迭代矩阵 A_k 的所有非对角元素的绝对值并

不是很小时,用雅可比方法求得的结果精度都比较高,因此它是求实对称矩阵的全部特征值和特征向量的一个较好的方法。

9.4.3 改进的雅可比方法

由于每次旋转变换前选非零非主对角线元素的最大值很费时间,因此介绍两种改进方法。

第一种方法:把非主对角线元素按照行的次序 a_{12}, a_{13}, $\cdots$, a_{1n}, a_{23}, a_{24}, $\cdots$, a_{2n}, $\cdots$, $a_{n-1,n}$ 依次化为零,称为一次扫描。一次扫描后,前面已化为零的元素可能成为非零元素,需要再次扫描。这一方法称为循环雅可比方法,这种方法的缺点是:一些已经足够小的元素也作为零处理,浪费了时间。

第二种方法:首先对实对称矩阵 A 计算 $v_0 = \left(2\sum_{i=1}^{n-1}\sum_{j=i+1}^{n} a_{ij}^2\right)^{1/2}$,设置阈值 $v_1 = v_0/n$,按 a_{12}, a_{13}, $\cdots$, a_{1n}, a_{23}, a_{24}, $\cdots$, a_{2n}, $\cdots$, $a_{n-1,n}$ 的顺序进行扫描。

若 $|a_{ij}| \geq v_1$,则选取旋转矩阵 G_{ij} 做旋转相似变换将 a_{ij} 和 a_{ji} 化为零;否则让 a_{ij} 过关,即不进行旋转相似变换将其化为零。

因为某些绝对值小于 v_1 的元素的绝对值可能在其后的旋转变换中增长,所以应进行多次扫描,直到 A_1 的所有非零非主对角线元素的绝对值都小于 v_1。

再设置阈值 $v_2 = v_1/n$,重复上述过程,直到达到精度要求,即 $|v_k| < \varepsilon$ 为止(其中 $\varepsilon > 0$ 是指定的精度)。这种方法称为限值雅可比方法。

人 物 介 绍

雅可比(Jacobi,1804—1851),德国数学家。雅可比是数学史上最勤奋的学者之一,与欧拉一样也是一位在数学上多产的数学家,是被广泛承认的历史上最伟大的数学家之一。雅可比善于处理各种繁复的代数问题,在纯粹数学和应用数学上都有非凡的贡献,他所理解的数学有一种强烈的柏拉图式的格调,其数学成就对后人影响颇为深远。在他逝世后,狄利克雷称他为拉格朗日以来德国科学院成员中最卓越的数学家。

雅可比与阿贝尔同时各自独立地发现了椭圆函数,是椭圆函数理论的奠基人。雅可比在函数行列式方面有一篇著名的论文:《论行列式的形成与性质》。文中求出了函数行列式的导数公式;还利用函数行列式证明了"函数之间相关或无关的条件是雅可比行列式等于零或不等于零"。他又给出了雅可比行列式的乘积定理。雅可比是第一个将椭圆函数理论应用于数论研究的人,同时他对数学史的研究也感兴趣。另外他在发散级数理论、变分法中的二阶变分问题、线性代数和天文学等方面均有创见。他的工作还包括代数学、变分法、复变函数论和微分方程,以及数学史的研究。将不同的数学分支连通起来是他的研究特色。

9.5 Python 程序

【例 9.9】 用幂法求方阵 $A = \begin{pmatrix} 1 & 2 & 3 \\ 2 & 1 & 3 \\ 3 & 3 & 5 \end{pmatrix}$。

```python
import numpy as np
def PowerMethod(A,e):
    n=A.shape[0]
    V=np.ones((n,1))#初始化 n*1 的列向量
    M=np.zeros(2)
    for i in range(2):
        Y=np.dot(A,V)
        M[i]=np.linalg.norm(Y,np.inf)
        V=Y/M[i]
    i=1
    while abs(M[i]-M[i-1])>e:
        i+=1
        Y=np.dot(A,V)
        M=np.append(M,np.linalg.norm(Y,np.inf))
        V=Y/M[i]
    MaxEig=M[i]
    print(f"最大特征值 MaxEig:{MaxEig:.6f}")
    print("相应的特征向量:")
    T_1=np.round(V,4)
    print(T_1.T)
# 定义矩阵 A 和容差 e
A=np.array([[1,2,3],[2,1,3],[3,3,5]])
e=1e-3
# 调用 PowerMethod 函数
PowerMethod(A,e)
```

运行结果:

最大特征值 MaxEig: 8.358906。

相应的特征向量:

[[0.5598 0.5598 1.0000]]。

【例 9.10】 豪斯霍尔德变换。

```python
import numpy as np
def householder():
    print("请注意,在输入等式右边向量 b 时,请输入列向量或者行向量转置")
    A=np.array(eval(input("请输入系数矩阵 A=:")),dtype=float)
    b=np.array(eval(input("请输入向量 b=:")),dtype=float)
    b=b.reshape(-1,1)
    m,n=A.shape
```

```python
C=np.zeros((m,n+1))
C[:,:n]=A
C[:,n]=b.reshape(-1)
r=np.linalg.matrix_rank(A)
Hk=np.eye(m)
for j in range(r):
    x=C[j:m,j]
    l=len(x)
    s=np.max(np.abs(x))
    x=x/s
    t=np.dot(x[1:],x[1:])
    u=np.zeros_like(x)
    u[0]=1
    u[1:]=x[1:]
    if t==0:
        p=0
    else:
        a=np.sqrt(x[0]**2+t)
        if x[0]<=0:
            u[0]=x[0]-a
        else:
            u[0]=-t/(x[0]+a)
        p=2*u[0]**2/(t+u[0]**2)
        u=u/u[0]
    I1=np.eye(m-j)
    H1=I1-p*np.outer(u,u)
    H=np.eye(m)
    H[j:m,j:m]=H1
    Hk=np.dot(H,Hk)
    C=np.dot(H,C)
print("最终利用豪斯霍尔德正交化方法分解的Q为")
Q=Hk[:r,:m].T
print(Q)
print("最终利用豪斯霍尔德正交化方法分解的U为")
U=C[:r,:n]
print(U)
print("最终利用豪斯霍尔德正交化法求解为")
x=np.dot(U.T,np.dot(np.linalg.inv(np.dot(U,U.T)),np.dot(Q.T,b)))
```

```
    print(x)
# 运行函数
householder()
```

运行结果：
请输入系数矩阵 A=：[[1,1,3],[1,2,4],[1,3,5],[1,4,6]]。
请输入向量 b=：[3,5,7,11]。
最终利用豪斯霍尔德正交化方法分解的 Q 为
[[0.5   -0.67082039]
 [0.5   -0.2236068]
 [0.5   0.2236068]
 [0.5   0.67082039]]。
最终利用豪斯霍尔德正交化方法分解的 U 为
[[2.   5.   9.   ]
 [0.   2.23606798 2.23606798]]。
最终利用豪斯霍尔德正交化法求解为
[[-0.86666667]
 [2.16666667]
 [0.43333333]]。

【例9.11】 利用雅可比方法求矩阵 $A = \begin{pmatrix} 1 & -2 & 0 \\ -2 & -1 & 1 \\ 0 & 1 & 3 \end{pmatrix}$ 的全部特征值和特征向量，要求迭代矩阵 A 的所有非对角元素的绝对值小于 $\varepsilon = 0.1$。

```
import numpy as np
# 定义矩阵 A
A=np.array([[1,-2,0],
            [-2,-1,1],
            [0,1,3]])
# Jacobi 方法求解特征值和特征向量
def jacobi_eigenvalue(A,epsilon=0.1,max_iterations=1000):
    n=A.shape[0]
    Q=np.eye(n)
    for _ in range(max_iterations):
        # 找到最大非对角元素的位置
        max_val=0
        p,q=0,0
        for i in range(n):
```

```python
                for j in range(i+1,n):
                    if abs(A[i,j])>max_val:
                        max_val=abs(A[i,j])
                        p,q=i,j
            if max_val < epsilon:
                break
            # 计算旋转角度
            theta=0.5*np.arctan2(2*A[p,q],A[p,p]-A[q,q])
            c=np.cos(theta)
            s=np.sin(theta)
            # 构造旋转矩阵
            R=np.eye(n)
            R[p,p]=c
            R[q,q]=c
            R[p,q]=-s
            R[q,p]=s
            # 更新矩阵 A 和 Q
            A=np.dot(np.dot(R.T,A),R)
            Q=np.dot(Q,R)
        eigenvalues=np.diag(A)
        eigenvectors=Q
        return eigenvalues,eigenvectors
# 使用Jacobi方法求解特征值和特征向量
eigenvalues,eigenvectors=jacobi_eigenvalue(A,epsilon=0.1)
eigenvalues=np.round(eigenvalues,4)
eigenvectors=np.round(eigenvectors,4)
# 输出结果
print("所有特征值:",eigenvalues)
print("特征值对应的特征向量:")
print(eigenvectors)
```

运行结果：
所有特征值：[3.3721 1.9987 -2.3708]。
特征值对应的特征向量：
[[0.2788   0.8079 -0.5193]
 [-0.3396 -0.4228 -0.8402]
 [-0.8983   0.4106   0.1564]]。

习 题 9

1. 用幂法求方阵

$$A = \begin{pmatrix} 7 & 3 & -2 \\ 3 & 4 & -1 \\ -2 & -1 & 3 \end{pmatrix}$$

的按模最大特征值及相应的特征向量，要求 $|m_k - m_{k-1}| < 10^{-2}$。

2. 用反幂法求方阵

$$A = \begin{pmatrix} -12 & 3 & 3 \\ 3 & 1 & -2 \\ 3 & -2 & 7 \end{pmatrix}$$

的与 $p = -13$ 最接近的那个特征值及相应的特征向量，要求计算结果小数点后至少保留 5 位，特征值的迭代误差不超过 10^{-5}。

3. 设矩阵

$$A = \begin{pmatrix} 2 & -1 & -1 \\ -1 & 2 & -1 \\ -1 & -1 & 2 \end{pmatrix}$$

试用镜面反射变换（即豪斯霍尔德变换）将其转换成上海森伯格矩阵。

4. 用 QR 算法求矩阵

$$A = \begin{pmatrix} 4 & -1 & 0 \\ -1 & 3 & -1 \\ 0 & -1 & 2 \end{pmatrix}$$

的所有特征值。

5. 利用雅可比方法求矩阵

$$A = \begin{pmatrix} 2 & -1 & 0 \\ -1 & 2 & -1 \\ 0 & -1 & 2 \end{pmatrix}$$

的全部特征值和特征向量，要求迭代矩阵 A_k 的所有非对角元素的绝对值小于 $\varepsilon = 0.1$。

6. 程序设计：用反幂法求方阵

$$A = \begin{pmatrix} 1 & 2 & 3 \\ 2 & 1 & 3 \\ 3 & 3 & 5 \end{pmatrix}$$

的按模最小的特征值和相应的特征向量。

参 考 文 献

[1] 欧阳洁,聂玉峰,车刚明,等. 数值分析[M]. 北京:高等教育出版社,2009.
[2] 陆亮. 数值分析典型应用案例及理论分析:上册[M]. 上海:上海科学技术出版社,2019.
[3] 陆亮. 数值分析典型应用案例及理论分析:下册[M]. 上海:上海科学技术出版社,2019.
[4] 冯象初,王卫卫,任春丽,等. 应用数值分析[M]. 西安:西安电子科技大学出版社,2020.
[5] 孙志忠,袁慰平,闻震初. 数值分析[M]. 4版. 南京:东南大学出版社,2022.
[6] 同济大学计算数学教研室. 现代数值计算[M]. 2版. 北京:人民邮电出版社,2018.
[7] 张平文,李铁军. 数值分析[M]. 北京:北京大学出版社,2018.
[8] 王明辉,张静源,韩银环. 工科数值分析[M]. 北京:电子工业出版社,2022.
[9] 吴喜洋,汤伶俐,李超华,等. 递推法求分形物体的转动惯量[J]. 物理通报,2016,35(9):34-39.
[10] 陈丽娟. 计算方法[M]. 北京:北京理工大学出版社,2020.
[11] 克莱因. 古今数学思想:第四册[M]. 邓东皋,等译. 上海:上海科学技术出版社,2002.